# Die Umsatzbesteuerung des elektronischen Handels mit digitalen Produkten

# Studien zur Wirtschaftspolitik

Herausgegeben vom
Forschungsinstitut für Wirtschaftspolitik
an der Universität Mainz e.V.

Band 74

PETER LANG
Frankfurt am Main · Berlin · Bern · Bruxelles · New York · Oxford · Wien

Anja Altmann

# Die Umsatzbesteuerung des elektronischen Handels mit digitalen Produkten

PETER LANG
Europäischer Verlag der Wissenschaften

Die Deutsche Bibliothek - CIP-Einheitsaufnahme

Altmann, Anja:

Die Umsatzbesteuerung des elektronischen Handels mit digitalen Produkten / Anja Altmann. - Frankfurt am Main ; Berlin ; Bern ; Bruxelles ; New York ; Oxford ; Wien : Lang, 2002
(Studien zur Wirtschaftspolitik ; Bd. 74)
Zugl.: Mainz, Univ., Diss., 2001
ISBN 3-631-39402-0

D 77
ISSN 1438-7433
ISBN 3-631-39402-0



www.peterlang.de

# Vorwort

Die vorliegende Arbeit entstand während meiner Tätigkeit als wissenschaftliche Mitarbeiterin am Forschungsinstitut für Wirtschaftspolitik an der Universität Mainz e.V. (FfW). Die Arbeit wurde als Gutachten im Auftrag des Bundesministeriums der Finanzen erstellt und anschließend vom Fachbereich Rechts- und Wirtschaftswissenschaften der Johannes Gutenberg-Universität Mainz als Dissertation angenommen.

Ich danke an dieser Stelle allen, die zum Gelingen der Arbeit beigetragen haben. Mein besonderer Dank gilt Herrn Prof. Dr. Werner Zohlnhöfer, dem Erstgutachter der Dissertation, der mich mit wertvollen Hinweisen und Anregungen unterstützt hat. Darüber hinaus danke ich Herrn Prof. Dr. Hartwig Bartling, dem Zweitgutachter der Dissertation, für die zahlreichen inhaltlichen Anregungen. Mein Dank gilt auch den Herren Prof. Dr. Helmut Diederich und Prof. Dr. Walter Hamm für ihre Unterstützung.

Ferner bedanke ich mich bei Herrn Dr. Frank Fichert, Geschäftsführer des FfW, für seine fachliche und kollegiale Unterstützung. Für die Erstellung des Layouts dieser Veröffentlichung danke ich Frau Jutta Sack. Bei meinen ehemaligen Institutskollegen möchte ich mich ganz herzlich für die angenehme Zusammenarbeit und die freundschaftliche Arbeitsatmosphäre bedanken.

Hannover, im März 2002 Anja Altmann

# Inhaltsverzeichnis

# Abbildungsverzeichnis

# Tabellenverzeichnis

# Abkürzungsverzeichnis

| | |
|---|---|
| Abs. | Absatz |
| AG | Aktiengesellschaft |
| APNIC | Asia Pacific Network Information Center |
| ARIN | American Registry for Internet Numbers |
| Art. | Artikel |
| BDI | Bundesverband der Deutschen Industrie e.V. |
| BITKOM | Bundesverband Informationswirtschaft, Telekommunikation und neue Medien e.V. |
| BLP | Bestimmungslandprinzip |
| BMF | Bundesministerium der Finanzen |
| bspw. | beispielsweise |
| B2B | Business-to-Business |
| B2C | Business-to-Consumer |
| ca. | circa |
| d. h. | das heißt |
| DM | Deutsche Mark |
| dmmv | Deutscher Multimedia Verband |
| DNS | Domain Name System |
| EDI | Electronic Data Interchange |
| EDV | Elektronische Datenverarbeitung |
| EeTG | European e-business Tax Group |
| EG | Europäische Gemeinschaften |
| EICTA | European Information and Communications Technology Industry Association |
| et al. | et alii |
| etc. | et cetera |

| | |
|---|---|
| EU | Europäische Union |
| EWG | Europäische Wirtschaftsgemeinschaft |
| f. | folgende |
| ff. | fortfolgende |
| FASME | Facilitating Administrative Services for Mobile Europeans |
| FAZ | Frankfurter Allgemeine Zeitung |
| FN | Fußnote |
| FP | Format Prefix |
| FTD | Financial Times Deutschland |
| FTP | File Transfer Protocol |
| GBDe | Global Business Dialogue on Electronic Commerce |
| GG | Grundgesetz |
| GoB | Grundsätze ordnungsgemäßer Buchführung |
| GoBS | Grundsätze ordnungsmäßiger DV-gestützter Buchführungssysteme |
| GPRS | General Packet Radio System |
| GSM | Global Standard for Mobile Communication |
| h. M. | herrschende Meinung |
| HB | Handelsblatt |
| i. d. R. | in der Regel |
| i. e. S. | im engeren Sinne |
| i. S. | im Sinne |
| i. V. m. | in Verbindung mit |
| IANA | Internet Assigned Numbers Authority |
| ICANN | Internet Corporation for Assigned Names and Numbers |
| ID | Identifier |
| IETF | Internet Engineering Task Force |

| | |
|---|---|
| InterNIC | Internet Network Information Center |
| IP | Internet Protocol |
| IPv4 | Internet Protocol Version 4 |
| IPv6 | Internet Protocol Version 6 |
| ISP | Internet Service Provider |
| IWW | Instituts für Wirtschaftspolitik und Wirtschaftsforschung an der Universität Karlsruhe |
| LAN | Local Area Network |
| MAC | Media Access Controll |
| Mio. | Millionen |
| MwSt | Mehrwertsteuer |
| NLA | Next Level Aggregator |
| Nr. | Nummer |
| ODC | Online Delivered Content |
| OECD | Organisation for Economic Co-Operation and Development |
| o.V. | ohne Verfasserangabe |
| PC | Personal Computer |
| PDA | Personal Digital Assistent |
| PGP | Pretty Good Privacy |
| PIN | Personal Identification Number |
| PKI | Public Key Infrastucture |
| RIPE | Reseaux IP Europeens |
| RL | Richtlinie |
| S. | Seite |
| SET | Secure Electronic Transaction |
| SLA | Site Level Aggregator |
| SLD | Second Level Domain |

| | |
|---|---|
| SV | Sozialversicherung |
| TAG | Technical Advisory Group |
| TCP | Transmission Controll Protocol |
| TLA | Top Level Aggregator |
| TLD | Top Level Domain |
| Tsd. | Tausend |
| TTP | Trusted Third Party |
| u. U. | unter Umständen |
| ULP | Ursprungslandprinzip |
| UMTS | Universal Mobile Telecommunications System |
| URL | Uniform Resource Locator |
| USA | United States of America |
| UStDV | Umsatzsteuerdurchführungsverordnung |
| UStG | Umsatzsteuergesetz |
| USt-IdNr. | Umsatzsteuer-Identifikationsnummer |
| UStR | Umsatzsteuer-Richtlinien |
| v. | vom |
| VAT | Value added tax |
| vgl. | vergleiche |
| Vol. | Volume |
| Wap | Wireless Application Protocol |
| WTO | World Trade Organisation |
| WWW | World Wide Web |
| XML | Extensible Markup Language |
| z. B. | zum Beispiel |
| z. T. | zum Teil |
| ZKA | Zentraler Kreditausschuss |

# Erster Teil: Grundlagen

## A. Untersuchungsgegenstand

### 1. Problemstellung und Untersuchungsziel

Die moderne Informations- und Kommunikationstechnologie hat vor allem mit den Möglichkeiten der Digitalisierung und der Vernetzung die technischen Grundlagen für eine neue, elektronische Form des Geschäftsverkehrs gelegt, die neben den traditionellen Handel getreten ist. Vorteile des elektronischen Handels sind insbesondere Produktivitätssteigerungen, eine Senkung von Transaktionskosten sowie die Öffnung neuer, globaler Märkte. Sowohl von Seiten der Wirtschaft als auch der Politik werden daher hohe Wachstumspotentiale gesehen.

Handel über das Internet bewirkt entweder die Lieferung eines physischen oder die Übermittlung eines digitalen Produkts. Digitale Produkte sind zum einen in digitaler Form vorliegende Güter (wie Software oder Musikdateien), zum anderen elektronisch erbrachte Dienstleistungen (wie Ergebnisse von Datenbankabfragen zu Börsenkursen oder Wetterdaten, Internetradio). Da bei der Übermittlung digitaler Güter und der Erbringung digitaler Dienstleistungen keine physische Distribution notwendig ist, verlieren geographische Anhaltspunkte wie der Kauf- oder Lieferort an Bedeutung und damit entfallen in vielen Fällen auch die herkömmlichen örtlichen Anknüpfungspunkte der Besteuerung. Darüber hinaus bietet der elektronische Handel einerseits auch klein- und mittelständischen Unternehmen die Möglichkeit einer internationalen Geschäftstätigkeit und andererseits können über das Internet neben Unternehmen ebenso Privatpersonen leichter grenzüberschreitende Handelstransaktionen tätigen. Dies bewirkt, dass zukünftig grenzüberschreitende Leistungen an Privatpersonen und damit – unter der Annahme, dass stets das leistende Unternehmen die Umsatzsteuer abführen muss – die Zahl der im Ausland ansässigen steuerpflichtigen Unternehmen zunehmen wird. Auf diese Weise ergeben sich neue Herausforderungen für die Ausgestaltung des steuerpolitischen Ordnungsrahmens. Im Bereich der Umsatzbesteuerung von digitalen Produkten zeigt sich – in einem internationalen System, das eine Besteuerung von grenzüberschreitenden Umsätzen im Land des Verbrauchs[1] vorsieht – folgender Handlungsbedarf: Aufgrund der innerhalb der EU geltenden materiell-rechtlichen Regelungen zur Umsatzbesteuerung ist eine durchgängige Besteuerung im Land des Verbrauchs im Falle von Leistungen an Privatpersonen nicht (mehr) gewährleistet. Dies führt zum einen zu *Einnahme-*

---

1 Eine Besteuerung im Land des Verbrauchs bedeutet, dass die Besteuerung gemäß der umsatzsteuerrechtlichen Regelungen des Landes erfolgt, in dem der Verbrauch eines Gutes oder einer Dienstleistung stattfindet. Diesem Land fließt auch der Steuerbetrag zu.

*verlusten* der EU-Mitgliedstaaten und zum anderen resultieren daraus *Wettbewerbsverzerrungen* sowohl zwischen Anbietern aus der EU und aus Drittländern als auch zwischen physischen und digitalen Produkten.

Um faire Wettbewerbsbedingungen zu schaffen und ein gleichmäßiges System der Umsatzbesteuerung gemäß dem international anerkannten Prinzip der Verbrauchsortbesteuerung zu sichern, haben sich sowohl die EU als auch die OECD zum Ziel gesetzt, den elektronischen Handel mit digitalen Produkten in das bestehende System der internationalen Umsatzbesteuerung zu integrieren. Diese Vorgabe auf politischer Ebene bedeutet, dass keine neuen oder zusätzlichen Steuern – etwa eine „Bit-Steuer" als Alternative zur Umsatzbesteuerung – eingeführt werden sollen und auch ein Übergang zu einer Besteuerung im Ursprungsland nicht angestrebt wird.

Die Untersuchungen in dieser Studie betrachten diese grundlegende politische Zielsetzung als Referenzrahmen. In verschiedenen Gremien der OECD wurden darüber hinaus bereits Modelle zur Erhebung der Umsatzsteuer auf digitale Produkte entwickelt, die den Ausgangspunkt der Analysen bilden. Die Europäische Kommission hat in einem Richtlinien-Vorschlag eines dieser Verfahren – ein Registrierungsmodell – als Anpassung der Mehrwertsteuer-Richtlinie konkretisiert.

Die Studie diskutiert diese Modelle eingehend auf Basis der technischen Eigenschaften des Internet und des elektronischen Geschäftsverkehrs, da diese die wesentlichen Rahmenbedingungen für die Praktikabilität steuerpolitischer Maßnahmen im Bereich der internationalen Umsatzbesteuerung digitaler Produkte bilden. Die grundsätzliche Herausforderung der Umsatzbesteuerung digitaler Produkte zeigt sich darin, dass in ein ortsunabhängiges System – das Internet – ein auf Ortsbestimmung basierendes Besteuerungsverfahren (z. B. Verbrauchsort, Ort der Leistungserstellung) implementiert werden soll.

So ist es das Ziel dieser Studie, zu prüfen, inwieweit es möglich ist, eine Verbindung zwischen der politischen Vorgabe der Implementierung des Verbrauchslandprinzips und den zu praktizierenden Erhebungsverfahren der Umsatzsteuer zu schaffen. Die Studie betrachtet im Wesentlichen nur Handelstransaktionen mit Privatpersonen (Business-to-Consumer), da in erster Linie dort die dargestellten Probleme auftreten. Dabei sind insbesondere folgende Fragestellungen von Bedeutung:

- Welche technischen Verfahren stehen zur Verfügung, um Steuerstatus und Verbrauchsland der Käufer digitaler Produkte zu identifizieren?

- Wie kann sichergestellt werden, dass umsatzsteuerpflichtige E-Commerce-Händler – insbesondere aus Drittstaaten – identifiziert und gegebenenfalls registriert werden?
- Welche Möglichkeiten bestehen für die Finanzverwaltungen, um z. B. die steuerpflichtigen Transaktionen im elektronischen Handel bestimmen und kontrollieren zu können?
- Welche Handlungsoptionen ergeben sich für die Steuerpolitik im Sinne der oben genannten politischen Vorgaben unter Beachtung der technischen Rahmenbedingungen?

Erst wenn die genannten verfahrenstechnischen Fragen beantwortet sind, können eine Gesamtbeurteilung der praktischen Umsetzbarkeit einer Verbrauchsortbesteuerung digitaler Produkte vorgenommen und Handlungsoptionen für die Steuerpolitik abgeleitet werden.

## 2. Aufbau der Studie

Mit einer Einführung sowohl in die technischen Grundlagen des Internet (Teil B) als auch in die technischen und organisatorischen Bedingungen des elektronischen Handels (Teil C) werden im Ersten Teil der Studie die spezifischen Rahmenbedingungen für den eigentlichen Untersuchungsgegenstand – die Implementierung einer internationalen Umsatzbesteuerung digitaler Produkte im Verbrauchsland – erarbeitet.

Im Zweiten Teil der Studie werden zunächst in Teil A die materiell-rechtliche Ausgangslage innerhalb der EU und die sich daraus ergebende derzeitige Umsatzbesteuerung des elektronischen Handels mit digitalen Produkten kurz dargestellt, um den Reformbedarf klar bestimmen zu können. In Teil B werden dann mögliche Modelle zur Erhebung der Umsatzsteuer auf der Grundlage finanzwissenschaftlicher Anforderungen an ein rationales Steuersystem analysiert. Dabei konzentrieren sich die Untersuchungen – außer innerhalb der Diskussion des Modells „Selbstveranlagung" – auf grenzüberschreitende Leistungen an Privatpersonen. Anschließend werden in Teil C die für die Beurteilung der Praktikabilität des Verbrauchslandprinzips wesentlichen technischen Verfahren zur Bestimmung des Besteuerungsortes untersucht. Schließlich werden die materiell-rechtlichen und verfahrenstechnischen Untersuchungen in einer Gesamtbeurteilung der Umsetzbarkeit eines Modells zur Umsatzbesteuerung digitaler Produkte zusammengeführt.

Auf dieser Basis können dann im Dritten Teil der Studie Handlungsoptionen für die Steuerpolitik erarbeitet und diskutiert werden, die sich aus der vorhergehenden Analyse der Praktikabilität des Verbrauchslandprinzips insbesondere unter Beachtung der technischen Verfahren zur Ortsbestimmung ableiten lassen.

# B. Technische Grundlagen des Internet

## 1. Begriffsbestimmung Internet

### *1.1 Technische Sicht*

Das Internet kann als *die Menge aller zu einem Zeitpunkt erreichbaren Systeme mit öffentlichen*[2] *IP-Adressen* definiert werden. Die gemeinsame Basis dieser Systeme ist der Kommunikationsstandard des Internet-Protokolls (IP), welcher die Kommunikation der Teilnehmer untereinander ermöglicht, indem eine gemeinsame Sprache definiert wird. Der Bezug auf einen konkreten Zeitpunkt ist aufgrund des dynamischen Charakters des Internet von Bedeutung. So variiert die Menge der erreichbaren Systeme ständig, da neue, öffentlich erreichbare Teilnehmer hinzukommen bzw. nicht alle Teilnehmer zu jedem Zeitpunkt erreichbar sind. Erreichbarkeit eines Systems bedeutet, dass dieses sowohl auf Dienste oder Daten anderer Teilnehmer zugreifen als auch selbst Dienste oder Daten zur Verfügung stellen kann[3].

Jedes im Internet erreichbare Gerät wird als Host bezeichnet. Der obigen Definition folgend bedeutet dies, dass ein Host sowohl Daten senden als auch direkt empfangen kann. Abbildung 1 verdeutlicht die hier vorgenommene Abgrenzung des Internet.

**Abbildung 1:** Abgrenzung des Internet

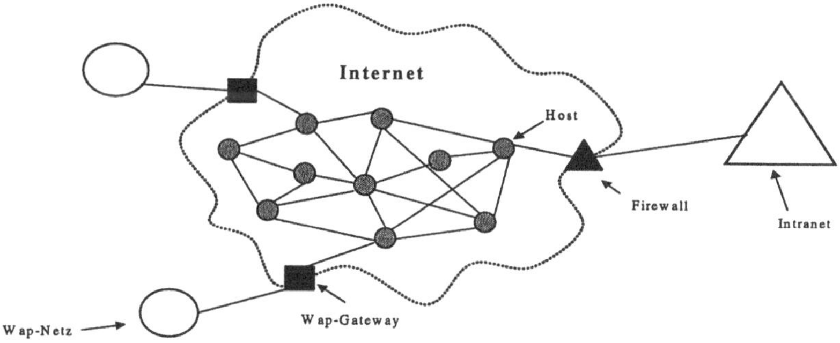


Quelle: Eigene Darstellung.

[2] In der Literatur werden diese auch als offizielle IP-Adressen bezeichnet.

[3] Vgl. HORN, Torsten (1999), S. 11.

Von den Systemen, die nach der obigen Definition dem Internet zugerechnet werden, sind solche zu unterscheiden, die nicht öffentlich erreichbar sind – somit keine Dienste oder Daten anbieten können –, jedoch über Verbindungsrechner (so genannte Gateways oder Firewall-Systeme) Zugriff auf das Internet haben. Gateways verbinden von sich aus inkompatible Kommunikationsdienste miteinander, so dass z. B. Mobilfunkgeräte über ein Wap-Gateway mit dem Internet verbunden werden können. Ein Firewall-System sichert und kontrolliert zusätzlich den Datenverkehr zwischen dem (unsicheren) Internet und einem zu schützenden privaten Netz (Intranet). Dieses System schottet ein privates Netz nach Außen ab, indem nur ein sicherer Übergang zum Internet bereitgestellt wird, und kontrolliert gleichzeitig den Zugang zu diesem Netz.[4]

## *1.2 Funktionale Sicht*

Neben der Begriffsbestimmung in technischer Sicht ist zu fragen, welche Funktion das Internet übernimmt. Aus dieser Perspektive ist *das Internet ein offenes Kommunikations- und Informationsmedium.* Die Offenheit zeigt sich darin, dass außer den technischen Voraussetzungen keinerlei Bedingungen an die Teilnahme gestellt werden. Das Medium ist grundsätzlich international der Öffentlichkeit zugänglich.[5] Die im Internet zur Verfügung gestellten Dienste befriedigen die unterschiedlichen Kommunikations- und Informationsbedürfnisse der Nutzer. Die bekanntesten Dienste sind:[6]

- E-Mail: persönlicher Informationsaustausch
- News: weltweites Konferenzsystem und Diskussionsmedium
- Telnet: Dienst zur Datenfernverarbeitung (z. B. Anfrage in Bibliothekskatalogen)
- FTP: dient dem Transfer beliebiger Dateien zwischen Hosts

Der neueste und heute wichtigste Informationsdienst ist das World Wide Web (WWW), welches entwickelt wurde, um auf die Vielzahl von Daten und Dokumenten einfach und zweckmäßig zugreifen zu können. Um dies zu ermöglichen,

---

4 Vgl. POHLMANN, Norbert (1998), S. 33ff.

5 An dieser Stelle ist zu berücksichtigen, dass in einigen Ländern die technischen Voraussetzungen eines Internetzugangs noch nicht geschaffen wurden bzw. dass einige Staaten versuchen, ihre Bürger an der Teilnahme am Internet zu hindern.

6 Die Dienste E-Mail und News setzen jedoch nicht zwingend TCP/IP-Verbindungen voraus.

werden Dokumente mit Hyperlinks versehen, die wiederum auf andere Dokumente (neben Text auch Grafiken oder Musikdateien) verweisen. Die Verwendung von Web-Browsern (z. B. Netscape) ermöglicht die Lokalisierung der Dokumente über den URL (Uniform Ressource Locator)[7] als eindeutige Adresse. So können neben WWW-Dokumenten – z. B. über den URL http://www.zdv.uni-mainz.de/www/info-to-w3.html – auch andere Dienste wie E-mail (z. B. mailto:xx@yyx.de) auf diesem Weg angesprochen werden.[8]

## 2. Zugang zum Internet

Bei der Realisierung von Verbindungen zum Internet werden technisch zwei Grundtypen unterschieden. Zum einen können über Telefonleitung oder Glasfaserkabel permanente Verbindungen (Standleitungen) geschaffen werden, die es ermöglichen, zu jeder Zeit im Internet (online) zu sein und Daten zu senden oder zu empfangen; gleichzeitig wird dabei zumeist eine hohe Bandbreite der Verbindung erreicht. Zum anderen werden bedarfsweise Verbindungen mit einer i. d. R. geringeren Übertragungsgeschwindigkeit mittels Einwahl über Fest- oder Mobilfunknetze bei einem Internet Service Provider (ISP) ermöglicht. Diese müssen wie Telefonverbindungen im Wesentlichen nach Dauer der Verbindung entgolten werden. Standleitungen existieren aufgrund hoher Kosten meist in wissenschaftlichen Einrichtungen (z. B. Universitäten) oder in Unternehmen mit entsprechender Größe oder hohem Datenvolumen. Tendenziell werden die Kosten für Übertragungskapazitäten in der Zukunft sinken, so dass im Vergleich zur derzeitigen Situation sowohl bei privaten als auch bei geschäftlichen Anwendern höhere Bandbreiten genutzt werden können.

Derzeit wird der Zugang zum Internet nahezu ausschließlich über stationäre Geräte (i. d. R. PC) realisiert. Dies ist sowohl durch das Angebot an internetfähiger Hardware als auch durch die zur Verfügung stehenden Zugangstechniken zu erklären. Im Jahr 1998 wurden weltweit 90,8 % aller Internetzugänge über Wählmodem und 8 % über ISDN-Leitungen realisiert[9]. In den letzten Jahren gewinnen daneben mobile, drahtlose Zugangsformen immer mehr an Bedeutung. Derzeit werden dazu die GSM-Netze und, als deren Erweiterung, der GPRS-Standard genutzt. Eine wesentliche Verbesserung eines mobilen Zugangs

---

7 Für eine detaillierte Darstellung des URL siehe RFC 1738, Uniform Resource Locators (URL), abrufbar unter: http://www.ietf.org/rfc/rfc1738.txt?number=1738.

8 Vgl. RRZN (1999), S. 47f.

9 Vgl. Infratest Burke/Institute for Information Economics (2001), S. 108.

soll jedoch der Übergang auf die Mobilfunknetze der dritten Generation - UMTS - bringen.[10]

Weltweit wird erwartet, dass in den nächsten Jahren der Anteil der Internetnutzung über alternative Endgeräte (nicht PC) stark steigen wird[11]. Es ist insbesondere davon auszugehen, dass sich Mobilfunknetze als ein neuer und breit verfügbarer Zugangsweg zum Internet entwickeln. Bereits Ende des Jahres 2001 werden voraussichtlich ca. eine Milliarde Menschen mobil telephonieren werden[12] und damit gleichzeitig – aufgrund der technischen Konvergenz von Mobilfunk und Internet – über einen Zugang zum Internet hergestellt verfügen. [13]

Allerdings bestehen zurzeit noch erhebliche Mängel in Bezug auf den Anwendungskomfort insbesondere der mobilen Endgeräte, die Übertragungskapazität und die Kosten[14]. Mit den nächsten Mobilfunkgenerationen sollen jedoch zum einen wesentlich höhere Datenübertragungskapazitäten und zum anderen quasi permanente Verbindungen (drahtlose Standleitungen) zum Internet, bei denen die Bezahlung nach der übertragenen Datenmenge und nicht zeitabhängig erfolgen soll, realisiert werden. So sollen letztlich Bandbreiten nutzbar sein, die auch Multimediaanwendungen, wie das Laden von Musik- oder Videodateien über das Internet auf mobile Endgeräte[15], schnell und zu marktfähigen Preisen ermöglichen.

Gleichzeitig geht die Entwicklung im Bereich der Zugangstechnik dahin, zum einen immer mehr Endgeräte IP-fähig zu machen und zum anderen weitere Nutzungsformen des Internet anzubieten. So soll durch die Errichtung von drahtlosen lokalen Netzen (Wireless LAN), z. B. in Flughäfen, Hotels oder Universitäten,[16] ein Internetzugang von möglichst vielen Orten aus ermöglicht werden, so dass eine hohe Mobilität in der Internetnutzung erreicht werden kann. Praktisch

---

10 Für einen Überblick über die verschiedenen Standards vgl. BÜLLINGEN, Franz/STAMM, Peter (2001).

11 Vgl. INFRATEST BURKE/INSTITUTE FOR INFORMATION ECONOMICS (2001), S. 109. Dabei ist zu beachten, dass in manchen Ländern erst durch Mobilfunk und entsprechende Hardware ein breiter Zugang zum Internet angeboten werden kann.

12 Vgl. BITKOM (2001), S. 15.

13 Vgl. BITKOM (2001), S. 4.

14 Vgl. ENDRES, Johannes (2001).

15 Vgl. o.V. (2001), Mobilcom demonstriert UMTS-Anwendungen, http://www.heise.de/newsticker /data/ll-10.01.01-001/.

16 Vgl. o.V. (2001), wLAN: Es liegt was in der Luft, ECIN v. 25.07.2001, http://www.ecin.de/ spotlight/2001/07/25/02535.

realisiert wird der mobile Zugang zum Internet entweder direkt mit einem Mobiltelephon oder in Kombination mit weiteren mobilen Geräten, wie Personal Digital Assistents (PDA) oder Laptops. Drahtlose Verbindungen (z. B. mittels Bluetooth) zum Datenaustausch zwischen unabhängigen Geräten erleichtern darüber hinaus die Realisierung von mobiler Internetnutzung[17] und verbessern den Anwendungskomfort, da empfangene Daten direkt und einfach auf die Geräte zur Datennutzung, wie MP3-Player, PDAs oder elektronische Bücher, übertragen werden können.

Diese hier nur kurz erläuterten technischen Entwicklungen im Bereich des Zugangs und der Nutzung des Internet haben Auswirkungen auf den darauf basierenden elektronischen Handel, da dadurch entscheidend das Potential gerade des Handels mit digitalen Produkten bestimmt wird. So bestimmt die technische Ausstattung der Internetnutzer die Zeit und die Kosten eines Downloads eines digitalen Produkts oder verhindert die Übertragung hoher Datenmengen, wie sie z. B. für ein Laden von Radioübertragungen notwendig sind.

## 3. Adressierung im Internet

### *3.1 Vorbemerkungen*

Der Kommunikationsstandard des Internet-Protokolls verwendet zur Herstellung von Verbindungen zwischen Hosts nummerische Rechneradressen - IP-Adressen -, deren Struktur klar vorgegebenen Regeln entsprechen muss, um u. a. sicherzustellen, dass eine Adresse weltweit nur einmal existiert. Die Protokolle können so Datenpakete zielgerichtet von einem Sender zu einem bestimmten Empfänger weiterleiten (Routing).

In diesem Kapitel werden die technischen Grundlagen dargelegt, um im Folgenden die Charakteristika des Internet und die Besonderheiten des elektronischen Geschäftsverkehrs nachvollziehen zu können. Eine zentrale Fragestellung dieser Studie ist eine Analyse der bestehenden Möglichkeiten zur Bestimmung des „Orts von Transaktionen“. Ein Ansatzpunkt, der in der steuerpolitischen Diskussion immer wieder verfolgt wird, ist die Nutzung der aus einer IP-Adresse ableitbaren Informationen. Besondere Hoffnung wird dabei auf die IP-Adressen der Version 6 gesetzt: „Seit einiger Zeit wird jedoch bereits an der nächsten IP-Version (IPv6) gearbeitet, die es (...) ermöglicht, jedem Internet-Teilnehmer

---

17 Da kabellose Anwendung im Vergleich zu Kabelverbindungen oder Verbindungen über Infrarot einfacher zu handhaben sind.

eine persönliche, feste IP-Adresse zuzuweisen. Durch entsprechende Registrierungsverfahren (...) dürfte es möglich sein, die am Internet-Verkehr beteiligten Personen zu identifizieren"[18].

Um derartige Vorstellungen über die Potentiale, die sich mit der Einführung der IP-Version 6 für die Bestimmung des Orts einer Transaktion ergeben, bewerten zu können, werden in den folgenden zwei Abschnitten zunächst die wesentlichen (technischen) Merkmale der IP-Adressen der Versionen 4 und 6 dargestellt[19]. Dabei orientiert sich die Tiefe und die Auswahl der technischen Details daran, welche Aspekte zur Analyse der skizzierten Problemstellung bzw. zur Beurteilung der aktuellen steuerpolitischen Diskussion notwendig sind.

In Abschnitt 3.4 wird das Domain Name System erläutert; denn die dadurch ermöglichte Verwendung von Host-Namen statt IP-Adressen suggeriert eine verbesserte Lesbarkeit der Ortsinformation in den Absenderdaten. Diese Vermutung wird im weiteren Verlauf der Studie überprüft. Schließlich wird in Abschnitt 3.5 das System der E-mail-Adressen kurz vorgestellt.

## *3.2 Adressen der Protokollversion 4*

Derzeit werden nahezu ausschließlich Adressen der Protokollversion 4 (IPv4), die aus vier durch Punkte getrennten Zahlen zwischen 0 und 255 (8bit-Zahlen)[20] bestehen, verwendet. Jede Adresse setzt sich aus einer Netzwerkadresse und einer Rechneradresse zusammen. So repräsentiert die Zahlengruppe 134.93. die feste Netzwerkadresse der Universität Mainz. Mit genau dieser Netzwerkadresse beginnt jede IP-Adresse, die zu dem Netzwerk der Universität gehört (vgl. Beispielrechner in Tabelle 2). Die zwei weiteren Zahlengruppen jeder IP-Adresse stellen die Rechneradressen innerhalb des Netzwerkes dar, die von den Verwaltern des Netzwerkes frei vergeben werden können. Um die Eindeutigkeit von IP-Adressen zu gewährleisten, ist die weltweite Vergabe von Adressbereichen (feste Netzwerkadressen mit einer bestimmten Anzahl freier Rechneradressen) zentral organisiert. Zunächst wurde diese Aufgabe nur von der IANA (Internet Assigned Numbers Authority) in den USA übernommen. Später wurden drei IP-Kontingente mit entsprechenden Registrierungssystemen geschaffen. Für

---

18 SCHMITZ, Stephan (2000), S. 353f.

19 Die Versionsnummer 5 wurde bereits für eine IP-Variante verwendet.

20 Vgl. KERSCHBAUMER, Berthold (1999), S. 9-14.

Europa ist das Reseaux IP Europeens (RIPE) zuständig[21], welches wiederum die Registrierung für Deutschland (Adressen mit der Endung de) an DENIC e.G. weitergegeben hat. Bis zum Jahr 1996 hat DENIC selbst IP-Adressen vergeben, heute wird dies von den ISP übernommen, die Mitglieder bei DENIC e.G. sind.

Aufgrund des Wachstums des Internet zeigt sich bereits seit einiger Zeit eine Adressenknappheit, denn die vorgegebene Länge der IP-Adressen ermöglicht nur die Vergabe einer begrenzten Anzahl. Unternehmen und Organisationen müssen daher genau begründen, warum sie öffentliche IP-Adressen benötigen. Als Alternative werden in privaten Netzen so genannte private Adressen verwendet, die nicht im Internet weitergeleitet (geroutet) werden. Diese können frei aus einem von der IANA dafür reservierten Adressbereich gewählt werden. Da die meisten Unternehmen/Organisationen aus Sicherheitsbelangen sowieso über ein Firewall-System mit dem Internet verbunden sind, tauscht dieses die privaten Adressen gegen eine öffentliche IP-Adresse aus (Network Address Translation), wobei alle Teilnehmer eines privaten Netzes nach Außen dieselbe öffentliche IP-Adresse benutzen.[22]

Innerhalb der öffentlichen Adressen ist aufgrund der Art der Zuteilung zwischen festen und dynamischen IP-Adressen zu unterscheiden. Verfügt ein Nutzer über eine feste öffentliche IP-Adresse, so verwendet er grundsätzlich immer die gleiche Absenderadresse. Dynamische Adressen werden jeweils nur für die Dauer einer Einwahlverbindung von einem ISP an einen Nutzer vergeben. Als Zugangsverfahren der meisten privaten Internetzugänge werden entweder Einwahlverbindungen mit einer dynamischen IP-Adresse oder Quasi-Standleitungen mit so genanntem Flatrate-Tarifen[23] ebenfalls mit dynamischen IP-Adressen eingesetzt. Grundsätzlich sind allerdings zahlreiche verschiedene Kombinationen von physischem Zugang und Zuweisung der IP-Adresse möglich, die i. d. R. von Unternehmen je nach ihren speziellen Anforderungen eingesetzt werden.

---

21 Das RIPE ist darüber hinaus für den mittleren Osten und Teile Afrikas zuständig. Die beiden anderen Organisationen sind: ARIN für Nord- und Südamerika, die Karibik und Teile von Afrika sowie APNIC für den asiatisch-pazifischen Raum.

22 Vgl. STROBEL, Stefan (1997), S. 13f.

23 Ein Flatrate-Tarif ermöglicht eine quasi-permanente Verbindung per Einwahl, da bei einem solchen Tarif die Dienstleistung für eine bestimmte Periode zu einem Preis angeboten wird, der i. d. R. unabhängig von der Dauer oder Intensität der Nutzung ist (einige Preismodelle sehen jedoch eine Begrenzung der übertragenen Datenmenge vor). Der wesentliche Unterschied zu einer „echten" permanenten Verbindung ist jedoch, dass die Verbindung i. d. R. mindestens einmal pro Tag neu aufgebaut werden muss und der Nutzer dabei jedesmal eine neue (dynamische) IP-Adresse zugeteilt bekommt, vgl. ALKAS, Hasan (2000), S. 9.

Als Ergebnis dieser Betrachtungen ist festzuhalten, dass Privatpersonen heute für Internetzugänge[24] in nahezu allen Fällen ein Verfahren anwenden, bei dem ihnen keine feste IP-Adresse zugeordnet ist, sondern für jede Internetverbindung eine neu zugeteilte (dynamische) Adresse verwendet wird. Der Grund hierfür liegt u. a. in der Knappheit der gegenwärtig verwendeten Adressen der Version 4 (IPv4).

## *3.3 Adressen der Protokollversion 6*

### *3.3.1 Allgemeine Struktur*

Insbesondere die absehbaren Engpässe in der Verfügbarkeit von IP-Adressen haben die IETF bereits im Jahre 1992 veranlasst, eine neue Version des Internet-Protokolls zu entwickeln. Heute wird erwartet, dass die IP-Adressen der Version 4 zwischen den Jahren 2005 und 2010 den Bedarf nach öffentlichen IP-Adressen nicht mehr decken können.[25] Neben einer reinen Kapazitätserhöhung wurden für die zu entwickelnde IP-Version 6 Verbesserungen im Bereiche des Routingverfahrens, der Flexibilität und der Sicherheit gefordert[26]. Die mittlerweile einsetzbaren IPv6-Adressen verfügen über eine Adresslänge von 128bit (im Vergleich zu 32bit der IPv4-Adressen), wodurch $2^{128}$ eindeutige IP-Adressen dieser neuen Version zur Verfügung stehen und somit theoretisch jedes internetfähige Gerät mit einer eigenen öffentlichen IP-Adresse ausgestattet werden könnte.[27]

In der folgenden Tabelle 1 ist die Struktur einer Art (Klasse) von IPv6-Adressen dargestellt, die zur Adressierung einzelner Endsysteme dient (so genannte aggregierbare globale Unicast-Adresse)[28]. Der Aufbau dieser Adressen soll die tatsächliche, hierarchische Organisationsstruktur des Internet widerspiegeln. Es

---

24 Die private Nutzung des Internet am Arbeitsplatz ist hier folglich nicht gemeint.

25 Vgl. Braun, Torsten (1999), S. 55f.

26 Vgl. RFC 2460, Internet Protocol Version 6 (IPv6) – Specification, abrufbar unter: http://www.ietf.org/rfc/rfc2460.txt?number=2460.

27 Hypothetisch bedeutet dies, dass für jeden Erdbewohner 6,5 x $10^{28}$ Adressen zur Verfügung stehen, vgl. Dittler, Hans Peter (1998), S. 35f.

28 Allgemein unterscheidet IPv6 zwischen Unicast-Adressen und Multicast-Adressen. Letztere dienen zur gleichzeitigen Ansprache von mehreren Endsystemen.

wird erwartet, dass diese Klasse einen hohen Anteil an allen IPv6-Adressen ausmachen wird.[29]

**Tabelle 1:** Adressstruktur der Version 6 des Internet-Protokolls

| | Öffentliche Adressstruktur | | | Private Adress-struktur | Endsystem |
|---|---|---|---|---|---|
| FP | TLA ID | res | NLA ID | SLA ID | Interface-ID |

FP = Format Prefix
TLA = Top Level Aggregator
res = reserviert
NLA = Next Level Aggregator
ID = Identifier

Quelle: In Anlehnung an BADACH, Anatol/HOFFMANN, Erwin (2001).

Der gesamte Adressraum von IPv6 steht unter der Verwaltung der IANA, die wiederum Teile davon an wenige regionale Registrierungsstellen vergibt, die jeweils für mehrere Länder zuständig sind. Diese Gruppe der Top Level Organisationen (TLA) besteht zur Zeit aus den drei Organisationen ARIN, APNIC und RIPE, die die Aufgabe der Adressraumverteilung bereits für die IPv4-Adressen übernehmen[30]. Jeder dieser Organisationen ist ein TLA-Identifier zugeordnet. Die Top Level Organisationen verteilen den ihnen zugeordneten Adressraum weiter auf Organisationen der nächsten Hierarchiestufe (Next Level Aggregator/ NLA), z. B. nationale Organisationen (für Deutschland beispielsweise DENIC). Diese Organisationen werden mit einem NLA-Identifier benannt. Der NLA Bereich kann tiefer hierarchisch strukturiert werden, so dass auch weitere Stufen wie Service-Provider eingebunden werden können. Insgesamt spiegelt die öffentliche Adressstruktur die Organisationsstufen der Adressverwaltung im Internet wider.

Ein SLA-Identifier bestimmt eine individuelle Organisation/einen individuellen Kunden als Endbenutzer. Auch innerhalb des SLA-Bereichs kann eine weitere Hierarchie gebildet werden, um die interne Struktur eines physischen Netzes - z. B. das der Universität Mainz - abzubilden. Dies kann auch als die private Struktur einer Adresse betrachtet werden. Der Interface-Identifier gibt schließ-

---

29 Vgl. BADACH, Anatol/HOFFMANN, Erwin (2001), S. 225ff. und RFC 2373, IP Version 6 Addressing Architecture, abrufbar unter: http://www.ietf.org/rfc/rfc2373.txt?number=2373.

30 Vgl. Informationen des RIPE, abrufbar unter: http://www.ripe.net/ripe/docs/ripe-196.html.

lich die physikalische Netzadresse in einem Endsystem an (z. B. die einzelnen Rechner in dem Netzwerk).

Die Elemente NLA-ID und SLA-ID der IP-Adressen sind durch die öffentliche und private Hierarchie vorgegeben. Diesen Identifikatoren muss noch der Interface-ID, der durch verschiedene Merkmale, wie Hardwarenummern, Zufallszahlen oder Nummerierung der Interfaces, repräsentiert werden kann, hinzugefügt werden. Ein solches Merkmal für den Interface-ID muss nicht weltweit eindeutig sein, da die Eindeutigkeit durch alle Elemente der IP-Adresse zusammen hergestellt wird. Innerhalb eines einzelnen Netzwerks muss allerdings Eindeutigkeit bestehen. In der (kritischen) Diskussion der neuen Version des Internet-Protokolls werden so genannte MAC-Adressen als ein mögliches Merkmal für den Identifier hervorgehoben. Dabei handelt es sich beispielsweise um weltweit eindeutige Hardwareadressen von Netzwerkkarten, die bereits von den Herstellern vergeben werden und in einer Karte selbst gespeichert sind. Diese Adressen können prinzipiell in einen Interface-ID integriert werden. Aufgrund dieser Eindeutigkeit und möglichen Zuordnung zu einem physischen Gerät wurden diese MAC-Adressen bzw. die Interface-ID der neuen IP-Adressen gelegentlich als Ansatzpunkt der Bestimmung eines Kunden in der Steuerpolitik diskutiert.

Wie hoch der Anteil der IPv6-Adressen sein wird, die eine solche weltweit eindeutige Hardwareadresse nutzen, kann jedoch noch nicht vorausgesagt werden. Es ist allerdings zu berücksichtigen, dass in der Diskussion um die neuen IP-Adressen starke Kritik an deren (automatischer) Verwendung geäußert wird, da Konflikte mit Datenschutzanforderungen gesehen werden. Als Reaktion auf diese Kritik wird von der IETF betont, dass die Verwendung von Hardwareadressen nur eine von mehreren Möglichkeiten zur Konfiguration einer IPv6-Adresse sei. Außerdem bestehe die Option, z. B. eine Zufallszahl als Interface-ID zu nutzen, wobei die Gültigkeit auf die Dauer einer „Verbindung" begrenzt sein kann. Solche temporären IP-Adressen können allerdings nicht für Systeme eingesetzt werden, die wie Server permanent im Netz erreichbar sein müssen.[31] Die Verwendung der MAC-Adressen ist jedoch nur eine von mehreren gleichwertigen Möglichkeiten zur Konfiguration einer IP-Adresse[32], da MAC-Adressen innerhalb des Internet-Protokolls selbst nicht zur Funktionalität

---

[31] Vgl. DEERING, Steve/HINDEN, Bob (1999).

[32] Vgl. RFC 2373, IP Version 6 Addressing Architecture, abrufbar unter: http://www.ietf.org/rfc/rfc2373.txt?number=2373.

benötigt werden[33]. Darüber hinaus würde eine Verwendung der MAC-Adressen keine Zuordnung einer IP-Adresse zu einer Person bzw. zu einem Ort ermöglichen.

Es ist erkennbar, dass die bei IPv4 vorgenommene Einteilung in feste und dynamische Adressen für die Version 6 nicht vollständig aufgehoben ist, aber neu definiert werden muss. Eine feste IP-Adresse in dem Sinne, dass jedem Gerät eine eindeutige und dauerhafte Adresse zugeordnet wird, ist auch unter IPv6 nicht zu erwarten, da auf Wunsch des Nutzers temporäre Adressen eingesetzt werden können.

Bislang verläuft die Einführung der neuen IP-Adressen nur sehr zögerlich, da zum einen die Adressknappheit innerhalb einzelner Netzwerke durch Network Address Translation abgemildert werden konnte[34] und zum anderen nur ungern in funktionierende Systeme (unter der Protokollversion 4) eingriffen wird[35]. Für eine Übergangszeit müssen zumindest Teile der Infrastruktur für IPv6 parallel zur bestehenden Infrastruktur der Version 4 errichtet werden. In welchem Umfang und wo sich insgesamt die neuen Adressen in der Zukunft durchsetzen werden, ist daher noch nicht absehbar. Zumindest ist zu bezweifeln, dass schon mittelfristig alle alten Adressen durch IPv6 abgelöst werden. Vielmehr werden diese neuen Adressen wohl zunächst in neuen Netzwerken (z. B. Asien) und in neuen Anwendungsbereichen wie Internetnutzungen über UMTS eingesetzt.

### *3.3.2 Nutzung von IPv6 in mobilen Anwendungen*

In Kapitel 2 wurde bereits dargestellt, dass neue Mobilfunkgenerationen einen neuen Weg für permanente (always-on) Verbindungen mit dem Internet ermöglichen sollen. Da dies einen hohen Bedarf an zusätzlichen IP-Adressen induziert, wird hierdurch ein bedeutender Anschub für die Verbreitung des neuen Protokolls IPv6 erwartet. Nicht zuletzt ist hier die Einführung einfacher, da eine neue

---

33 Vorteile der Verwendung einer MAC-Adresse werden zum einen in der weltweiten Eindeutigkeit des Merkmals selbst gesehen, die eventuell durch zukünftige Spezifikationen des Protokolls genutzt werden könnte. Andererseits können die in den IP-Adressen enthaltenen MAC-Adressen von anderen Protokollschichten verwendet werden, wodurch ein vereinfachter Prozess erwartet wird.

34 Für die Erschließung neuer Netzwerke z. B. in Asien bleibt das Problem der Adressknappheit natürlich weiterhin bestehen. Dies erklärt auch, warum das Interesse an einer Einführung von IPv6 z. B. in Japan besonders groß ist.

35 Vgl. SIETMANN, Richard (2000a).

Infrastruktur sowohl für die Errichtung des Mobilfunknetzes als auch für den Einsatz von IPv6 aufgebaut werden muss.[36]

Da sich jedoch mobile Geräte nicht jederzeit in dem Netzwerk, für das ihre IP-Adresse konfiguriert wurde (Home-Adresse) befinden, existiert ein Zusatzprotokoll zu IPv6, welches die Mobilitätsfunktion unterstützt[37]. Bewegt sich ein mobiles, mit dem Internet verbundenes System, so wird diesem zusätzlich zu seiner „Home Adresse" eine so genannte care of-Adresse zugeteilt, die in den für den späteren Datentransport zuständigen Routern registriert wird. Werden nun Daten an die Home Adresse gesendet, so werden diese durch den entsprechenden Router abgefangen und an die care of-Adresse umgeleitet. Sendet ein mobiles System selbst, wird als Absender eine care of-Adresse verwendet, so dass anschließend Daten direkt empfangen werden können. Dies bedeutet, dass mobile Systeme immer über eine beständige Home Adresse verfügen und darüber hinaus ständig wechselnde care-of Adressen generieren und diese auch als Absender verwenden.[38] Somit zeigt sich auch hier, dass das nummerische System die Adressierung auch unter IPv6 stark von einem System wie der internationalen Verwendung von Telefonnummern abweichen wird. Eine feste Zuordnung einer IP-Adresse zu einem Nutzer wird es nicht geben.

### *3.4 Struktur und Funktion des Domain Name Systems (DNS)*

Um die Adressierung im Internet benutzerfreundlicher zu machen, indem statt der nummerischen IP-Adresse eines Endsystems dessen Name – der Domain- bzw. Host-Name[39] – verwendet werden kann, wurde das Domain Name System (DNS)[40] entwickelt. Dabei weist ein solcher Name i. d. R. einen Bezug zu dem Unternehmen, der Organisation oder dem Inhalt einer Seite im WWW auf. Die hierarchische Struktur der Domain-Namen ist in der folgenden Abbildung dargestellt.

---

36 Vgl. SIETMANN, Richard (2000b), S. 100.

37 Prinzipiell handelt es sich um eine Weiterentwicklung eines Zusatzprotokolls, das bereits für die IP-Version 4 existiert.

38 Vgl. KIVISAARI, Sami (2000).

39 Wird der WWW-Dienst genutzt, so werden die Domain-Namen auch als Web-Adressen bezeichnet.

40 Bezüglich allgemeiner Informationen zu Domain-Namen und IP-Adressen siehe Informationen des DENIC e.V, abrufbar unter: http://www.denic.de.

Ausgehend von einer Wurzel (Root) für die Gesamtheit aller Domain-Namen werden verschiedene Äste und Hierarchiestufen gebildet. Die Top Level Domains (TLDs) stellen unterhalb der Root die nächste Hierarchiestufe dar. Innerhalb der TLDs sind generische und geographische TLDs zu unterscheiden. Anfänglich existierten weltweit nur sechs offizielle generische TLDs (com, org, net, mil, edu, gov), wobei die ersten drei offen vergeben werden, die anderen drei nur von US-Einrichtungen genutzt werden. Später wurden aufgrund des schnellen Wachstums des Internet internationale Länderkennzeichen als zusätzliche TLDs hinzu genommen. Da sich dennoch Schwierigkeiten gezeigt haben, ausreichend eindeutige Domain-Namen zur Verfügung zu stellen, wurde zwar bereits im Jahr 1996 entschieden, weitere generische TLDs einzuführen, jedoch wurden erst im November 2000 sieben neue Endungen (biz, pro, info, name, museum, coop, aero) durch ICANN[41] bekannt gegeben. Das ursprünglich verfolgte Ziel, mit diesen zusätzlichen Endungen die Anzahl der möglichen zu vergebenden Domain-Namen zu erhöhen, hat sich in der Praxis nur in sehr eingeschränktem Maße erfüllt. Viele Unternehmen lassen Domains gleichzeitig unter mehreren TLDs registrieren, um einen Unternehmens- oder Markenname zu schützen[42]. Die Second Level Domains (SLD) sind weitere Verzweigungen der TLDs und repräsentieren den jeweiligen Netzwerkbetreiber (bspw. die Universität Mainz), mit dessen Name sie i.d.R. gekennzeichnet sind. Unterhalb der SLD können entsprechend der internen Organisation des Netzwerks weitere Subdomains gebildet werden (im Domain-Namen sind dies alle Teile links von der SLD wie einzelne Abteilungen, Institute etc.). Der letzte Knoten eines Astes ist der Name des Endsystems, also eines einzelnen Hosts (vgl. auch Tabelle 2). Zu einer Second Level Domain können daher viele Domain-Namen[43] – und damit erreichbare Hosts – gehören. Alle Namen von erreichbaren Knoten dieses Baums bilden den DNS-Namensraum.[44]

TLD und SLD zusammen müssen, wie IP-Adressen, weltweit eindeutig sein, weshalb auch deren Vergabe von zentralen Stellen organisiert wird. Die oberste

---

41 1998 wurde ICANN von der amerikanischen Regierung als nichtkommerzielle Organisation mit der Domain-Verwaltung beauftragt.

42 So ist es z. B. unwahrscheinlich, dass es eine Domain siemens.biz geben wird, die nicht zum Unternehmen Siemens gehört.

43 In der Literatur wird häufig sowohl die SLD als auch die komplette Namenskette als Domain bezeichnet. Im englischen wird die Namenskette vom letzten Knoten bis zur Root auch *Full Qualified Domain Name (FQDN)* bezeichnet.

44 Vgl. RRZN (1999), S. 40f. und BADACH, Anatol/HOFFMANN, Erwin (2000), S. 186ff.

Ebene des DNS-Namensraums wird vom InterNIC[45] verwaltet, der wiederum die Vergabe der TLDs an verschiedene öffentliche und private Organisationen übertragen hat[46]. Dabei können die Domain-Namen (Kombination aus SLD und TLD) grundsätzlich selbst gewählt werden, jedoch zeigen sich mittlerweile aufgrund der Vielzahl der Domain-Namen starke Restriktionen. Völlig frei ist der Netzwerkbetreiber bei der Bezeichnung von Subdomains unterhalb der SLD. Die Struktur des DNS-Namensraums, die der Organisation der Verwaltung entspricht, garantiert die weltweite Eindeutigkeit der Domain-Namen.

**Abbildung 2:** Struktur des DNS-Namensraums

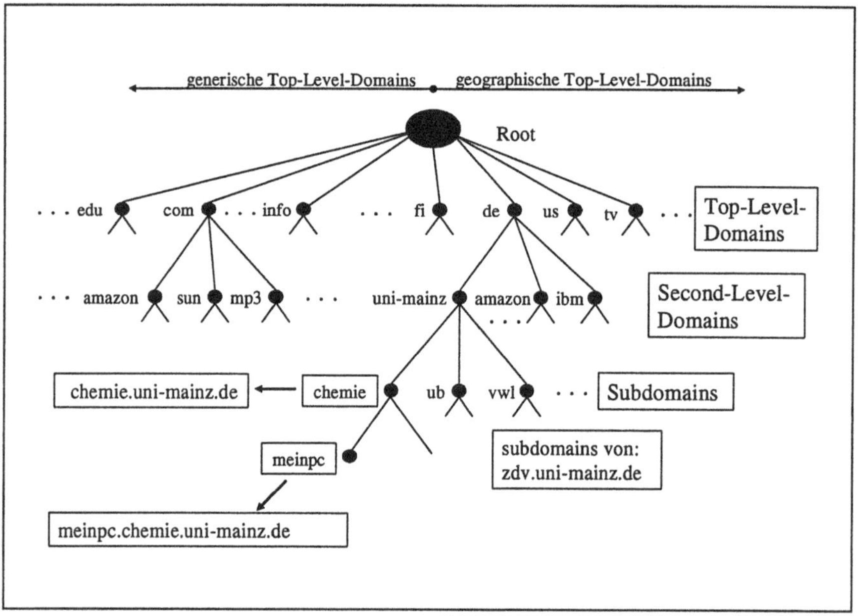


Quelle: In Anlehnung an BADACH, Anatol/HOFFMANN, Erwin (2001), S. 189.

Auch wenn zumindest die geographischens TLDs den Eindruck vermitteln, anhand der Länderkennzeichen könne die gesamte Domain national zugeordnet werden, so entspricht dies nicht der tatsächlichen Verteilung und Aussagefähigkeit dieser Domain-Namen. Unter der TLD „de“ können sich grundsätzlich

[45] Informationen über die Aufgaben des InterNIC sind abrufbar unter: http://www.internic.net.

[46] Vgl. BADACH, Anatol/HOFFMANN, Erwin (2000), S. 190.

SLDs aus allen Staaten registrieren lassen. Die Auswahl einer TLD richtet sich nicht unbedingt nach dem Sitzstaat des Netzwerkbetreibers, sondern eher danach, wo sich die Nutzer befinden[47] oder welchen Aussagewert die Endung hat[48]. Stimmt die Lokation der SLD mit dem Länderkennzeichen überein, so muss dies keinesfalls für alle darunter geführten Subdomains gelten[49].

Da zur Herstellung von Verbindungen im Internet die Domain-Namen nicht direkt nutzbar sind, müssen diese in die vom Internet-Protokoll verwendeten IP-Adressen umgewandelt werden. Dies ermöglichen DNS-Server, die durch Zugriffe auf verteilte Datenbanken Domain-Namen in IP-Adressen konvertieren[50]. Das DNS ist ein globales Netzwerk von zahlreichen Name-Servern, die auf Anfrage eines Systems einem eindeutigen Domain-Namen eine zugehörige eindeutige IP-Adresse zuordnen.[51] Diese Kombinationen von Domain-Name zu IP-Adresse des gesamten DNS-Namensraums ist auf viele Name-Server, deren verteilte Organisation der Struktur des Namensraums entspricht, aufgeteilt, wodurch eine theoretisch unbegrenzte Kapazität geschaffen wird.

Diese Funktionsweise des DNS gilt im Grundsatz so auch für IPv6. Sind unter IPv4 Änderungen der Einträge in den Datenbanken eher selten, so wird dies unter IPv6 jedoch aufgrund der Möglichkeit der automatischen Adresskonfiguration häufiger notwendig werden. Daher wurde ein Verfahren entwickelt, um DNS-Einträge dynamisch bei einer Neukonfiguration der IP-Adresse zu ändern. Das heißt, unter IPv6 werden die Daten der Name-Server permanent geändert bzw. an die veränderten IP-Adressen angepasst werden müssen. Für einen Übergangszeitraum muss die Zuordnung eines Domain-Namens sowohl zu einer IPv4

47 Die Endung „de" repräsentiert eher einen deutschen Markt, auf dem Unternehmen aus verschiedenen Staaten anbieten können.

48 So wird die Endung „tv" mittlerweile nur nach ihrer Bedeutung für „television" vergeben statt als Länderkennzeichen für den Inselstaat Tuvalu.

49 Bspw. könnte ein Unternehmen mit Geschäftssitz in Großbritannien (SLD) alle Tochterunternehmen oder Betriebsstätten unabhängig davon, in welchem Land sich diese befinden unter der Endung „uk" führen.

50 In der Literatur wird gelegentlich der Eindruck vermittelt, die IP-Adressen seien eine Art Übersetzung des Domain-Namens in einen nummerischen Wert oder umgekehrt. Die Verknüpfung zwischen beiden besteht jedoch ausschließlich über den Datenbankeintrag und ist nicht eineindeutig.

51 Dies ist jedoch keine eineindeutige Zuordnung, da grundsätzlich mit einer IP-Adresse verschiedene Domains verbunden sein können. Werden Domains durch ISPs gehostet, so kann dieser Fall eintreten, wenn die den betreuten Domains zugeordnete IP-Adresse die des ISP ist. Umgekehrt können auch einer Domain mehrere IP-Adressen zugeordnet sein.

als auch zu einer IPv6 Adresse ermöglicht werden, da beide Systeme parallel existieren werden.[52]

Das DNS ist nur für die Umsetzung von Domain-Namen in IP-Adressen zuständig. Um auch eine umgekehrte Auflösung zu ermöglichen, wurde durch InterNIC eine spezielle TLD eingerichtet (in-addr.arpa), die eine Auflösung von IP-Adressen in Host-Namen (komplette Domain) vornimmt. Voraussetzung dafür ist allerdings, dass das Netzwerk der abgefragten Domain in die Datenbank eingetragen ist. Dieser Eintrag geschieht nicht automatisch mit einem DNS-Eintrag[53], so dass eine Auflösung einer IP-Adresse in eine Domain nicht in jedem Fall möglich ist.

In Tabelle 2 sind die verschiedenen Netzwerkparameter, die in diesem Kapitel skizziert wurden, nochmals für einen fiktiven Beispielrechner der Universität Mainz, der auch für die Darstellung in Abbildung 2 verwendet wurde, zusammengefasst[54].

**Tabelle 2:** Netzwerkparameter für einen fiktiven Beispielrechner

| **Netzwerkanschluß eines Rechners** | |
|---|---|
| Host-Name | *meinpc* |
| Domain | *chemie*.uni-mainz.de |
| IP-Adresse | 134.93.*194.123* |
| Netzwerk | 134.93.*194*.0 |
| **Netzwerkdienste – Domain Name Service (DNS)** | |
| Nameserver 1 | 134.93.178.127 |
| Nameserver 2 | 134.93.8.159 |
| Nameserver 3 | 134.93.8.13 |
| WWW-Server | www.uni-mainz.de |

Quelle: Universität Mainz, ZDV, http://www.zdv.uni-mainz.de/netz/druck/dienste.html.

52 Vgl. BRAUN, Torsten (1999), S. 82ff.

53 Vgl. BADACH, Anatol/HOFFMANN, Erwin (2000), S. 198f.

54 Vgl. Information des ZDV der Universität Mainz abrufbar unter: http://www.zdv.uni-mainz.de/netz/druck/dienste.html.

### *3.5 E-Mail-Adressen*

Zur Nutzung der E-Mail-Dienste ist es notwendig, dass ein Nutzer eine persönliche Kennung an einem Mail-Host besitzt. In einer E-Mail-Adresse wird diese getrennt durch das Zeichen @ vor den Host-Namen gestellt. Die persönliche Kennung kann der (vollständige) Name oder aber auch ein beliebiges Kürzel sein. Daher können E-Mail-Adressen so gestaltet sein, dass sie eine klar erkennbare Aussage zur Identität der Person machen, z. B. vorname.name@uni-mainz.de, oder eher anonym bleiben, wie 802@xyzz.de.[55]

## 4. Charakteristika des Internet

### *4.1 Dezentralität und Offenheit des Kommunikationsmediums*

Das Internet setzt sich aus autonomen Hosts oder Teilnetzen zusammen, die weltweit verteilt sind. Dadurch entsteht eine dezentrale, nicht hierarchische Struktur[56]. Zur Sicherung der Funktionsfähigkeit des Internet dient eine informelle Organisationsstruktur[57], die sich mit der weltweiten Koordination technischer Entwicklungen, wie der Entwicklung des neuen Internet Protokolls v6, befasst. Die Schaffung und Verwendung standardisierter Verfahren ist die Grundlage, um ein gleichzeitig dezentrales und offenes Kommunikationsmedium zu schaffen. Erfüllt ein einzelner Nutzer die technischen Voraussetzungen für den Datenaustausch über das Internet, ist der Zugang zum Internet unabhängig von Hardware und Betriebssystemen[58] und damit der weltweite Zugriff auf alle angebotenen Dienste und Daten möglich. Eine formale Organisationsstruktur mit Möglichkeiten der Reglementierung sowie Kontroll- und Sanktionsmechanismen exis-tiert für das Internet als Ganzes nicht.

Die technischen Bedingungen des Internet schaffen nicht nur die weltweite Zugriffsmöglichkeit auf alle Dienste und Daten, für den Internetnutzer werden geographische Grenzen und Entfernungen darüber hinaus nahezu unbedeutend, da weltweites Senden und Empfangen von Daten kaum noch Auswirkungen auf Zeitaufwand und Kosten hat. So ist es für einen Nutzer i. d. R. nicht von Bedeutung, woher er (geographisch) die gewünschten Daten bezieht. Diese nahezu

---

[55] Vgl. HORN, Torsten (1999), S. 13.

[56] Vgl. HORN, Torsten (1999), S. 11.

[57] Vgl. KERSCHBAUMER, Berthold (1999), S. 15.

[58] Vgl. MITTENDORFER, Hans (1999), S. 6.

uneingeschränkte Globalität ist jedoch, wie später gezeigt wird, für den Bereich des Electronic Commerce, der nicht rein digitalisiert ist, eingeschränkt.

### *4.2 Anonymität der Kommunikation*

Die dargestellte Funktionsweise der Kommunikation im Internet ermöglicht ein hohes Maß an Anonymität. Ein Nutzer muss sich, um Daten senden oder empfangen zu können, nicht mit seinem Namen oder anderen persönlichen Daten identifizieren. Auch eine E-Mail-Adresse kann so gewählt werden, dass sie keine persönlichen Angaben enthält. Die bei der Kommunikation über das Internet verwendeten IP-Adressen bewahren, wie in Kapitel 0 dargestellt, in einem hohen Maße die Anonymität eines Nutzers.

Anonymität der Kommunikation ist jedoch kein spezielles Phänomen, das erst seit der Nutzung des Internet diskutiert wird. Vielmehr handelt es sich dabei um ein Recht, das den Bürgern auch in anderen Kommunikationsformen zugestanden wird. Auch eine Kommunikation per Telefon oder Post bietet die Möglichkeit, gegenüber dem Kommunikationspartner anonym zu bleiben. Gegenüber den Zugangsprovidern besteht weder bei der Nutzung des Telefons noch des Internet Anonymität, da die Dienstleistungen personalisiert abgerechnet werden. Die dort vorhandenen personenbezogenen Daten dürfen jedoch nur begrenzt gespeichert und nur in bestimmten Fällen an Institutionen der Strafverfolgung weitergegeben werden.

Dass Anonymität in erster Linie ein zu schützendes Recht ist, zeigt sich an den auch durch die Politik geförderten Bemühungen, diese in der Kommunikation - insbesondere auch über das Internet - sicher zu stellen. So fördert das Bundeswirtschaftsministerium die Entwicklung eines Anonymisierungsdienstes, dessen Nutzung die Verwirklichung des Rechts auf Datenschutz ermöglichen soll.[59] Die europäischen Regelungen für elektronische Signaturen ermöglichen vertrauenswürdige Internet-Transaktionen unter Verwendung eines Pseudonyms. Die tatsächliche Identität eines Kommunikations- oder Handelspartners kann nur in Konfliktfällen über ein Trust Center festgestellt werden.[60]

Neben dem Vorteil der Anonymität der Kommunikation in Form der Sicherung der Privatsphäre schafft diese jedoch gleichzeitig die Möglichkeit, missbräuchlich falsche Identitäten zu nutzen, da eine sichere Überprüfung von Ab-

---

59 Vgl. BUNDESMINISTERIUM FÜR WIRTSCHAFT UND TECHNOLOGIE (2001).

60 Vgl. die Ausführungen zu elektronischen Signaturen in Kapitel 5.

senderinformationen kaum möglich ist. Wie noch zu zeigen sein wird, ist das Merkmal der Anonymität insbesondere dann ein Problem, wenn das Internet für kommerzielle Zwecke genutzt werden soll. Transaktionen des Geschäftsverkehrs erfordern oftmals eine verläßliche Identifizierung der beteiligten Transaktionspartner.

Diese Ambivalenz des Merkmals Anonymität zeigt, dass aufgrund der positiven Bedeutung für die Wahrung der Persönlichkeitsrechte Anonymität im Internet nicht grundsätzlich verhindert werden darf. Vielmehr kann es nur darum gehen, für die Fälle, in denen eine überprüfbare Identität notwendig ist, diese in der Kommunikation über das Internet zur Verfügung zu stellen[61].

### *4.3 Sicherheitsprobleme bei der Kommunikation*

Der Datenaustausch über das Internet als ein offenes Netz weist protokollimmanente[62] Risiken in Bezug auf die Zuverlässigkeit und Vertraulichkeit der elektronischen Kommunikation und die Sicherheit der Daten auf. Da die Informationen i. d. R. ungesichert über das Internet verbreitet werden, können die übertragenen Informationen während der Übertragung mitgelesen werden. Dabei können Unbefugte in den Besitz sensibler Daten, wie Zugangskennungen und Passwörter, gelangen und diese anschließend missbräuchlich verwenden. Neben reinem Mitlesen können Dritte auch aktiv in das Kommunikationssystem eingreifen und dabei Informationen abfangen, manipulieren oder verfälschen. Dies ermöglicht es diesen Dritten, die Wirkung einer Nachricht zu verändern. Eine weitere Gefahr ergibt sich daraus, dass ein Dritter abgefangene Informationen (z. B. IP-Adresse und Passwort) dazu nutzen kann, die Identität des Absenders vorzutäuschen und in dessen Namen Transaktionen auszulösen. Neben den übertragenen Daten sind auch die beim Nutzer gespeicherten Daten einem Risiko ausgesetzt, da sich Dritte von Außen Zugriff darauf beschaffen und diese Daten, wie oben dargestellt, missbrauchen können.[63]

---

61 In der Telefonkommunikation wird (falls die technischen Voraussetzungen bestehen) grundsätzlich die Telefonnummer des Anrufenden übertragen. Es muss allerdings jedem Nutzer die Möglichkeit eingeräumt werden, dies zu unterbinden, falls er gegenüber dem Kommunikationspartner anonym bleiben möchte (bzw. seine Telefonnummer nicht angeben möchte). Im Rahmen des Geschäftsverkehrs erweist sich dagegen die automatische Übertragung als nützlich.

62 D. h., diese Risiken ergeben sich aus der Funktionsweise der Protokolle und können immer dann eintreten, wenn keine zusätzlichen Sicherheitsmaßnahmen getroffen werden.

63 Vgl. POHLMANN, Norbert (1998), S. 71ff.

Durch diese technischen Möglichkeiten, auf Daten unerlaubt zugreifen zu können, ergeben sich Risiken für den Datenschutz. So ist es Dritten möglich, durch systematische Datensammlung Nutzungs- und Kommunikationsprofile[64] der Internetnutzer zu erstellen. Relevante Daten liegen insbesondere bei Zugangs-Providern vor, da dort sowohl Verbindungsdaten (mit der Zuordnung von Person und IP-Adresse) als auch die eigentlichen Informationen der Kommunikation verfügbar sind. Solche Profile sind aufgrund ihrer Aussagen über das Konsumverhalten der Personen insbesondere für Marketingzwecke interessant. Daher werden Profile häufig direkt durch Web-Server erstellt, wobei dort allerdings nur eine eingeschränkte Menge an Informationen zugänglich ist.

Können Informationen jederzeit mitgelesen werden, so bedeutet dies eine Verletzung der Vertraulichkeit persönlicher Daten, da unverschlüsselte Daten an jeder Stelle des Übertragungsweges gelesen oder manipuliert werden können. Allerdings schützt auch eine Verschlüsselung nur die Informationen selbst und nicht die Verbindungsdaten.[65]

Die oben dargestellten Möglichkeiten, aktiv in die Kommunikation einzugreifen, bewirken auch eine Gefährdung der Datenintegrität und der Authentizität, so dass die Zuverlässigkeit der Kommunikation insgesamt in Frage gestellt wird[66]. Der Absender kann nicht sicher davon ausgehen, dass die Informationen so beim Empfänger ankommen, wie er sie abgeschickt hat. Das bedeutet gleichzeitig, dass er nicht sicher sein kann, dass seine Information die gewünschte Wirkung, z. B. beim Online-Banking oder E-Commerce, haben wird. Darüber hinaus haben die Beteiligten einer Kommunikation keine Sicherheit über die Authentizität der Kommunikationspartner, da eine sichere Identifizierung nicht automatisch in das System implementiert ist. Letztlich führt dies zu einer mangelnden Verbindlichkeit der Kommunikation, die deshalb als Basis für den E-Commerce oder die Abwicklung von Zahlungstransaktionen über das Internet so nicht geeignet ist.

Das Gesamtmaß des Risikos hängt davon ab, wie die Sicherheitsvorkehrungen ausgestaltet sind, wie wertvoll die Informationen und wie hoch der technische und materielle Aufwand für einen „Angriff" sind.[67] So können beispielsweise mittels Verschlüsselungstechnik die übertragenen Daten gegen Mitlesen und Manipulation geschützt werden.

---

64 Vgl. HOBERT, Guido (2000), S. 56f.

65 Vgl. WERTHMANN, Christoph (1998), S. 208.

66 Vgl. HOBERT, Guido (2000), S. 59f.

67 Vgl. POHLMANN, Norbert (1998), S. 83f.

## 5. Elektronische Signaturen zur Schaffung einer sicheren Kommunikation

### *5.1 Vorbemerkungen und Begriffsbestimmungen*

Mit der Entwicklung des Internet – aber insbesondere durch die Entstehung elektronischer Handelsformen – wurden und werden mehr und mehr Bereiche der Kommunikation und geschäftlicher Transaktionen elektronisch abgewickelt. Je mehr geschäftliche und damit verbindliche Transaktionen elektronisch initiiert bzw. abgewickelt werden sollen, umso problematischer werden die im vorhergehenden Kapitel dargestellten Risiken dieser Kommunikationsform. Als Antwort auf einige dieser Defizite wurden elektronische Signaturen entwickelt. Durch ihren Einsatz kann zum einen die Integrität versendeter Daten gesichert und zum anderen die Identität des Absenders festgestellt werden.[68] Eine vertrauliche Kommunikation kann zwar nicht alleine mittels der elektronischen Signatur hergestellt werden, jedoch kann deren Verwendung mit Verschlüsselungstechniken, die dies gewährleisten können, kombiniert werden. Im Rahmen dieser Studie sind elektronische Signaturen insbesondere unter dem Aspekt der Identifizierbarkeit (des Wohnsitzstaates) von Konsumenten im elektronischen Handel von Interesse.[69] In den folgenden Abschnitten werden zunächst einige Begriffsdefinitionen und die technischen Grundlagen elektronischer Signaturen dargestellt.

Als eine sehr weite Definition, die keine speziellen Anforderungen an die Qualität einer elektronischen Signatur stellt, kann die allgemeine Definition gemäß der EU-Richtlinie zu elektronischen Signaturen angesehen werden, die diese als „Daten in elektronischer Form, die anderen elektronischen Daten beigefügt oder logisch mit ihnen verknüpft sind und die zur Authentifizierung dienen"[70] beschreibt. Eine solche weite Definition bezieht z. B. auch eingescannte und somit in elektronischer Form vorliegende handschriftliche Unterschriften ein. Die USA verwenden in dem „Electronic Signatures in Global and National Commerce Act" ausschließlich eine derartig weite Definition, um unterschiedliche technische Lösungen als Option zu ermöglichen: „The term electronic signature

---

68 Eine Identifikation mittels elektronischer Signaturen kann mit einer Identifikation mittels eines Personalausweises verglichen werden. Dabei wird die Identität einer Person anhand der im Ausweispapier aufgenommenen Daten festgestellt. Vertrauen der Kommunikationspartner untereinander kann weder mittels Signaturen noch mittels eines Ausweisdokuments erreicht werden, dafür sind weitere persönliche Erfahrungen oder Empfehlungen Dritter notwendig.

69 Dieser Aspekt wird detailliert im Zweiten Teil, Abschnitt C, Kapitel 4 diskutiert.

70 Art. 2, Abs. 1. der Richtlinie 1999/93/EG über gemeinschaftliche Rahmenbedingungen für elektronische Signaturen v. 13. Dezember 1999.

means an electronic sound, symbol or process, attached to or logically associated with a contract or other record and executed or adopted by a person with the intend to sign the record“[71]. Dadurch soll ermöglicht werden, dass sich das für verschiedene Anwendungsformen jeweils geeignetste technische Verfahren im Wettbewerb herausbilden kann[72].

In der europäischen Diskussion wird der Begriff elektronische Signatur i. d. R. mit einer engeren Bedeutung versehen, die spezielle technische Anforderungen an elektronische Signaturen stellt. Auch die EU-Richtlinie stellt neben der obigen Definition engere Definitionen mit gesetzlich fixierten Sicherheitsanforderungen an elektronische Signaturen auf[73]. Diese sollen dann handschriftlichen Unterschriften gleichgestellt sein[74] und in Gerichtsverfahren eine hohe Beweiskraft erhalten. Technisch betrachtet werden elektronische Signaturen, die einem besonders hohen Sicherheitsniveau entsprechen, im Allgemeinen mit asymmetrischen, kryptographischen Verfahren (Public Key Infrastruktur – PKI) gleichgesetzt. Da erwartet wird, dass diese Technologie zukünftig eine große Bedeutung auch im Rahmen des elektronischen Handels haben wird, konzentriert sich die folgende Betrachtung auf solche PKI-Verfahren, wobei die EU-Richtlinie und das deutsche Signaturgesetz als Referenzrahmen anzusehen sind. Zur Beurteilung der Anwendungsmöglichkeiten elektronischer Signaturen im E-Commerce muss allerdings beachtet werden, dass die (gesetzlichen) Rahmenbedingungen in anderen Ländern von den europäischen Verhältnissen abweichen.

---

71 Congress of the United States of America (2000), Sec. 106.

72 Vgl. Geis, Ivo (2000), S. 673.

73 Vgl. Art. 2, Abs. 2 der Richtlinie 1999/93/EG. Diese so genannten fortgeschrittenen elektronischen Signaturen werden im folgenden Kapitel 5.2 dargestellt.

74 So gilt in Deutschland seit dem 01.08.2001 das Gesetz zur Anpassung der Formvorschriften des Privatrechts und anderer Vorschriften an den modernen Rechtsgeschäftsverkehr, in dem die elektronische Unterschrift in vielen Fällen der handschriftlichen gleichgestellt wird, vgl. o.V. (2001), Digitale Unterschrift: fast wie eigenhändig, http://www.heise.de/newsticker/data/ur-01.08.01-000/.

### *5.2 Elektronische Signaturen gemäß der europäischen Richtlinie über Rahmenbedingungen elektronischer Signaturen*

#### *5.2.1 Zielsetzung der Signatur-Richtlinie*

Am 13.05.1998 hat die Europäische Kommission einen ersten Vorschlag für eine Richtlinie für elektronische Signaturen vorgelegt, der jedoch am 27.11.1998 im Europäischen Rat zurückgewiesen wurde, da dieser Vorschlag einen weitgehend marktorientierten Ansatz ohne detaillierte Anforderungen an Sicherheit und Technik verfolgte. Die Herausbildung geeigneter Sicherheitsanforderungen sollte vergleichbar mit dem US-amerikanischen Ansatz über den Markt erfolgen. Bis zur Inkraftsetzung der Richtlinie 1999/93/EG über „gemeinschaftliche Rahmenbedingungen für elektronische Signaturen" wurden zahlreiche Änderungsvorschläge eingearbeitet, die vor allem technische Sicherheitsanforderungen festlegen. Im Ergebnis wurde die Richtlinie damit an das zu dieser Zeit geltende deutsche Signaturgesetz von 1997 angenähert, welches ein im internationalen Vergleich relativ hohes Sicherheitsniveau festgeschrieben hat.[75]

Ziel der Richtlinie ist es, klare rechtliche Rahmenbedingungen für elektronische Signaturen innerhalb des europäischen Binnenmarktes zu schaffen. Dabei sollen insbesondere „divergierende Regelungen über die rechtliche Anerkennung elektronischer Signaturen und über die Akkreditierung von Zertifizierungsdiensteanbietern in den Mitgliedstaaten"[76] harmonisiert werden, um Hemmnisse für die elektronische Kommunikation und den elektronischen Geschäftsverkehr zu beseitigen bzw. nicht entstehen zu lassen.

Die Richtlinie regelt ausschließlich die Sicherheitsanforderungen für solche elektronischen Signaturen, an die unmittelbare Rechtswirkungen in Form der Gleichstellung mit einer handschriftlichen Unterschrift und der Zulässigkeit als Beweismittel vor Gericht[77] geknüpft werden[78]. Die Anwendung und die Ausgestaltung von elektronischen Signaturen, die z. B. in Systemen, die auf Basis freiwilliger privatrechtlicher Vereinbarungen zwischen einer bestimmten Anzahl von Teilnehmern eingesetzt werden, unterliegen nicht diesen gesetzlichen

---

75 Vgl. ROßNAGEL, Alexander (1999), S. 262.

76 Richtlinie 1999/93/EG, Erwägungsgrund (4). Zertifizierungsdiensteanbieter sind Institutionen, die Dienste für elektronische Signaturen, z. B. die Erstellung von Zertifikaten, anbieten. Im Folgenden werden diese als Zertifizierungsstelle oder -instanz bezeichnet.

77 Dem ist in Deutschland bereits durch den Rechtsgrundsatz der freien Beweiswürdigung der Gerichte entsprochen.

78 Vgl. Art. 5 der Richtlinie 1999/93/EG.

Regelungen[79]. Die Mitgliedstaaten sollen allerdings sicherstellen, dass einer elektronischen Signatur unabhängig von der Einhaltung eines bestimmten Sicherheitsniveaus die zivilrechtliche Wirksamkeit und Zulässigkeit als Beweismittel vor Gericht nicht grundsätzlich abgesprochen wird. So sind zwar Anwendungen im elektronischen Geschäftsverkehr nicht direkt in den Regelungsbereich der Signatur-Richtlinie eingeschlossen, da für solche Transaktionen keine Formvorschriften (Schriftform) bestehen. Allerdings wird erhofft, durch den gesetzlichen Rahmen das Vertrauen und die allgemeine Akzeptanz der Internetnutzer in elektronische Signaturen (PKI-Verfahren) zu stärken und so auch Anwendungen im elektronischen Geschäftsverkehr zu fördern.

Eine maximale Harmonisierung des europäischen Rechtsrahmens wäre über ein Rechtsgültigkeitsprivileg für ein bestimmtes technisches Verfahren elektronischer Sig-naturen innerhalb der EU zu erreichen gewesen. Ein solcher Ansatz wurde aufgrund der damit verbundenen eingeschränkten Innovationsfreiheit bzw. Möglichkeit, die Ergebnisse der weiteren technischen Entwicklung zu berücksichtigen, nicht gewählt. Gerade die fortschreitende technische Entwicklung und der globale Charakter des Internet erfordern „ein Konzept, das verschiedenen Technologien und Dienstleistungen im Bereich der elektronischen Authentifizierung offensteht“[80]. Daher werden statt einer konkreten technischen Variante technische Sicherheitsanforderungen definiert, bei deren Einhaltung die Rechtsgültigkeit der Signaturen gewährleistet wird. Da jedoch ein trade-off zwischen Technologieoffenheit und Interoperabilität von Signatursystemen besteht, setzt eine breite Verwendung digitaler Signaturen im Rahmen offener Anwendungen[81] weitere Bemühungen zur Schaffung von technischer Interoperabilität voraus. Dabei ist eine Standardisierung umso schwieriger und damit auch langwieriger, je vielfältiger die Techniken sind.

---

79 Eine Ausnahme besteht für die datenschutzrechtlichen Regelungen, für die der materielle Regelungsbereich auch auf andere als qualifizierte Signaturen (vgl. Kapitel 5.2.2) ausgedehnt wurde.

80 Richtlinie 1999/93/EG, Erwägungsgrund (8).

81 Offene Anwendungen sind dadurch gekennzeichnet, dass der Nutzerkreis nicht klar abgegrenzt werden kann, wie es z. B. bei den Mitarbeitern eines Unternehmens der Fall ist.

### *5.2.2 Wichtigste Regelungen der Signatur-Richtlinie*

Die Richtlinie legt drei Qualitätsstufen von elektronischen Signaturen fest[82]:

(1) *elektronische Signaturen*, die der Definition in Abschnitt 5.1 dieser Studie entsprechen und an die keine weiteren Anforderungen gestellt werden.

(2) *fortgeschrittene elektronische Signaturen*, die folgende Anforderungen erfüllen:

- die fortgeschrittene elektronische Signatur ist ausschließlich dem Unterzeichner zugeordnet,
- sie ermöglicht die Identifizierung des Unterzeichners,
- sie wird mit Mitteln erstellt, die der Unterzeichner unter seiner alleinigen Kontrolle halten kann,
- sie ist so mit den Daten, auf die sie sich bezieht, verknüpft, dass eine nachträgliche Veränderung der Daten erkannt werden kann.

(3) *(qualifizierte)*[83] *fortgeschrittene elektronische Signaturen*, die auf einem qualifizierten Zertifikat beruhen und von einer sicheren Signaturerstellungseinheit[84] erstellt werden.

Die Anforderungen an fortgeschrittene elektronische Signaturen gemäß (2) werden auch bspw. durch die weitverbreitete Kryptographie-Software „Pretty Good Privacy" (PGP)[85] erfüllt. Im Gegensatz dazu bedingen sichere Signaturerstellungseinheiten gemäß (3) die Einschaltung einer externen Zertifizierungsstelle zur Schlüsselgenerierung und Ausstellung der qualifizierten Zertifikate. Sowohl an die qualifizierten Zertifikate als auch an die Zertifizierungsinstanzen

---

82 Vgl. Art. 2 der Richtlinie 1999/93/EG.

83 Das neue deutsche Signaturgesetz führt für die Qualitätsstufe elektronischer Signaturen mit Rechtswirkung den in der EU-Richtlinie nicht verwendeten Begriff *qualifizierte elektronische Signatur* ein.

84 Eine sichere Signaturerstellungseinheit wird definiert als „Software- oder Hardwareeinheiten zur Speicherung und Anwendung des jeweiligen Signaturschlüssels" die mindestens den im Gesetz genannten Anforderungen entsprechen. Diese Anforderungen beinhalten bspw., dass Fälschungen der Signaturen erkannt oder unberechtigte Nutzungen der Signaturschlüssel verhindert werden können. Vgl. Gesetz über Rahmenbedingungen für elektronische Signaturen und zur Änderung weiterer Vorschriften, v. 16. Mai 2001

85 Pretty Good Privacy ist ein zur allgemeinen Nutzung zur Verfügung gestelltes Softwarepaket mit Diensten, die eine vertrauliche Mail-Übermittlung gewährleisten sollen. Aufgrund seiner weiten Verbreitung bildet es zur Zeit eine Art Standard zur Verschlüsselung von mail über das Internet. Vgl. ECKERT, Claudia (2001), S. 514f.

werden wiederum spezielle Anforderungen gestellt.[86] Grundsätzlich soll mit der Richtlinie zwar ein technikoffener Ansatz verfolgt werden, jedoch weist laut GRAVESEN/DUMORTIER/EECKE die Definition qualifizierter elektronischer Signaturen darauf hin, dass eine konkrete Technologie – die asymmetrische Kryptographie – „leitendes Gedankenmodell" war[87]. Auch die Bedingung, dass diese Signaturen auf Zertifikaten beruhen müssen, unterstützt dies, da andere Signaturverfahren die Erstellung von Zertifikaten nicht grundsätzlich vorsehen.

Zertifikate werden durch die Richtlinie definiert als „elektronische Bescheinigung, mit der Signaturprüfdaten (vgl. Erläuterungen in Kapitel 5.3) einer Person zugeordnet werden und die Identität dieser Person bestätigt wird"[88]. Bescheinigt werden in einem qualifizierten Zertifikat, welches für eine rechtsgültige Signatur erforderlich ist, folgende Angaben[89]:

a) Angabe, dass das Zertifikat als qualifiziertes Zertifikat ausgestellt wird,

b) Angabe des Zertifizierungsdiensteanbieters und des Staates, in dem er niedergelassen ist,

c) Name des Unterzeichners oder ein Pseudonym, das als solches zu identifizieren ist,

d) auf Wunsch ein spezifisches Attribut des Unterzeichners,

e) Signaturprüfdaten, die den vom Unterzeichner kontrollierten Signaturerstellungsdaten entsprechen,

f) Angaben zu Beginn und Ende der Gültigkeitsdauer des Zertifikats,

g) Identitätscode des Zertifikats,

h) die fortgeschrittene Signatur des ausstellenden Zertifizierungsdiensteanbieters,

i) gegebenenfalls Beschränkungen des Geltungsbereichs des Zertifikats und

j) gegebenenfalls Begrenzung des Wertes der Transaktionen, für die das Zertifikat verwendet werden kann.

---

86 Vgl. GEIS, Ivo (2000), S. 669.

87 Vgl. GRAVESEN, Gavan G./DUMORTIER, Jos/EECKE, Patrick van (1999), S. 578.

88 Art. 2, Abs. 9 der Richtlinie 1999/93/EG.

89 Vgl. Anhang I der Richtlinie 1999/93/EG.

In einem öffentlichen Verzeichnisdienst der ausstellenden Zertifizierungsinstanz kann mittels des Identitätscode eines Zertifikats die angegebene Identität überprüft werden, so dass der Empfänger sicher sein kann, dass der Absender der Daten derjenige ist, für den er sich ausgibt (Authentizität). Der Empfänger einer elektronischen Signatur überprüft, ob das empfangene Zertifikat tatsächlich auf den Namen oder das Pseudonym des Absenders ausgestellt ist. Weitere Identitätsmerkmale, als die im Zertifikat angegebenen, können dabei nicht abgefragt werden.

Die Bereitstellung von Zertifizierungsdiensten ist grundsätzlich genehmigungsfrei, allerdings müssen die Mitgliedstaaten ein Überwachungssystem für Zertifizierungsstellen, die qualifizierte Zertifikate ausstellen, einrichten. Darüber hinaus ist es den Mitgliedstaaten freigestellt, ein System einer freiwilligen Akkreditierung einzuführen, um das Sicherheitsniveau weiter zu erhöhen[90]. Auch bei Einführung eines solchen Systems bleibt die Rechtsgültigkeit der Signaturen mit Zertifikaten von nicht akkreditierten Anbietern unbeeinflusst. Die Richtlinie ermöglicht es, für den Einsatz elektronischer Signaturen im öffentlichen Bereich zusätzliche Sicherheitsanforderungen zu stellen, wenn diese nicht diskriminierend im Hinblick auf grenzüberschreitende Dienste sind.

Im Folgenden wird die Funktionsweise der asymmetrischen Kryptographie, auf die sich die Diskussion über digitale Signaturen in Europa – auch außerhalb des Anwendungsbereichs der EU-Richtlinie – derzeit konzentriert, dargestellt.

### *5.3 Verfahren der Asymmetrischen Kryptographie - Public Key Infrastruktur*

Wesentliches Merkmal einer Public Key Infrastruktur ist die Generierung eines Schlüsselpaares für jeden Teilnehmer des Signatursystems. Mit einem geheimen, so genannten *privaten Schlüssel* werden Signaturen erzeugt und mit einem zugehörigen *öffentlichen Schlüssel* kann die Signatur verifiziert werden. Das Schlüsselpaar kann entweder durch den Anwender selbst erstellt werden (wie bei PGP) oder durch eine dritte Instanz, die Zertifizierungsstelle gemäß europäischer

[90] Das deutsche Signaturgesetz nutzt die Gestaltungsmöglichkeiten der europäischen Richtlinie, indem ein System der freiwilligen Akkreditierung von Zertifizierungsdiensteanbietern implementiert wird, um damit „den eingeführten und anerkannten Sicherheitsstandard nach dem geltenden Signaturgesetz als Option für den Markt weiterhin anzubieten und zu erhalten". Begründung zum Entwurf eines Gesetzes über Rahmenbedingungen für elektronische Signaturen und zur Änderung weiterer Vorschriften, in der Fassung des Kabinettsbeschlusses v. 1. August 2000.

Signatur-Richtlinie. Eine solche dritte Instanz soll allgemein das Vertrauen in die elektronische Signatur erhöhen – im Konzept der Signatur-Richtlinie garantieren diese Instanzen das angestrebte Sicherheitsniveau.[91]

Zur Signaturbildung werden die zu signierenden Daten mittels eines so genannten Hashverfahrens[92] auf einen Hashwert komprimiert, da für die anschließenden Signaturverfahren der Text eine bestimmte Länge nicht überschreiten darf. An ein Hashverfahren werden die Bedingungen gestellt, dass aus dem Hashwert nicht auf den zugrunde liegenden Text geschlossen werden kann (Einwegfunktion) und dass es keinen zweiten Text gibt, der zu dem gleichen Hashwert führen würde. Anschließend wird dieser Hashwert mit den in dem privaten Schlüssel enthaltenen Parametern (kryptographische Funktion) verschlüsselt. Das Ergebnis ist die Signatur, die dann zusammen mit den unverschlüsselten Daten an den Empfänger geschickt wird[93]. Da der private Schlüssel, mit dem der Hashwert verschlüsselt wird, über ein Zertifikat einer Person zugeordnet ist, spricht die Reg TP von einem personalisierten Hashwert.[94]

Damit ein Empfänger einer elektronischen Signatur eine Identität überprüfen kann, integriert ein Trust Center den öffentlichen Schlüssel zusammen mit den persönlichen Daten des Unterzeichners in ein Zertifikat und signiert dieses mit der eigenen Signatur. Der Empfänger der Daten kann dann den öffentlichen Schlüssel zur Verifikation entnehmen. Zur Überprüfung ermittelt der Empfänger aus den erhaltenen Daten ebenfalls einen Hashwert und vergleicht diesen mit dem Hashwert, der sich durch das Entschlüsseln der Signatur mit dem öffentlichen Schlüssel ergeben hat. Stimmen beide Werte überein, so kann der Empfänger einerseits aufgrund der Einwegfunktion des Hashverfahrens sicher sein, dass die Daten unverändert angekommen sind (Integrität der Daten), und andererseits dass der öffentliche Schlüssel zu dem privaten Schlüssel des Absenders gehört,

---

91 Dabei bestehen diese Zertifizierungsinstanzen aus einer Registrierungsstelle, die Teilnehmer einer PKI identifiziert, und einem Trust Center (certification authority), das die Schlüssel generiert, vgl. OCHEL, David/WEISSMANN, Oliver (2001), S. 45.

92 Für grundlegende Informationen zu Hashfunktionen und deren Einsatz in elektronischen Signaturen siehe ECKERT, Claudia (2001), S. 235ff.

93 Die elektronische Signatur kann als die Unterschrift unter den versendeten Daten betrachtet werden.

94 REGULIERUNGSBEHÖRDE FÜR TELEKOMMUNIKATION UND POST/REGTP (Hrsg.), Broschüre „Digitale Signatur“.

da sonst eine Entschlüsselung nicht korrekt[95] möglich gewesen wäre (Authentizität).

Der beschriebene Ablauf von der Erstellung der Signaturschlüssel bis zur Verifikation der Signatur beim Empfänger der Daten wird durch die folgende Abbildung verdeutlicht.

**Abbildung 3:** Erstellung eines Signaturschlüssels und Ablauf eines Signaturverfahrens

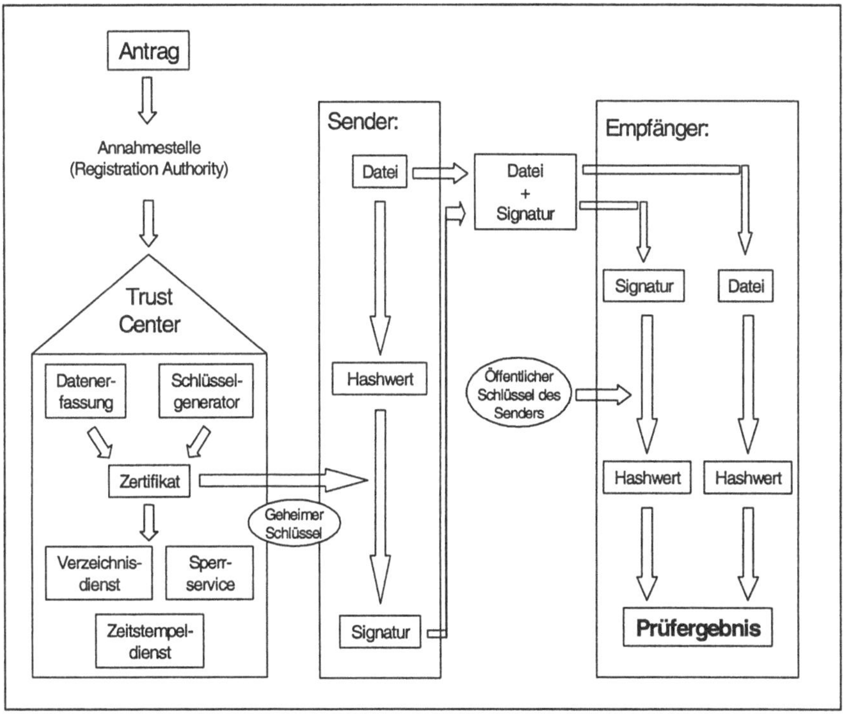


Quelle: DEUTSCHE TELEKOM – Public Key Service.

Auch wenn die beiden Hashwerte als Prüfergebnis übereinstimmen, verbleibt an dieser Stelle dennoch eine Restgröße pvon Unsicherheit, da der Empfänger zwar sicher sein kann, dass der öffentliche Schlüssel zu dem privaten Schlüssel gehört, mit dem die Signatur erstellt wurde, nicht jedoch, ob das Schlüsselpaar

95 Mit einem öffentlichen Schlüssel können nur solche Daten entschlüsselt werden, die mit dem zugehörigen privaten Schlüssel verschlüsselt wurden.

tatsächlich zu dem in der Nachricht angegebenen Absender gehört[96]. Generiert ein Sender selbst ein Schlüsselpaar, so kann er Daten unter einem falschen Namen signieren, ohne dass dies bei der Prüfung des Hashwertes auffällt. Diese Sicherheitslücke kann nur ein Trust Center (certification authority) schließen, indem über einen öffentlichen Verzeichnisdienst für Zertifikate die im übermittelten Zertifikat dokumentierte Zuordnung eines Schlüssels zu einer bestimmten Person überprüft werden kann. Dies gewährleistet, dass niemand eine Transaktion unter einem bestimmten Namen abschließen kann, ohne im Besitz des entsprechenden privaten Schlüssels zu sein[97].

Ein chipkartenbasiertes Verfahren, so wie es das deutsche Signaturgesetz präferiert[98], bedeutet, dass der private Schlüssel auf einer so genannten Chipkarte gespeichert oder bereits auf einer solchen erstellt wird. Der zusätzliche Sicherheitsgewinn liegt darin, dass die Signaturdaten auf dieser Chipkarte nicht dupliziert werden können (da die Daten nicht ausgelesen werden können). Somit liegt der private Schlüssel ausschließlich in der Verfügungsgewalt des Schlüsselinhabers. Eine unbefugte Nutzung des privaten Schlüssels z. B. im Falle des Verlustes der Chipkarte, kann durch zusätzliche Identifikation durch Wissen (z. B. PIN) oder biometrische Merkmale (z. B. Fingerabdruck) ausgeschlossen werden.

### *5.4 Anwendungen elektronischer Signaturen im öffentlichen Bereich*

#### *5.4.1 Anstoßwirkung zur Nutzung elektronischer Signaturen*

Die Verbreitung elektronischer Signaturen ist Voraussetzung dafür, dass öffentliche Dienstleistungen in der Zukunft verstärkt auch elektronisch abgewickelt werden können. Daraus ergibt sich ein Anreiz für den Staat, die Akzeptanz in der Bevölkerung und damit die Diffusion dieser technischen Verfahren zu fördern. Im Rahmen des elektronischen Handels sind ebenfalls Hemmnisse festzustellen, die auf die mangelnde Integrität und Authentizität der Kommunikation zurückzuführen sind und die somit durch die Nutzung elektronischer Signaturen

---

96 Es gibt zwei mögliche Fälle, in denen das verwendete Schlüsselpaar nicht zum angegebenen Absender gehört: Der Besitzer des privaten Schlüssels kann einen falschen Namen angeben oder der private Schlüssel befindet sich in fremdem Besitz.

97 Gibt der Besitzer des privaten Schlüssels einen falschen Namen an, so fällt dies bei der Verifikation auf. Befindet sich der private Schlüssel nicht mehr im Besitz des eigentlichen Eigentümers, so kann dieser das Zertifikat sperren lassen, so dass auch dieser Sachverhalt offensichtlich wird.

98 Vgl. Erläuterungen zum Arbeitspapier über eine Verordnung zur elektronischen Signatur, abrufbar unter: http://www.bmwi.de/Homepage/Politikfelder/Informationsgesellschaft/Medienrecht/Medienrecht.jsp#signatur.

abgebaut werden könnten. Konzepte, die ein Angebot elektronischer Dienstleistungen in der öffentlichen Verwaltung durch Einsatz elektronischer Signaturen verfolgen, würden damit möglicherweise auch einen Beitrag für eine verstärkte Nutzung elektronischer Signaturen in anderen Bereichen leisten. Einige Autoren vermuten, dass im Zuge der Vertrauensbildung durch Signaturen das Potential des elektronischen Handels weiter ausgeschöpft werden kann.[99] Deshalb wird im Folgenden dargestellt, wie elektronische Signaturen im Bereich der öffentlichen Anwendungen eingeführt werden, um abzuschätzen, ob eine schnelle Verbreitung in öffentlichen Anwendungen und eine Verbreitung auch in anderen Bereichen absehbar ist.

### *5.4.2 Konzepte zur Anwendung im öffentlichen Bereich*

Derzeit befinden sich zahlreiche Projekte zur Einführung von elektronischen Signaturen in öffentlichen Anwendungen (E-Government) von Kommunen oder auf Bundesebene in der Planung oder bereits in der Umsetzung. Im Bereich der kommunalen Anwendungen planen derzeit zahlreiche Städte und Gemeinden eine Einführung von elektronischen Dienstleistungen.[100] Das Bundeswirtschaftsministerium fördert die Entwicklung und Erprobung von rechtsverbindlichen Online-Transaktionen im Städtewettbewerb MEDIA@Komm[101]. Um neben einfachen Transaktionen wie eines Downloads von Formularen auch solche Transaktionen, an die Formvorschriften gestellt werden, – wie ein Antrag auf eine Geburtsurkunde oder die Abgabe einer Steuererklärung – rechtsverbindlich durchführen zu können, müssen elektronische Signaturen eingesetzt werden. Derartige Anwendungen sind allerdings bisher nur in Pilotprojekten realisiert, die insbesondere mit kleinen Nutzerkreisen den praktischen Einsatz elektronischer Signaturen testen wollen, um darauf aufbauend u. a. übergreifende Standards und Spezifikationen zu erarbeiten.[102] Im Folgenden werden einige Projekte vorgestellt, die zeigen, dass die Einführung elektronischer Signaturen auch auf breitere Anwendungsbereiche ausgerichtet sein kann.

---

99 Vgl. BECKER, Lutz (1999), S.35ff.

100 Vgl. o.V. (2001), E-Government und Verwaltungsmodernisierung, BerliNews v. 26.05.2001.

101 Vgl. Informationen des Bundeswirtschaftsministeriums, abrufbar unter: http://www.bmwi.de/Homepage/Politikfelder/Informationsgesellschaft/infogesellschaft1.jsp.

102 Vgl. Newsletter MEDIA@Komm, 3/2001, abrufbar unter: http://www.mediakomm.net/aktuell/newsletter032001.pdf.

**Chipkarte als digitaler Personalausweis in Finnland:** Bereits seit Anfang des Jahres 2000, basierend auf einem Gesetz über elektronische Dienstleistungen in der öffentlichen Verwaltung, vergibt die finnische Meldebehörde elektronische Personalausweise (FINEID). Die dazu verwendete Chip-Karte beinhaltet gleichzeitig die Funktion einer elektronischen Signatur, da diese zur Identifikation gegenüber der Verwaltung bei der Inanspruchnahme von Dienstleistungen notwendig ist. In der weiteren Umsetzung des Projekts sollen neben bereits existierenden Verwaltungsanwendungen, wie Ummeldungen oder Steuererklärungen, auch Dienstleistungen des Arbeitsamts oder der Bezug von Fahrkarten für öffentliche Verkehrsmittel integriert werden.

Neben den öffentlichen Dienstleistungen besteht die Möglichkeit, weitere Anwendungen bzw. zusätzliche Zugangsberechtigungen auf der Karte zu implementieren. Die bereits integrierte elektronische Signatur kann grundsätzlich auch für Transaktionen des Electronic Commerce genutzt werden.[103]

**Bürgerkarte in Österreich:** Auch Österreich hat sich zum Ziel gesetzt, die Möglichkeit dafür zu schaffen, dass Bürger in Zukunft Verwaltungsgeschäfte elektronisch erledigen können. Um möglichst vielen Bürgern die Nutzung einer elektronischen Signatur zu ermöglichen, wurde eine so genannte Bürgerkarte konzipiert.

Dieses Konzept der Bürgerkarte basiert auf einer vom Hauptverband der Sozialversicherungen ausgegebenen Chip-Karte (SV-Karte), die gleichzeitig die Eigenschaft besitzt, die Funktion einer elektronischen Signatur integrieren zu können. Die Nutzung der SV-Karte als Bürgerkarte mit der Funktion einer elektronischen Signatur ist jedem Besitzer freigestellt, da die „Aktivierung“ der Funktion einer Bürgerkarte der Zustimmung des Nutzers bedarf. Darüber hinaus können fortgeschrittene elektronische Signaturen gemäß der Signatur-Richtlinie auch außerhalb dieses Konzepts – also auf anderen Karten – erstellt und für Anwendungen der öffentlichen Verwaltung genutzt werden. Die Ausstellung eines Zertifikats für die elektronische Signatur soll durch private Zertifizierungsstellen im Sinne der europäischen Richtlinie übernommen werden. Mit der Auslieferung der SV-Karten soll in einem Probebetrieb ab Mitte 2001 begonnen werden.

Die Diskussion in Österreich um die Bürgerkarte zeigt, dass die Akzeptanz eines solchen Verfahrens von der Schaffung von Vertrauen in dieses System abhängt. Derzeit wird die Kombination verschiedener Funktionen auf einer

---

[103] Vgl. MAREWSKI, Bernhard (2000) und Informationen der finnischen Meldebehörde, abrufbar unter: http://www.vaestoerekisterikeskus.fi.

Chip-Karte – grundsätzlich ist es auch in diesem Modell möglich, weitere Funktionen zu integrieren – unter Gesichtspunkten des Datenschutzes als kritisch betrachtet.[104]

**Projekt einer multifunktionalen „Europakarte“:** Die EU-Kommission fördert gegenwärtig die Entwicklung eines Prototypsystems für einen chipkartenbasierten Personalausweis im Rahmen des Information Society Technology Forschungsprogramms (Projekt FASME)[105]. Damit soll es ermöglicht werden, Verwaltungsabläufe, wie Wohnungs- und Arbeitsplatzwechsel, auch innerhalb Europas elektronisch abwickeln zu können.

Technisch basiert dieses Konzept auf einer Chip-Karte mit Java-Applikationen, wodurch aufgrund der Unabhängigkeit von bestimmten Systemen (Plattformunabhängigkeit) Inkompatibilitätsprobleme zwischen verschiedenen Verfahren vermieden werden sollen. Auch diese „Europakarte“ soll als Multifunktionskarte genutzt werden können. Das FASME-Projekt versucht dabei, die bestehenden Erfahrungen mit Multifunktionskarten in der Entwicklung zu berücksichtigen, indem z. B. ein Authentifizierungssystem integriert wird, das den Zugriff auf gespeicherte Daten regelt, um so die Akzeptanz der Anwender zu erhöhen.

Bis zur Einführung einer solchen „Europakarte“ müssen noch zahlreiche, insbesondere rechtliche Voraussetzungen geschaffen werden. Einigkeit herrscht in der Literatur aber in dem Punkt, dass sich solche Anwendungen sowohl in Europa als auch international etablieren werden.

Diese bisherigen Entwicklungen sowohl auf kommunaler als auch bundes- und europaweiter Ebene zeigen, dass eine „alltägliche“ Nutzung elektronischer Signaturen für öffentliche Dienstleistungen derzeit nicht absehbar ist und noch zahlreiche Realisierungshemmnisse bestehen. Das bedeutet jedoch auch, dass kurzfristige Impulse für andere Anwendungsgebiete, wie den elektronischen Handel, momentan noch nicht erwartet werden können.

---

104 Vgl. Pressemeldung der Arbeiterkammer/Konsumentenschutz, unter: http://www.akwien.or.at.

105 Vgl. Informationen zum Projekt FASME, abrufbar unter: http://www.fasme.org sowie SCHULZKI-HADDOUTI, Christiane (2000).

# C. Elektronischer Handel mit digitalen Produkten

## 1. Definitionen und Abgrenzungen

### *1.1 Zum Begriff elektronischer Handel*

Für den *Begriff elektronischer Handel* hat sich bisher in Wissenschaft und Praxis keine eindeutige Definition etabliert[106], so dass unter diesen Begriff sehr unterschiedliche Prozesse und Geschäftsmodelle subsumiert werden. Im Folgenden sollen zunächst einige Definitionen dargestellt werden, um daraus anschließend die wesentlichen Merkmale des Elektronischen Handel abzuleiten. Für die vorliegende Studie werden die Begriffe elektronischer Handel, elektronischer Geschäftsverkehr[107] und Electronic Commerce (E-Commerce) synonym verwendet.

In der Literatur finden sich unter zahlreichen auch die folgenden Definitionen:

*„Electronic Commerce refers generally to all forms of transactions relating to commercial activities, including both organisations and individuals, that are based upon the processing and transmission of digitised data, including text, sound and visual images"* (OECD, 1997).

Elektronischer Geschäftsverkehr bedeutet: *„...es geht eindeutig um geschäftliche Transaktionen, die auf elektronischem Wege über Telekommunikationsnetze erbracht werden.(...) Man muss den elektronischen Geschäftsverkehr jedoch von den Basistelekommunikationsdiensten und der einfachen Benutzung des Internet sowie dem Zugriff auf elektronische Datenbanken unterscheiden, die lediglich der Informationsabfrage dienen, ohne dass eine geschäftliche Transaktion stattfindet"* (Europäisches Parlament, 1998).

Electronic Commerce wird auch definiert als *„...die Summe aller wirtschaftlichen Aktivitäten, die elektronisch abgewickelt werden und zum Kauf bzw. Verkauf eines Gutes oder einer Dienstleistung führen"* (Deutsche Bank Research, 2000a).

Aus diesen Definitionen lassen sich die folgenden wesentlichen Merkmale des elektronischen Handels ableiten:

---

[106] Vgl. HERRMANNS, Arnold/SAUTER, Michael (1999), S. 14.

[107] Eine Unterscheidung zwischen Geschäftsverkehr und Handel, wie sie zur Betrachtung von relevanten Transaktionen im Rahmen von Ertragsteuern vorgenommen wird, ist hier nicht erforderlich.

**Technologie**

(1) Der Elektronische Geschäftsverkehr gründet auf der modernen Informations- und Kommunikationstechnologie[108] – insbesondere dem Internet –, die aufgrund ihrer spezifischen Eigenschaften neue Formen der Kommunikation zwischen Geschäftspartnern schafft.

(2) Die neuen Technologien ermöglichen es, traditionelle Geschäftsprozesse vollständig elektronisch abzuwickeln oder zumindest zu unterstützen.

**Transaktionspartner**

(3) Die Transaktionspartner können Unternehmen oder Privatpersonen sein. Dabei wird in den meisten Abgrenzungen nur die Kommunikation zwischen Unternehmen (Business-to-Business) oder zwischen Unternehmen und Privatpersonen (Business-to-Consumer) als elektronischer Geschäftsverkehr angesehen. Nicht einbezogen sind dann Transaktionen zwischen öffentlichen Verwaltungen und Privaten (Administration-to-Consumer) oder zwischen mehreren Privatpersonen (Consumer-to-Consumer)[109].

**Geschäftsprozesse**

(4) Grundsätzlich ist es möglich, den Geschäftsablauf von der Produktion (digitaler Produkte) bis zur Zahlungsabwicklung zu digitalisieren. In der Praxis unterscheiden sich Geschäftsmodelle durch den Umfang der digital abgewickelten Phasen[110]. Die folgende Abbildung 4 verdeutlicht die wesentlichen Transaktionsphasen des Handels – Information, Angebot, Auftrag, Distribution und Bezahlung.

Werden allein die Phasen Information, Auftrag, Distribution und Bezahlung berücksichtigt, ergeben sich bereits neben dem eindeutig zu bestimmenden traditionellen Handel mit rein physischer Ausprägung und dem rein digitalen Handel 14 weitere Kombinationsmöglichkeiten von digitaler und physischer Ausprägung der einzelnen Transaktionsphasen (vgl. Tabelle 8 im Anhang). Welche Modelle davon unter den physischen Handel zu subsumieren sind oder dem elektronischen Handel zugeordnet werden sollten, lässt sich kontrovers diskutieren.

---

108 In der Literatur wird gelegentlich auch eine Kommunikation per Telefon oder Fax unter Electronic Commerce subsumiert. Dieser Ansatz wird hier nicht weiter berücksichtigt.

109 Uneinigkeit besteht, ob rein unternehmensinterne Kommunikation einbezogen wird. Vgl. LUXEM, Redmer (1999), S. 5f.

110 Vgl. HERMANNS, Arnold/SAUTER, Michael (1999), S. 16.

**Abbildung 4:** Transaktionsphasen des Handels

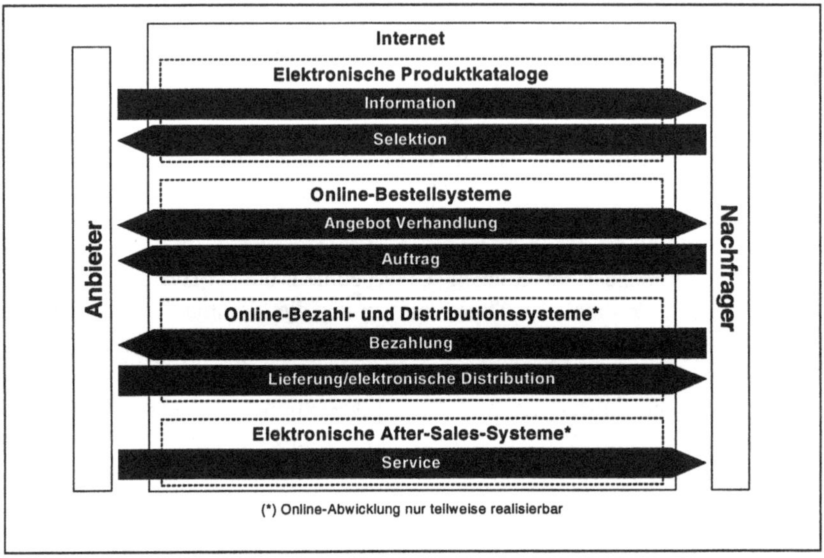


Quelle: In Anlehnung an HERRMANNS, Arnold/SAUTER, Michael (1999), S. 16.

Wird bspw. nur die Stufe der Information und Selektion elektronisch unterstützt, indem ein Produktkatalog über das Internet abrufbar ist und die Bestellung des Produkts elektpronisch übermittelt werden kann, so ändert sich im Vergleich zum klassischen Versandhandel mit Bestellmöglichkeit über das Telefon nur das Kommunikationsmedium zwischen Anbieter und Nachfrager.

Die im elektronischen Geschäftsverkehr gehandelten Produkte können sowohl Güter als auch Dienstleistungen sein und in physischer oder digitaler Form vorliegen. Werden nicht digitale Güter oder Dienstleistungen elektronisch gehandelt, so kann die Stufe der Distribution nicht elektronisch abgewickelt werden. Güter müssen dann auf den Wegen des traditionellen Versandhandels geliefert und Dienstleistungen „persönlich" erbracht werden. Dadurch wird die oben hervorgehobene Bedeutungslosigkeit von Entfernungen, die in der Kommunikation über das Internet grundsätzlich besteht, hier stark eingeschränkt. Lange Lieferwege erhöhen die Transaktionskosten einer Bestellung und verringern somit die Vorteilhaftigkeit des grenzüberschreitenden elektronischen Handels mit physischen Gütern.

### *1.2 Rein elektronischer Handel – vollständige Digitalisierung*

Digitalisierung bedeutet eine Konvertierung von Informationen – Bilder, Sprache, Musik oder Text – in eine Sequenz von Zahlen, so dass die Informationen dann über Kommunikationsnetze weltweit und schnell versendet werden können. Liegen Informationen in digitaler Form vor, können auch ursprünglich physische Formen des Austauschs von Informationen (Verhandlungen, Lieferung von Gütern, Ausführung von Dienstleistungen oder Zustellung von Rechnungen) in digitale Transaktionen umgewandelt werden[111].

Unter „rein elektronischem Handel"[112] ist zu verstehen, dass alle in Abbildung 4 dargestellten Transaktionsphasen elektronisch abgewickelt werden. Voraussetzung dafür ist, dass entweder digitale Güter oder vollständig digital zu erbringende Dienstleistungen gehandelt werden. Eine Definition digitaler Produkte – die sowohl Güter als auch Dienstleistungen umfassen – folgt im nächsten Abschnitt.

Der rein elektronische Handel kann als Gegensatz zum traditionellen Handel betrachtet werden, da alle physischen Transaktionen in digitale umgewandelt sind.[113] Die Kommunikation zur Geschäftsanbahnung sowie der Abschluss des Kaufvertrags und die Abwicklung der Geschäftstransaktion erfolgen über das Internet. Aufträge können z. B. mittels WWW-Formularen oder per E-mail abgegeben werden. Neben Direktbestellungen bei Händlern sind auch hier Handelsformen wie Auktionen oder Ausschreibungen praktikabel. Die Auslieferung eines digitalen Produkts erfolgt über das Netz, indem entweder eine Übertragung durch den Kunden initiiert wird (download) oder indem der Verkäufer eine Datei versendet. Auch die Zahlungstransaktion kann elektronisch abgewickelt werden. Verschiedene Möglichkeiten dafür werden im folgenden Kapitel 2 vorgestellt. Eine solche rein elektronische Abwicklung des Handels kann als E-Commerce i. e. S. bezeichnet werden. Die vollständige Digitalisierung ermöglicht eine gravierende Senkung der Transaktionskosten, insbesondere da die Durchschnittskosten digitaler Produkte mit zunehmender Absatzmenge sinken, da die variablen Kosten einer weiteren produzierten Einheit nahe null liegen.[114]

---

[111] Vgl. DOERNBERG, Richard L./HINNEKENS Luc (1999), S. 47f.

[112] In der Literatur wird dies gelegentlich auch als Digital Commerce bezeichnet.

[113] Damit ist allerdings nicht gemeint, dass E-Commerce-Händler nicht sowohl traditionellen als auch rein elektronischen Handel gleichzeitig betreiben können

[114] Vgl. DEUTSCHE BANK RESEARCH (2000c), S. 3ff.

Der Stand der technischen Entwicklung und die Gewohnheiten der Kunden haben zur Folge, dass in der Praxis auch beim Handel mit digitalen Produkten noch einzelne Transaktionen, insbesondere die Zahlungsabwicklung[115], nicht digital abgewickelt werden. In diesen Fällen werden Zwischenformen zwischen dem traditionellen und dem digitalen Handel verwirklicht.

## *1.3 Digitale Produkte*

### *1.3.1 Definition von digitalen Produkten*

Wie oben beschrieben, ist ein vollständig digitaler Handel nur möglich, wenn die gehandelten Produkte in digitaler Form vorliegen. Eine einheitliche Definition ist auch für digitale Produkte – wie bereits für den Electronic Commerce – in der Literatur nicht zu finden. Zu beachten ist zudem, dass die Begriffe Informationsgüter, Virtual Products oder Online Delivered Content z. T. synonym verwendet werden.[116]

LOEBBECKE definiert: „*On-line Delivered Content (ODC) is data, information, and knowledge traded on the Internet or through other on-line means. ODC includes on-line newspapers, magazines, music, education, searchable databases, consulting, and eventually expertise ideas*"[117]. Diese Definition stellt primär auf den Inhalt der Produkte ab, so dass Softwareprogramme oder Spiele ausgeschlossen werden, da der wesentliche Aspekt dort auf der ausführbaren Funktion liegt.

STELZER fasst den Begriff digitale Güter weiter, indem er sie definiert als „*immaterielle Mittel zur Bedürfnisbefriedigung, die sich mit Hilfe von Informationssystemen entwickeln, vertreiben oder anwenden lassen. Es sind Produkte oder Dienstleistungen, die in Form von Binärdaten dargestellt, übertragen und verarbeitet werden können*"[118].

---

115 Da bei Konsumenten Sicherheitsbedenken hinsichtlich der Weitergabe der Kreditkartendaten über das Internet bestehen, wird häufig per Rechnung bezahlt. Elektronisches Geld – vgl. S. 46f. — als Alternative ist noch nicht etabliert. Vgl. Kapitel 2.

116 Vgl. LUXEM, Redmer (1999), S. 14.

117 LOEBBECKE, Claudia (1999), S. 1.

118 STELZER, Dirk (2000), S. 3.

Die EUROPÄISCHE KOMMISSION richtet den Fokus auf die Distribution der Produkte, indem sie virtuelle Waren und Dienstleistungen dadurch gekennzeichnet, dass sie *„in digitaler Form über die Netze heruntergeladen werden können“*[119].

Im Rahmen dieser Studie muss eine breite Definition wie die von STELZER verwendet werden, da alle potentiellen Transaktionen mit digitalen Produkten, die gegen Entgelt über das Netz bezogen werden können, berücksichtigt werden müssen. Das heißt, es müssen alle Transaktionen einbezogen werden, die eine Umsatzsteuerpflicht entstehen lassen. Derzeit kann das Ausmaß solcher Transaktionen noch nicht abgeschätzt werden, da sich die Möglichkeiten der Kommerzialisierung digitaler Produkte in ihrer Gesamtheit erst dann zeigen werden, wenn sowohl das technische Umfeld dafür ausgereift ist, als auch der elektronische Handel in breiten Bevölkerungsschichten akzeptiert und genutzt wird.

### *1.3.2 Formen digitaler Produkte*

Gemäß der Definition von STELZER fallen unter die digitalen Produkte sowohl (immaterielle) Güter als auch Dienstleistungen, wenn sie in digitaler Form vorliegen bzw. vollständig digital erbracht werden können. Eine klare Abgrenzung zwischen Gütern und Dienstleistungen erweist sich im elektronischen Handel schwieriger als im traditionellen Handel, da beide immateriell sind. Zudem verschwimmen die Grenzen, da z. T. (traditionelle) Dienstleistungen durch die im Internet zur Verfügung stehenden Informationen substituiert werden können.[120] Daher unterscheiden auch nicht alle Autoren zwischen Gütern und Dienstleistungen, sondern verwenden nur den Begriff digitale Güter/Produkte oder sprechen insgesamt von Informationen/Informationsgütern[121]. Im Folgenden werden einige Beispiele für digitale Produkte, die bereits kommerziell gehandelt werden oder für die dies in der Zukunft möglich erscheint, dargestellt.

- Software: Software erweist sich als besonders geeignet für einen digitalen Handel, da die Produkte bereits digital hergestellt und auch digital genutzt werden. Der Handel von Software direkt über das Internet wird heute bereits praktiziert, wobei dies insbesondere für standardisierte Software, die nicht

---

119 EUROPÄISCHE KOMMISSION (1998), S. 6.

120 So können zumindest Teile der Dienstleistungen von Reisebüros durch die Nutzung von Informationssystemen ersetzt werden Vgl. STELZER, Dirk (2000), S. 3.

121 Vgl. SHAPIRO, Carl/VARIAN, Hal R. (1999), S. 13.

auf spezielle Kundenpräferenzen angepasst wird, gilt. Diese Angebote richten sich sowohl an private Kunden als auch an Unternehmen.

- Online-Informationen: Darunter sind recherchierbare Datenbanken zu verstehen, die Daten zu den verschiedensten Themen enthalten. Der Zugriff auf die Informationen kann z. B. nach Datenmenge, Zeit der Nutzung oder über eine pauschale Nutzungsgebühr abgerechnet werden. Auch für diese Kategorie existieren bereits zahlreiche Beispiele: Datenbanken mit Zeitungs- oder Zeitschriftenartikeln oder Fachliteratur, Sammlungen mit berufsspezifischen Daten (z. B. Informationen für Steuerberater), online-Versionen von Lexika oder andere themenspezifische Informationen (z. B. Produktinformationen). Zum Teil sind diese Informationen heute (noch) unentgeltlich abrufbar, da elektronische Zahlungsverfahren für Kleinstbeträge nicht ausreichend verfügbar sind.

- Beratungsleistungen: Beispielsweise Leistungen im Bereich des Gesundheitswesens oder von Steuerberatern und Wirtschaftsprüfern können auch elektronisch erbracht werden. Dabei werden nicht lediglich gespeicherte Informationen abgerufen, vielmehr werden Informationen auf Anfrage durch Fachkräfte bereitgestellt.

Die folgenden beiden Kategorien von digitalen Produkten haben ihr Potential insbesondere in der Zielgruppe der privaten Endkunden:

- Musikdateien: Digitalisierte Musikdaten können wie alle anderen Daten über das Internet versendet werden. Das Problem der recht großen Datenmenge konnte durch die MP3-Technologie, die die Musikdaten digitalisiert und komprimiert, reduziert werden, so dass bereits mit heutiger Zugangstechnologie Musikdateien in akzeptabler Zeit über das Internet heruntergeladen werden können. Insbesondere in den USA werden bereits einzelne Titel gegen Entgelt über das Internet angeboten.[122]

- Filme: Archive mit Filmen könnten in der Zukunft einen Abruf einzelner Filme ermöglichen. Voraussetzung dafür sind allerdings ausreichende Bandbreiten für die Datenübertragung.

Weitere Kategorien von digitalen Produkten werden diskutiert, wobei zurzeit die technischen Voraussetzungen für eine breite Nutzung noch nicht ausgereift sind:

---

[122] Vgl. NELSON, Daniel W. (1999), S. 6ff.

- Streaming[123] Media: Radio und Fernsehen können auch über das Internet genutzt werden. Da dabei hohe Datenmengen transferiert werden, werden die Daten nicht komplett auf dem System des Kunden gespeichert, sondern einzelne Pakete abgespielt. Für eine verstärkte und komfortable Anwendung reichen derzeit die Bandbreiten der Übertragung i. d. R. nicht aus. Dennoch bieten bereits einige Sender, wie die Musiksender MTV und Viva, solche Leistungen an. Auch Radio über das Internet ist bereits möglich.[124] Allerdings sind die heutigen Angebote, sowohl für Fernsehen als auch Radio, unentgeltlich.

- Interaktives Fernsehen: Die Verbreitung von so genannten Set-Top-Boxen soll zukünftig interaktives Fernsehen sowohl für free-TV als auch für pay-TV möglich machen. Gleichzeitig könnten dann auch E-Commerce-Anwendungen über das Fernsehen stattfinden, da eine Kommunikation in beide Richtungen möglich wird. Die größten Hemmnisse liegen derzeit noch in der Entwicklung von Geräten mit einheitlichen Standards sowie in der Höhe der Kosten.

Diese Beispiele geben keineswegs ein umfassendes Bild davon, was zukünftig als digitale Produkte im E-Commerce gehandelt werden könnte. Jedoch lassen sich hier bereits einige für die weitere Betrachtung relevante Charakteristika des elektronischen Handels mit digitalen Produkten ableiten:

- Angebote mit digitalen Produkten richten sich auch – z. T. sogar überwiegend – an private Verbraucher.

- Die Einzeltransaktionen haben i. d. R. nur einen geringen Wert. Dies verdeutlicht die Notwendigkeit der Entwicklung geeigneter Zahlungsverfahren für Kleinbeträge, wenn diese Leistungen gegen Entgelt gehandelt werden sollen. Einige Produkte, z. B. Datenbankabfragen, können alternativ über monatliche oder jährliche Pauschalpreise abgerechnet werden. Dies – ebenso wie geschlossene Zahlungssysteme – würde allerdings Kunden, die nur gelegentlich solche Leistungen erwerben wollen, ausschließen.[125]

- Die Ausschöpfung des vollen Potentials des Handels mit digitalen Gütern wird gegenwärtig noch durch zahlreiche technische und organisatorische Hemmnisse begrenzt (vgl. auch Kapitel 3.2).

---

123 Streaming bedeutet das Bereitstellen von Bild und Ton in Echtzeit.

124 Vgl. MAYERL, Barbara (2001), S. 20.

125 Vgl. SCHMITT, Christoph (1999), S. 236.

# 2. Zahlungssysteme für den elektronischen Handel

## *2.1 Einführung*

Im traditionellen Handel steht den Käufern eine Reihe unterschiedlicher Zahlungssysteme zur Verfügung, aus denen sie sich ein Portfolio an verwendbaren Zahlungsmöglichkeiten entsprechend der Effizienz der Systeme bezogen auf eine spezielle Transaktionsart und ihren individuellen Präferenzen zusammenstellen. I. d. R. wird bspw. für Zahlungen mit geringen Beträgen Bargeld als Zahlungsmittel eingesetzt. Auch für den Einsatz im elektronischen Handel kann ein Käufer aus einer Palette von Zahlungsystemen auswählen. Im Folgenden wird zunächst dargestellt, wie sich das Zahlungsverkehrsumfeld beider Handelsformen unterscheidet. Anschließend wird im Speziellen die Situation im elektronischen Handel unter Einbeziehung der innovativen Zahlungsform „elektronisches Geld" betrachtet.

## *2.2 Zahlungsverkehrsumfeld für den traditionellen und den elektronischen Handel*

Einer üblichen Einteilung folgend, werden die im Handel zur Verfügung stehenden Zahlungsverfahren gemäß dem Zeitpunkt ihrer Liquiditätswirkung beim Käufer, i. S. der Möglichkeit einer Verzinsung der Mittel, kategorisiert.[126] Diese Einteilung wird in Abbildung 5 dargestellt.

Eine Wahlmöglichkeit zwischen Zahlungsverfahren der in Abbildung 5 dargestellten drei Kategorien besteht prinzipiell in beiden Handelsformen. Bei den Verfahren der Kategorie „pay now" werden Zahlungen z. B. durch Überweisung oder per Scheck zum Zeitpunkt des Warenübergangs eingeleitet, so dass zu diesem Zeitpunkt ebenfalls die Liquiditätswirkung beim Kunden eintritt. Die Zahlungsverfahren dieser Kategorie stellen Zugangsinstrumente zu Buchgeldbeständen eines Kunden dar. Dagegen tritt bei den Verfahren der Kategorie „pay later" eine Stundung ein bzw. es wird ein Kredit gewährt, da die Liquiditätswirkung erst zu einem späteren Zeitpunkt eintritt. Für die Verwendung im elektronischen Handel existieren die Verfahren dieser beiden Kategorien entweder über neue Zugangsmedien (die Kreditkartendaten werden über das Internet an den Händler

---

[126] Vgl. KABELAC, Gabriele (1999), S. 4f.

geleitet oder Überweisung per Online-Banking) oder als elektronische Äquivalente (wie elektronischer Scheck[127] oder elektronische Lastschrift).

**Abbildung 5:** Zahlungsverkehrsumfeld für den traditionellen und den elektronischen Handel

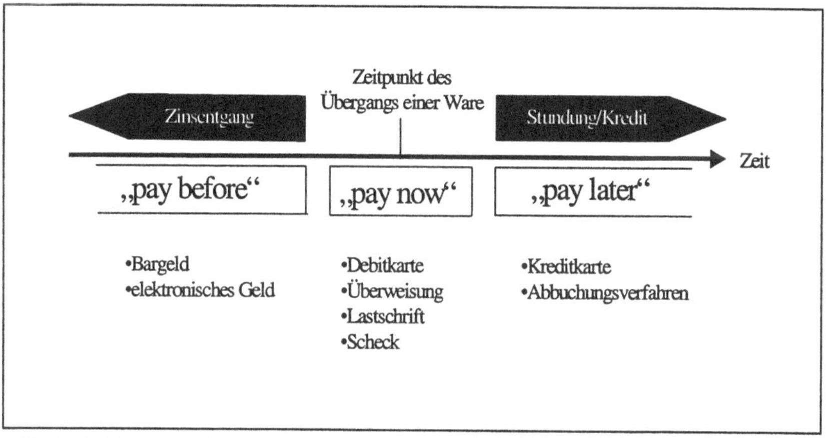


Quelle: In Anlehnung an: DEUTSCHE BANK RESEARCH (2001), S. 4.

Der wesentliche Unterschied zwischen dem Zahlungsverkehrsumfeld des traditionellen und dem des elektronischen Handels zeigt sich in der Kategorie „pay before". Während Zahlungen mit Bargeld im traditionellen Handel das wichtigste Zahlungsverfahren aller Kategorien darstellt[128], ist Bargeld im elektronischen Handel nicht einsetzbar. Eine Möglichkeit des Einsatzes eines Zahlungsverfahrens mit einer dem Bargeld vergleichbaren Liquiditätswirkung kann nur durch elektronisches Geld geschaffen werden. Dies zeigt bereits, dass elektronisches Geld als eine wesentliche Funktion Bargeld substituieren soll. Im Folgen den wird zunächst elektronisches Geld definiert. Anschließend werden die Determinanten für das Ausmaß der Verwendung von elektronischem Geld erläutert und die derzeitige Situation auf dem Markt für Zahlungssysteme für den elektronischen Handel skizziert. Dabei werden auch einige konkrete Ausprägungen von elektronischem Geld dargestellt.

---

127 So das System Netcheque in den USA, bei dem das Prinzip eines Verrechnungsschecks auf das Internet übertragen wird. Unterschrieben wird dabei mit einer digitalen Signatur. Vgl. dazu SCHMITT, Christoph J. (1999), S. 14f.

128 Vgl. DEUTSCHE BUNDESBANK (1999), S. 44.

### 2.3 *Definition von elektronischem Geld*

Der Europäischen Zentralbank folgend wird „elektronisches Geld (...) allgemein definiert als eine auf einem Medium elektronisch gespeicherte Werteinheit, die allgemein genutzt werden kann, um Zahlungen an Unternehmen zu leisten, die nicht die Emittenten sind. Dabei erfolgt die Transaktion nicht notwendigerweise über Banknoten, sondern *die Werteinheiten auf dem Speichermedium fungieren als vorausbezahltes Inhaberinstrument*“[129]. Dies verdeutlicht, dass E-Geld[130] von den oben skizzierten Zugangsinstrumenten zu Buchgeld zu unterscheiden ist, da bei letzteren keine Werteinheiten als solche gespeichert und übertragen werden, sondern es wird lediglich auf elektronischem Wege der Zugang zu Buchgeld eingeräumt. Dagegen ist E-Geld ein mit Bar- oder Buchgeld im Voraus bezahltes Inhaberinstrument, das sich im Besitz des Kunden befindet. Eine Zahlungstransaktion mit elektronischem Geld ist (wie eine Zahlung mit Bargeld) endgültig, da die Werteinheiten unmittelbar übertragen werden. Ein Zahlungsempfänger tauscht dann in „geschlossenen Systemen“ die empfangenen Werteinheiten bei der emittierenden Stelle in Buchgeld oder neue Werteinheiten des Systems ein bzw. er kann die Werteinheiten in „offenen Systemen“ auch direkt an andere Teilnehmer des Systems weitergeben.[131] Abgegrenzt werden müssen gemäß obiger Definition auch so genannte einfunktionale Systeme, bei denen Emittent und Zahlungsempfänger identisch sind, z. B. die Telefonkarte.[132]

Durch elektronisches Geld wird neben Bar- und Buchgeld eine dritte Kategorie von Geld geschaffen[133]. Elektronisches Geld wird vermutlich z. T. die Rolle von Bargeld übernehmen, da dieses im elektronischen Handel nicht eingesetzt werden kann. Die in diesem Zusammenhang wesentlichen Charakteristika des Bargeldes sind[134]: Endgültigkeit der Zahlungstransaktion, Multiverwendbarkeit,

---

129 EUROPÄISCHE ZENTRALBANK (1998), S. 8.

130 Gemäß dem Sprachgebrauch der EU-Richtlinie 2000/46/EG über die Ausgabe von elektronischem Geld wird im Folgenden auch der Begriff E-Geld verwendet und die Emittenten von E-Geld als E-Geld-Institute bezeichnet.

131 Vgl. DEUTSCHE BANK RESEARCH (2001), S. 4f.

132 Unter anderem von der Deutschen Bundesbank wird elektronisches Geld, das im Internet verwendet werden kann als Netzgeld bezeichnet, vgl. DEUTSCHE BUNDESBANK (1999), S. 42. Diese Unterscheidung wird hier nicht weiter benutzt, da nicht auszuschließen ist, dass Systeme für traditionelle wie elektronische Handelsarten gleichermaßen genutzt werden. Außerdem wird der Begriff Netzgeld in der Literatur nicht einheitlich verwendet – einige Autoren subsumieren darunter nur softwarebasierte Systeme.

133 Vgl. DEUTSCHE BANK RESEARCH (2001), S. 5.

134 Vgl. DEUTSCHE BUNDESBANK (1997), S. 42.

Möglichkeit der Weitergabe an Dritte (ohne Bankenvermittlung) und Anonymität. Gerade im globalen E-Commerce, wenn große physische Distanzen zwischen Händler und Käufer liegen und digitale Produkte mit geringen Preisen unmittelbar geliefert werden, ist eine endgültige und schnelle Zahlungstransaktion, vergleichbar der Bargeldzahlung, sinnvoll und wünschenswert.

Gemäß dem Speichermedium kann zwischen kartenbasierten und softwaregestützten Systemen von E-Geld unterschieden werden. Im ersten Fall sind die Werteinheiten auf einer Chipkarte gespeichert, im zweiten Fall werden die Werteinheiten mittels einer speziellen Software auf einem Endgerät (z. B. PC oder PDA) verwaltet und über Telekommunikationsnetze übertragen[135]. Kartenbasierte Systeme können grundsätzlich sowohl im traditionellen als auch im elektronischen Handel eingesetzt werden, wobei allerdings für Zahlungstransaktionen über das Internet spezielle Kartenlesegeräte bei den Kunden installiert sein müssen. So wird derzeit der potentielle Einsatzbereich der bereits im traditionellen Handel nutzbaren Geldkarte des Zentralen Kreditausschusses auf den elektronischen Handel ausgedehnt[136].

Darüber hinaus können die Systeme von E-Geld unterschieden werden in solche, bei denen alle Transaktionen inklusive der Zahlungsbeteiligten aufgezeichnet[137] werden, und solche, bei denen keine Aufzeichnungen gemacht werden[138]. Letztere ermöglichen anonymes E-Geld, bei dem i. d. R. nur ein nicht personaliertes Verrechnungskonto zur Verwaltung der Guthabensalden geführt wird (vgl. Kapitel 2.5.3).

Unter Verwendung der Kategorisierung aus Abbildung 5 stehen damit im traditionellen Handel zwei vorausbezahlte Inhaberinstrumente zur Verfügung - Bargeld und E-Geld -, im elektronischen Handel jedoch nur das elektronische Geld. Die Bundesbank schließt daher nicht aus, dass bspw. Umsätze im elektronischen Handel mit geringwertigen digitalen Produkten erst in größerem Umfang getätigt werden, wenn elektronisches Geld (als Bargeldäquivalent) in der Praxis als Massenzahlungsmittel verwendet werden kann[139].

---

135 Vgl. EUROPÄISCHE ZENTRALBANK (2000), S. 56.

136 Vgl. o.V. (2000), Zahlungsmittel für das Internet, HB v. 09.08.00, S. 20.

137 Diese Aufzeichnungen sind mit denen für Zahlungstransaktionen über ein Girokonto vergleichbar.

138 Vgl. DEPARTMENT OF THE TREASURY (1996), S. 16. Hier wird zwischen *accounted* und *unaccounted systems* unterschieden.

139 Vgl. DEUTSCHE BUNDESBANK (1999), S. 49

## 2.4 *Bestimmungsgründe für die Verbreitung von elektronischem Geld*

### 2.4 1 *Vorbemerkung*

Im Folgenden werden Determinanten betrachtet, die die Auswahl einzelner Zahlungsmittel aus dem gesamten Zahlungsverkehrsumfeld durch Konsumenten bestimmen. Letztlich wird damit die Zusammensetzung eines individuellen Portfolios festgelegt. Auch wenn sich die Betrachtung auf die Bestimmungsgründe einer Verwendung von elektronischem Geld konzentriert, werden damit gleichzeitig die zur Verfügung stehenden Alternativen tangiert. Jedoch soll hier zunächst hinterfragt werden, welches Verbreitungspotential elektronisches Geld aus theoretischer Perspektive hat und ob sich das Zahlungsverkehrsumfeld im elektronischen Handel möglicherweise erweitern wird. Dabei liegt der Fokus der Betrachtung auf Zahlungstransaktionen, die sich im Zusammenhang mit Umsätzen mit digitalen Produkten ergeben. Die Tatsache, dass es sich dabei häufig um Umsätze mit geringen Beträgen handelt, bei denen die Lieferung unmittelbar nach der Bestellung erfolgt, schränkt die Menge an sinnvollen Alternativen bereits ein. Zahlungsmittel mit hohen Gebühren pro Transaktion und/oder langen Abwicklungszeiten sind unter diesen Bedingungen nicht effizient.

### 2.4.2 *Transaktionskosten*

Als die wichtigste Determinante des Verbreitungspotentials von elektronischem Geld in Konkurrenz zu den bestehenden Zahlungsverfahren gelten die speziellen Transaktionskosten[140]. Zu diesen Transaktionskosten zählen[141]:

- spezifische Informationskosten vor einem Einsatz eines Zahlungsverfahrens (z. B. die Einholung von Informationen über das Zahlungsmittel[142] oder darüber, welches Zahlungsmittel von den Handelspartnern akzeptiert wird)
- Transaktionskosten der Umwandlung eines Zahlungsmittels, wie des benötigten Zeitaufwands zur „Erstellung von elektronischem Geld", evtl. Gebühren des Emittenten oder die Unmöglichkeit der Rückwandlung in Bar- oder Buchgeld
- Transaktionskosten in Form der Unbequemlichkeit der Zahlungsabwicklung

---

[140] Vgl. DEUTSCHE BANK RESEARCH (2001), S. 6.

[141] Vgl. MUHL, Patrick A. (2001), S. 68ff.

[142] Mit steigender Komplexität des Verfahrens erhöht sich auch der zeitliche Aufwand zur Gewinnung der notwendigen Informationen über das Verfahren.

- Opportunitätskosten in Form der entgangenen Erträge möglicher Alternativen (Zinserträge bei Zahlungsverfahren der Kategorie „pay later" sind potentiell am höchsten).

Allgemein wird angenommen, dass die Transaktionskosten beim Einsatz elektronischen Geldes gegenüber „pay now"-Zahlungsverfahren geringer sein werden, da eine Nutzung desjenigen Mediums, das auch für die vorausgehende Handelstransaktion selbst genutzt wird, eine einfache und schnelle Zahlungsabwicklung ermöglicht. Auch gegenüber Kreditkarten werden aufgrund der hohen Gebühren für Kreditkartentransaktionen Vorteile im Bereich von Kleinst- und Kleinbeträgen vermutet, allerdings können bei diesem Vergleich die entgehenden Zinserträge grundsätzlich eine entgegengesetzte Wirkung zeigen.[143] Bei der Ausgestaltung von elektronischem Geld ist es jedoch theoretisch möglich, dass die Emittenten zumindest die Bestandssalden verzinsen[144]. Die Transaktionskosten in Form der Unbequemlichkeit der Zahlungsabwicklung werden entscheidend mitbestimmen, welche Formen von elektronischem Geld in der Zukunft eine Marktchance haben.

### *2.4.3 Netzwerkeffekte*

Ein elementarer Aspekt für die Verbreitung von neuen Zahlungsverfahren sind Netzwerkeffekte. Bezogen auf Zahlungsmittel ist ein Netzwerk ein System aus denjenigen Individuen, die ein spezielles Zahlungsmittel verwenden, und den Händlern, die dieses zur Begleichung ihrer Forderungen akzeptieren. Der Netzwerkeffekt zeigt sich darin, dass der Nutzen aus der Wahl eines Zahlungsverfahrens dadurch beeinflusst wird, wie groß das spezielle Netzwerk ist. So steigert die Verwendung von Bargeld den Wert eines Zahlungsmittelportfolios, da Bargeld in einem bestimmten Geltungsbereich ubiquitär eingesetzt werden kann – anders formuliert, da das Bargeldnetzwerk sehr groß ist.[145] Da sich der Markt für elektronisches Geld noch in der Entwicklungsphase befindet und verschiedene

---

143 Vgl. DEUTSCHE BANK RESEARCH (2001), S. 6.

144 Vgl. DEUTSCHE BUNDESBANK (1999), S. 48.

145 Vgl. MUHL, Patrick A. (2001), S. 80ff. Hinzu kommt bei Bargeld noch die Funktion als gesetzliches Zahlungsmittel.

Ausprägungen[146] miteinander konkurrieren, konnten bisher keine nennenswerten Netzwerke entstehen[147].

Als spezielle Form eines Netzwerkeffekts gelten Netzwerkexternalitäten, bei denen die Produzenten von Externalitäten nicht mit entsprechenden Kosten belastet werden bzw. keine Kompensation erhalten.Grundsätzlich zeigen sich positive Netzwerkexternalitäten, da eine Adaption elektronischer Zahlungsverfahren durch weitere Händler den Nutzen aller Beteiligten im Netzwerk steigern würde, indem die Zahlungsmöglichkeiten mit elektronischem Geld erweitert würden. Da die mit einer Adaption verbundenen Kosten jedoch zurzeit noch relativ hoch sind und aus Sicht der Kostenträger nicht kompensiert werden, ergeben sich daraus negative Anreize, die die Diffusion dieser neuen Technik hemmen. Die Investitionskosten wirken sich sowohl auf Seiten der Händler als auch auf Seiten der Käufer (z. B. Kartenlesegeräte oder Softwareausstattung) aus, so dass beide Seiten bei gleichzeitig bestehender Unsicherheit über die zukünftige Markt-entwicklung eine abwartende Haltung zeigen. Da die heute angebotenen Verfahren nicht interoperabel sind, bewirkt darüber hinaus eine frühzeitige Festlegung auf ein Verfahren einen Lock in-Effekt[148]. Dieser ergibt sich aus den Kosten eines späteren Systemwechsels (switching costs), die auch die „verlorenen" Investitionen in das alte System beinhalten.[149] Verharren beide Seiten in diesem Verhalten, so kann – auch bei ansonsten positiver Bewertung – die Verwendung elektronischen Geldes gehemmt werden.[150] Denn ein Netzwerkeffekt bedingt, dass „die breite Akzeptanz elektronischen Geldes durch den Handel und der vielseitige Einsatz von elektronischem Geld durch die Konsumenten einander gegenseitig verstärken"[151].

Auf Seiten der Händler könnte sich ein verstärkter Anreiz zur Verwendung elektronischen Geldes dann ergeben, wenn derzeit noch frei zur Verfügung gestellte Informationen zukünftig gegen Entgelt angeboten werden sollen. Diese

---

146 Es gab und gibt verschiedene Pilotprojekte für elektronisches Geld sowohl als kartenbasierte als auch als softwareunterstützte Ausprägungen. In Kapitel 2.5.3 werden einige davon vorgestellt.

147 Vgl. DEUTSCHE BANK RESEARCH (2001), S. 7f.

148 Das Ausmaß des Lock in-Effekts ist davon abhängig, wie hoch die Kosten sind, um das System zu wechseln.

149 Vgl. STELZER, Dirk (2000), S. 12.

150 Vgl. MUHL, Patrick A. (2001), S. 86ff.

151 EUROPÄISCHE ZENTRALBANK (2000), S. 58.

Tendenz ist erkennbar, da sich eine Finanzierung von Internet-Diensten allein über Werbeeinnahmen als nicht praktikabel erwiesen hat[152].

### *2.4.4 Sicherheitsrisiken*

Gerade bei elektronischem Geld steht die Diskussion der technisch bedingten inhärenten Sicherheitsrisiken im Vordergrund. Da Daten, die zur Abwicklung der Zahlungstransaktion gebraucht werden, bei Verwendung elektronischen Geldes über offene Netze übertragen werden, zeigen sich insbesondere Risiken des unbefugten Mitlesens oder des Verfälschens der Daten durch Dritte. Darüber hinaus besteht die Gefahr, dass Dritte mitgelesene Daten zum Betrug nutzen, indem sie unter dem Namen des ursprünglichen Absenders Zahlungstransaktionen durchführen. Ein Fälschungsrisiko besteht, wenn es möglich ist, elektronisches Geld zu duplizieren.[153] Dabei ist zu berücksichtigen, dass nicht alle diese Risiken erst durch den Einsatz von elektronischem Geld entstehen. Gerade bei der Nutzung von Kreditkarten im Internet zeigen sich Risiken durch Datenmissbrauch. Die Möglichkeit, dass Werteinheiten dupliziert werden oder verloren gehen, gilt dagegen einzig für bestimmte Ausprägungen elektronischen Geldes.

Ein Teil dieser Risiken kann durch Sicherheitsvorkehrungen der Transaktionspartner verhindert werden, z. B. indem die genutzten Hardwaresysteme gegen unberechtigten Zugriff geschützt werden oder indem zur Übermittlung von Daten Verschlüsselungsverfahren verwendet werden. Das relative Risiko von elektronischem Geld gegenüber anderen Zahlungsverfahren kann nur bei Betrachtung bestimmter Ausprägungen ermittelt werden. Die tatsächlichen Risiken des elektronischen Geldes ergeben sich allerdings nicht nur aus der Technik selbst, sondern werden auch durch das Ausmaß der allgemeinen Sicherheitsvorkehrungen bei der Anwendung bestimmt.

### *2.4.5 Weitere Determinanten*

Neben den oben dargestellten Determinanten sind noch zahlreiche weitere Faktoren von Bedeutung, auf die hier nicht umfassend eingegangen werden kann. Genannt werden soll jedoch die Möglichkeit, mit elektronischem Geld

---

[152] Vgl. SCHMIDT, Holger (2001), S. 17.

[153] Vgl. MUHL, Patrick A. (2001), S. 76ff.

kleinere Geldeinheiten zu schaffen, als es mit Bargeld möglich ist. Dadurch könnten so genannte Micropayments unter einem Pfennig oder einem Cent geleistet werden.

Ein wesentliches Defizit aller heutigen Systeme ist die mangelnde Mehrwährungsfähigkeit, so dass derzeit elektronisches Geld nicht im globalen E-Commerce eingesetzt werden kann. Ab dem Jahr 2002 wird es zumindest einheitliche Systeme für den Euro-Raum geben, jedoch fehlen für einen tatsächlich globalen E-Commerce insbesondere Zahlungsmöglichkeiten in Dollar-Notierung. Auch wenn grundsätzlich für Europäer die Möglichkeit besteht, elektronisches Geld in den USA in Dollar zu erwerben (gegen Kreditkartenzahlung), wären die Transaktionskosten – insbesondere durch die Informationskosten – restriktiv hoch.

Für die Verwendung von innovativen Techniken, wie elektronischem Geld, haben auch soziodemographische Faktoren eine große Bedeutung. So werden die anfänglichen Nutzer von elektronischem Geld umschrieben als eine Gruppe aus „jüngeren, technisch sowie telematisch interessierten, experimentierfreudigen Individuen, die eine hohe Affinität für das Medium Computer bzw. Internet haben und Zahlungsverkehrsinnovationen aufgeschlossen gegenüberstehen“[154].

### *2.4.6 Zusammenfassung*

Die Kostenaspekte zusammenfassend kommt die Europäische Zentralbank zu dem Ergebnis, dass sich elektronisches Geld aufgrund der zwar hohen Fixkosten infolge der Schaffung einer Infrastruktur, aber gleichzeitig potentiell niedrigen Grenzkosten insbesondere für Anwender eignet, die eine hohe Zahlungsfrequenz und/oder niedrige Transaktionsbeträge aufweisen[155]. Da wesentliche Kostenkomponenten, so die Sicherheitsrisiken und die Opportunitätskosten, mit der Höhe des Transaktionsbetrags steigen, werden für Zahlungen mit hohen Beträgen vermutlich auch in Zukunft andere Zahlungsverfahren eingesetzt[156]. Eventuell wird sich eine Marktsegmentierung ergeben, bei der Kreditkarten für Transaktionen mit hohen Beträgen eingesetzt werden und „darunter“ elektronisches Geld[157].

---

[154] MUHL, Patrick A. (2001), S. 76.

[155] Vgl. EUROPÄISCHE ZENTRALBANK (2000), S. 58.

[156] Vgl. DEUTSCHE BUNDESBANK (1999), S. 50.

[157] Vgl. DEUTSCHE BUNDESBANK (1999), S. 46. Dabei vermutet die Bundesbank, dass die deutsche Kreditwirtschaft für niedrige Zahlungsbeträge die ZKA Geldkarte auf den Markt bringen will.

Auch wenn aus Effizienzüberlegungen eine Notwendigkeit für elektronisches Geld im Portfolio der Zahlungsverfahren für den elektronischen Handel abgeleitet werden kann, ist das Verbreitungspotential durch die künftige Größe des Netzwerks bestimmt. Ein Emittent (eines bestimmten Systems) von elektronischem Geld muss erhebliche Investitionen in den Ausbau einer Infrastruktur[158] tätigen, mit der erst eine kritische Masse an Teilnehmern erreicht werden kann. Besteht – wie in der derzeitigen Situation – ein hoher Innovationswettbewerb, ist diese kritische Masse evtl. nicht ohne Kooperationen zwischen Anbietern und offenen Standards zu erreichen[159].

Da die Konsumenten besonderes Vertrauen in Kreditinstitute haben[160], werden diese vermutlich auch bei der Ausgabe von elektronisch em Geld eine herausragende Rolle spielen, obwohl prinzipiell die Ausgabe von elektronischem Geld nicht an Banken gebunden ist. Daher ist es von besonderem Interesse, welche Ziele die Kreditwirtschaft bei der Gestaltung des Zahlungsverkehrsumfeldes des elektronischen Handels verfolgt. Beispielsweise ist die Frage von Interesse, welchen Marktanteil Kreditkarteninstitute durch Kreditkartenzahlungen erreichen wollen, indem sie diese an die Rahmenbedingungen des elektronischen Handels anpassen.

## *2.5 Entwicklungsstand des Marktes für Zahlungssysteme im elektronischen Handel*

### *2.5.1 Überblick*

Da es gegenwärtig kaum Daten speziell zur Verwendung von Zahlungsverfahren im elektronischen Handel gibt, muss an dieser Stelle zunächst auf allgemeine Daten zurückgegriffen werden. Darüber hinaus kann anhand von Umfragen, die z. B. von der Commerzbank AG und der Universität Karlsruhe durchgeführt wurden, ein Bild davon gezeichnet werden, welche Präferenzen die Konsumenten für die Bezahlung im Internet äußern.

Bezogen auf den Umsatz im Einzelhandel in Deutschland hatte im Jahr 2000 Bargeld einen Anteil von ca. 71 %. Kartengestützte Verfahren insgesamt mach-

---

[158] Es darf nicht vergessen werden, dass die wesentliche Infrastruktur durch die Ausstattung mit derjenigen Hardware gewährleistet wird, die einen Zugang zum Internet ermöglicht.

[159] Vgl. DEUTSCHE BANK RESEARCH (2001), S. 7f.

[160] Vgl. Befragungsergebnisse des IWW, abrufbar unter: http://www.iww.uni-karlsruhe.de/IZV4/auswertung/showalle.html.

ten ca. 24 % aus, wovon ca. 4 % auf Kreditkartenzahlungen entfielen. Die Geldkarte hat, auch wenn einige Händler die entsprechenden Terminals anbieten, keinerlei Bedeutung[161]. Im Bereich des Versandhandels, in dem das Zahlungsmittel Bargeld keine Anwendung findet (außer für Zahlungen per Nachnahme), werden nach Angaben des Bundesverbandes des deutschen Versandhandels 80 - 90 % der Zahlungstransaktionen per Rechnung und Überweisung abgewickelt. Kreditkartenzahlungen werden dort, wenn auch zu einem sehr geringen Anteil, erst seit der Nutzung des Internet als Kommunikationsmedium angewendet. Die restlichen Zahlungen erfolgen per Nachnahme, über Bankeinzug oder Scheck. Nach Angabe der Bundesbank hatten in Deutschland im Jahr 1997 Kreditkartenzahlungen nur einen Anteil von 4 % am unbaren Zahlungsverkehr, gegenüber einem Durchschnitt von 18 % in Europa[162].

In einer Umfrage des INSTITUTS FÜR WIRTSCHAFTSPOLITIK UND WIRTSCHAFTSFORSCHUNG an der Universität Karlsruhe (IWW) wurden Internetnutzer, die bereits über das Internet eingekauft haben, nach den dabei verwendeten Zahlungsverfahren gefragt (dabei waren Mehrfachnennungen möglich). Ca. 72 % der Befragten verwendeten bereits Zahlungen per Rechnung, ca. 48 % Lastschriftabbuchungen, ca. 47 % Zahlungen per Nachnahme und 41 % Kreditkartenzahlungen. Nur 8 % haben bereits mit speziell für den E-Commerce konzipierten Verfahren gezahlt.[163] In der selben Umfrage wurde auch gefragt, welches die bevorzugte Zahlungsmethode ist. Eine Mehrheit von ca. 55 % bevorzugt eine Zahlung per Rechnung, ca. 13 % präferieren eine Zahlung mit Kreditkarte und nur ca. 5 % würden eine Zahlung mit speziell für den E-Commerce konzipierten Verfahren bevorzugen, wenn diese stets ermöglicht würde. Eine Kundenbefragung der COMMERZBANK AG zum gewünschten „Online-Zahlungsmittel" zeigt eine wesentlich stärkere Präferenz für Kreditkartenzahlungen, wobei auch hier die Zahlung per Rechnung von vielen Kunden gewünscht wird.[164] Anderen Angaben zufolge werden in der Praxis heute ca. 70 % der „Internet-Transaktionen" über Kreditkarten abgewickelt[165]. Diese wenigen Daten zeigen, dass es in Bezug auf die Zahlungsabwicklung eine Divergenz zwischen den Präferenzen der Nutzer und der praktizierten Zahlungsabwicklung gibt. Kredikartenzahlungen zeigen

---

161 Das EUROHANDELSINSTITUT gibt für das Jahr 2000 einen Anteil von 0,0 % an, Informationen abrufbar unter: http://www.ehi.org.

162 Vgl. DEUTSCHE BUNDESBANK (1999), S. 44.

163 Vgl. die Ergebnisse der Online-Umfrage zum Thema "Zahlungsmittel im Internet" des IWW, abrufbar unter: http://www.iww.uni-karlsruhe.de/IZV4/auswertung/showalle.html.

164 Vgl. BUNDESVERBAND DEUTSCHER BANKEN (2000), S. 21.

165 Vgl. SIETMANN, Richard (2001).

in der Praxis eine hohe Verbreitung, da sie oftmals die einzige angebotene Zahlungsweise über das Internet sind.

Für die weitere Untersuchung in dieser Studie sind speziell die Zahlungsverfahren im rein digitalen Handel von besonderem Interesse. Aufgrund der besonderen Rahmenbedingungen in diesem Bereich können aus den obigen Daten nur bedingt Erkenntnisse gewonnen werden. Die eindeutige Präferenz der Konsumenten für Zahlungen per Rechnung kann kaum auf den digitalen Handel mit geringpreisigen Produkten, die unmittelbar verfügbar sind, übertragen werden. Aus Sicht der Händler kann es nicht adäquat sein, wenn die Zahlung für ein digitales Produkt durch Rechnungszustellung und Überweisung mehrere Tage oder im internationalen Kontext Wochen in Anspruch nimmt. Solange elektronisches Geld für Kleinbeträge nicht in einer breiten internationalen Anwendung verfügbar ist, kann hier von einer „Zahlungssystemlücke“[166] gesprochen werden. Diese Ansicht wird unterstützt durch die Einschätzung der Bundesbank, wonach geringwertige Umsätze mit digitalen Produkten erst dann verstärkt getätigt werden, wenn entsprechende Zahlungsverfahren etabliert sind. Da jedoch die bereits etablierten Zahlungsverfahren die höchsten Akzeptanzwerte erreichen und Umsätze mit Kleinstbeträgen derzeit kaum stattfinden, vermutet der Bundesverband Deutscher Banken dagegen, dass spezielle (softwarebasierte) Bezahlsysteme für das Internet überflüssig seien. Vielmehr werde - so die Prognose - die ZKA Geldkarte auch für Zahlungsvorgänge im Internet angeboten.[167]

### *2.5.2 Entwicklungen im Bereich der Kreditkarten*

Da eine Kreditkartenzahlung momentan in den meisten Fällen die einzige Methode ist, um auch die Bezahlung direkt elektronisch abzuwickeln, wurde in der letzten Zeit versucht, die Bedenken auf Seiten der Nutzer durch technische Verbesserungen abzubauen. Die Nutzer haben Vorbehalte, die Kreditkartendaten über das offene Netz zu übermitteln. Zahlen über den Betrug mit Kreditkarten, die im Internet eingesetzt wurden, unterstützen diese Einschätzung[168]. Gleichzeitig bestehen auch für die Händler Risiken bei einer, wie bisher üblichen, un-

[166] BÖHLE, Knud/RIEHM, Ulrich (1998), S. 178. Eine solches Defizit wird insbesondere im Bereich der Kleinstpreise (Micropayments), die Pfennige oder Teile davon betragen, gesehen. In diesem Bereich lägen die Transaktionskosten von Zahlungen bspw. mit Kreditkarte über dem Zahlungsbetrag.

[167] Vgl. BUNDESVERBAND DEUTSCHER BANKEN (2000), S. 20ff.

[168] Vgl. o.V. (2000), Kreditkarten-Betrug im Internet wächst überdurchschnittlich, FAZ v. 06.07.2000, S. 29.

gesicherten Übermittlung von Kreditkartendaten über das Internet. Bei diesen gelten die Regelungen für Mail-order- oder Telefon-order-Verträge, bei denen Kunden eine Transaktion abstreiten können und die Händler das Risiko von Rückbelastungen tragen, da die Aussteller der Kreditkarte i. d. R. keine Zahlungsverpflichtung übernehmen. Für die Kredikartenorganisationen ergibt sich daraus ein Problem des mangelnden Vertrauens sowohl der Karteninhaber als auch der Händler in Kreditkartenzahlungen.[169]

Da die Risiken im elektronischen Zahlungsverkehr denen der allgemeinen Kommunikation im Internet entsprechen – Vertraulichkeit, Integrität und Authentizität –, basieren neue Standards grundsätzlich auf den bereits dargestellten kryptographischen Verfahren. Ein darauf basierender neuer Standard zur Zahlungsabwicklung ist SET (Secure Electronic Transaction), der gemeinsam von MasterCard International und VISA International entwickelt wurde. Dabei soll durch Verschlüsselung der übertragenen Daten sowohl die Vertraulichkeit als auch die Integrität der Daten gewährleistet werden. Die Identität beider Transaktionspartner wird durch Zertifikate hergestellt. Bei der Abwicklung einer Transaktion werden zwar sowohl die Bestell- als auch die Zahlungsdaten an den Händler übermittelt, jedoch werden diese lediglich mit dem hinzugefügten Zertifikat des Händlers an ein Payment Gateway geschickt, ohne dass der Händler die Zahlungsdaten entschlüsselt.[170] Die Vorteile des SET-Verfahrens liegen insbesondere in einer gesicherten Datenübermittlung und einer zuverlässigen Identifikation der Transaktionspartner, so dass das Betrugsrisiko stark verringert ist. So ist es Dritten nicht möglich, durch Kenntnis der Kreditkartennummer und der Gültigkeit, unberechtigt eine Kreditkartenzahlung auszulösen, da das SET-Zertifikat nicht angefügt werden kann. Aufgrund des geringeren Missbrauchsrisikos erhalten Händler für SET-Zahlungen eine Zahlungsgarantie der kartenausgebenden Bank.[171] Dennoch konnte sich das Verfahren bisher nicht durchsetzen, da es für die Anwender durch die notwendige Installation einer speziellen Software relativ aufwendig ist. Zum anderen hat das Verfahren bei den Händlern – insbesondere in den USA – keinen Zuspruch gefunden.[172] Auch in Deutschland unter-

---

169 Vgl. SCHÜRER, Tilo (1999), S. 296ff.

170 Vgl. Informationen zu Zahlungsmitteln im Internet vom IWW, abrufbar unter: http://www.iww.uni-karlsruhe.de/IZV4/Infoseiten/infosys.html.

171 Vgl. SCHÜRER, Tilo (1999), S. 299ff.

172 Vgl. SIETMANN, Richard (2001).

stützen zurzeit nur einige Hundert Händler das System. Die Zahl soll in der nächsten Zeit durch Boni und Vorzugskonditionen erhöht werden.[173]

Ein anderer Ansatz, um die bei Verwendung von Kreditkarten im Internet bestehenden Risiken auszuschalten, ist die Einführung von Einweg-Kreditkarten (disposable credit-card). Wählt ein Kunde die Zahlung über Kreditkarte, so wird durch den Kreditkarten-emittenten[174] eine einmalige Code-Nummer berechnet, die während eines Kaufvorgangs als Kreditkartennummer genutzt wird. Nach der Zahlungstransaktion kann diese Nummer nicht nochmals für eine Zahlungstransaktion verwendet werden, so dass keine Risiken aus einem „Abhören" der Daten entstehen.

### *2.5.3 Elektronisches Geld*

Europaweit existieren verschiedene Systeme von elektronischem Geld. In Deutschland wird zum einen das kartenbasierte System der ZKA Geldkarte (zumindest im stationären Handel) angeboten, zum anderen wurden zwei softwarebasierte Verfahren getestet. Das von einer Gruppe deutscher Banken getestete CyberCoin-Verfahren wurde durch das emittierende Unternehmen mittlerweile eingestellt. Im Falle des eCash-Verfahrens wurde der Betrieb zum 25. Mai 2001 in Deutschland durch die Lizenznehmerin Deutsche Bank AG gekündigt.

Insgesamt werden derartige softwarebasierte Systeme zwar als technologisch sehr ambitioniert bezeichnet, jedoch eignen sie sich (gerade deswegen) nicht für einen breiten Einsatz. Allerdings zeigt das eCash-System, dass es technisch möglich ist, ein völlig anonymes Verfahren für elektronisches Geld zu konzipieren.[175]

Die ZKA Geldkarte ist zwar bereits als Infrastruktur weit verbreitet, da sie für den stationären Handel konzipiert wurde und die Chipfunktion häufig mit eurocheque- und Kunden-Karten ausgegeben wurde. Jedoch haben die Umsatzzahlen im traditionellen Handel gezeigt, dass die Geldkarte praktisch keine Bedeutung hat. So sind heute bereits ca. 60 Millionen Geldkarten im Umlauf, mit denen allerdings lediglich 58 Tsd. Transaktionen pro Tag mit einem Wert von 197 Tsd.

---

173 Vgl. Informationen zu Zahlungsmitteln im Internet vom IWW, abrufbar unter: http://www.iww.uni-karlsruhe.de/IZV4/Infoseiten/infosys.html.

174 Derzeit wird ein solches Verfahren z. B. von American Express – vgl. SAPSFORD, Jathon (2000) – oder MBNA – vgl. o.V. (2000), Immer mehr Einweg-Kreditkarten, 25.10.2000, http://www.welt.de – angeboten.

175 Vgl. KREMPL, Stefan (2001).

Euro getätigt werden[176]. Im April 1999 betrug das Volumen des elektronischen Geldes auf vorausbezahlten Karten 60 Mio. Euro. Für die Verwendung im Internet hat der ZKA ein sehr hohes Sicherheitsniveau für die Kartenlesegeräte festgelegt. Da die Anschaffung von Kartenlesegeräten ohnedies bereits als Hemmnis betrachtet werden muss, wird dieses durch eine besonders kostenintensive Variante noch verstärkt[177]. Das Verlustrisiko wird bei der Geldkarte, auch wenn ein personalisiertes Konto geführt wird, durch den Kartenbesitzer getragen[178]. Die Chancen dieses Systems, sich am Markt zu etablieren, könnten aber dadurch erhöht werden, dass es mit der Kreditwirtschaft einen starken und angesehenen Emittenten hat.

Neben kartenbasierten Systemen im Sinne der Geldkarte werden aktuell zwei Systeme von Prepaid-Karten für die Nutzung im Internet auf den Markt gebracht[179]. Dabei handelt es sich um vorausbezahlte Karten im Wert zwischen 20 und 200 DM, die in Tabakgeschäften, Tankstellen, T-Punkt-Geschäften (MicroMoney) oder Commerzbank-Filialen (Paysafecard) zu erwerben sind. Da das Guthaben allerdings nicht wirklich auf der Karte gespeichert wird, ist zur Anwendung kein Kartenlesegerät notwendig. Für eine Zahlungstransaktion muss lediglich die auf der Karte angegebene PIN an den Händler übermittelt werden. Es wird auf diese Weise ein einfaches und für den Kartennutzer kostengünstiges Zahlungsverfahren für den elektronischen Handel angeboten.[180] Für den Verkäufer fallen allerdings Gebühren zwischen 5 und 35 % bei Zahlungen von Kleinstbeträgen an[181]. Als wesentlicher Vorteil für die Nutzer könnte sich die völlige Anonymität dieser Verfahren erweisen. Da kein personalisiertes Konto bei dem Karten-emittenten geführt, sondern lediglich eine Zuordnung des Kartenwertes zur Seriennummer der Karte hergestellt wird, läßt dieses Verfahren keine Verbindung der Zahlungstransaktionen zu einem bestimmten Kunden zu. Die Risiken dieses Verfahrens sind vergleichbar mit denen von Bargeld, wobei das Risi-

---

176 Vgl. DEUTSCHE BANK RESEARCH (2001), S. 9.

177 Vgl. Informationen des IWW unter: http://www.iww.uni-karlsruhe.de/IZV4/Infoseiten/infosys.html.

178 Vgl. DEUTSCHE BANK RESEARCH (2001), S. 6.

179 Zum einen ist dies die Paysafecard des gleichnamigen österreichischen Anbieters und zum anderen eine Karte unter dem Namen MicroMoney der DeTe CardService, einer Tochter der Telekom AG.

180 Vgl. http://www.heise.de/newsticker/data/hob-22.02.01-000/ und http://www.heise.de/newsticker/data/hod-05.06.01-000/.

181 Diese Gebühren gelten für die Paysafecard, Vgl. o.V. (2001), Paysafecard macht das Zahlen im Internet sicher und anonym, FAZ v. 07.06.01, S. 30.

ko, dass bei Verlust oder Diebstahl der Restwert der Karte für den Besitzer „vernichtet" ist, durch ein zusätzliches Paßwort eingeschränkt werden kann. Das Risiko kann auch dadurch eingeschränkt werden, dass die physische Karte, die die PIN enthält, nicht aufbewahrt wird, da sie für die Durchführung der Zahlungstransaktion nicht benötigt wird. Als wichtige Zielgruppe werden mittels Prepaid-Karten auch Jugendliche angesprochen, die nicht über ein eigenes Bankkonto oder eine Kreditkarte verfügen.

### *2.5.4 Spezielle Inkassosysteme für Zahlungen im Internet*

Als letzte Gruppe werden nun die speziell für den elektronischen Handel entwickelten Inkassosysteme, bei denen es sich eigentlich um einen Zugriff auf Buchgeld des Kunden handelt, vorgestellt. Dabei wird, statt eine direkte Einzugsermächtigung an den Händler zu geben, ein Mittler (Inkassostelle) zwischengeschaltet, dem einmalig eine Einzugsermächtigung erteilt werden muss. Der Kunde erhält dann eine Kundennummer und ein Paßwort, mit denen er sich bei einer Zahlungstransaktion über verschlüsselte Verbindungen gegenüber dem Mittler identifiziert. Der Händler erhält den Zahlungsbetrag abzüglich einer Provision. Vorteilhaft für den Kunden ist insbesondere, dass er seine Daten nur an den Mittler, nicht jedoch an jeden einzelnen Händler übertragen muss. Prinzipiell wird hier kein neues Verfahren angeboten, da es sich im Grundsatz um einen Bankeinzug handelt, allerdings ändert sich das Zahlungsverkehrsumfeld insofern, als neue Transaktionspartner auftreten, da diese Systeme von Nichtbanken angeboten werden.[182]

Ein spezielles Verfahren dieser Kategorie ist das Paybox-System, bei dem die Zahlungstransaktion über ein Mobilfunknetz abgewickelt wird. Der Kunde übermittelt dem Händler seine Mobilfunknummer, dieser leitet sie an Paybox weiter, die dann wiederum den Kunden anruft, damit der Kunde durch Angabe seiner PIN die Zahlung freigeben kann. Zusätzlich zu Zahlungstransaktionen im Internet können mit Paybox auch angemeldete Nutzer untereinander Geld transferie-

---

[182] Vgl. Informationen zu Zahlungsmitteln im Internet vom IWW, abrufbar unter: http://www.iww.uni-karlsruhe.de/IZV4/Infoseiten/infosys.html, und speziell zum Verfahren der Firstgate AG, vgl. SCHIEB, Jörg (2000), S. 198ff.

ren.[183] Der wesentliche Vorteil wird darin gesehen, dass eine Übertragung über Mobilfunknetze sicherer sei, da diese nicht so einfach abzuhören sind[184].

### *2.5.5 Zusammenfassung*

Die obigen Darstellungen haben gezeigt, dass Kreditkartenzahlungen zwar derzeit eine relativ große Bedeutung im elektronischen Handel zukommt, da sie weit verfügbar und elektronisch einsetzbar sind, ihre Anwendung bekannt ist und sie in verschiedenen Währungen genutzt werden können. Jedoch zeigen sich gleichzeitig Schwierigkeiten in Form von hohen Kosten für die Händler, tatsächlichen Sicherheitsrisiken – die vor allem die Händler und Kreditkartenemittenten treffen – und starken Bedenken seitens der Konsumenten. Das SET-Verfahren greift grundsätzlich einige diese Probleme auf, bietet jedoch keine allgemeine Lösung, da das System von den E-Commerce-Händlern nicht angenommen wird.[185]

Bisher hat sich kein System von elektronischem Geld am Markt etablieren können, da noch ein sehr starker Innovationswettbewerb, gerade auch um die technischen Verfahren, zu beobachten ist. Softwarebasierte Systeme scheinen zumindest in den bisherigen Ausprägungen zu kompliziert zu sein, um eine breite Nutzerschicht zu erreichen. Die Geldkarte wurde in ihrer bisherigen Form im stationären Handel so gut wie nicht akzeptiert. Ob sich diese Kundeneinschätzung für den Einsatz im Internet ändern wird, wo dann noch Kosten für die Kartenlesegeräte auf die Nutzer zukommen, bleibt abzuwarten. Keine Lösung bietet die Geldkarte für „Auslandseinsätze“, da sie an eine Währung gebunden ist.[186]

Welche anderen Verfahren elektronischen Geldes sich durchsetzen werden, wird u. a. dadurch bestimmt, wie hoch in der nächsten Zeit Datenschutzbelange bewertet werden. Wollen Konsumenten(verbände) vermeiden, dass mittels der Zahlungstransaktionen weltweite Aufzeichnungen über das Konsumverhalten[187]

---

183 Vgl. Informationen des IWW unter: http://www.iww.uni-karlsruhe.de/IZV4/Infoseiten/infosys.html.

184 Vgl. Hottelet, Ulrich (2001).

185 Vgl. Sietmann, Richard (2001).

186 Vgl. Krempl, Stefan (2001).

187 Insbesondere bei Kreditkartenzahlungen, aber auch bei Zahlungen per Geldkarte und über Inkassosysteme, werden Aufzeichnungen darüber gemacht, an wen welcher Betrag gezahlt wurde. Aus den Informationen über den Zahlungsempfänger können wiederum teilweise Rückschlüsse auf die Art der Transaktion gezogen werden.

gemacht werden können, erhöht dies die Marktchancen anonymer Verfahren. Eine steigende Nutzung mobiler Internetnutzungen spricht für Systeme, die unabhängig von zusätzlicher Hard- und Softwareausstattung sind. Ansonsten müsste stets ein Kartenlesegerät mitgenommen oder auf jedes Endgerät die entsprechende Zahlungssoftware installiert werden. Für den elektronischen Handel mit digitalen Produkten wird darüber hinaus die Frage der Währungskompatibilität von Bedeutung sein. Theoretisch ist es vorstellbar, dass Chipkarten mehrwährungsfähig sein werden oder auch, dass in Dollar geführte Prepaid-Karten über Banken oder Telekommunikationsunternehmen in der EU verkauft werden. Es zeigt sich somit ein Bild des Marktes für Zahlungsverfahren für den elektronischen Handel, das die zukünftige Entwicklung kaum erkennen läßt. Grundsätzlich besteht jedoch Einigkeit darüber, dass elektronisches Geld trotz der momentan noch geringen Verbreitung ein hohes Entwicklungspotential hat.[188] Die Realisierung dieses Potentials wird möglicherweise durch veränderte Rahmenbedingungen, wie der Einführung eines auf dem Zahlungsstrom basierenden Erhebungsverfahrens für die Umsatzsteuer, unterstützt. Somit zeigt sich eine zweiseitige Bedeutung des Marktes für Zahlungsverfahren für den Untersuchungsgegenstand dieser Arbeit. Einerseits wird der Zahlungsstrom als möglicher Ansatzpunkt zur Erhebung der Umsatzsteuer diskutiert, andererseits implizieren derartige Maßnahmen eventuell eine verstärkte Verwendung von elektronischem (anonymen) Geld, wodurch die Erhebung der Umsatzsteuer erschwert werden könnte.

## 3. Entwicklungsstand und Potential des elektronischen Handels mit digitalen Produkten

### *3.1 Einführung*

Der elektronische Handel insgesamt, jedoch insbesondere die rein elektronische Ausprägung, befindet sich noch in einer frühen Entwicklungsphase, in der verschiedene Varianten von Geschäftsmodellen bzw. Applikationen „ausprobiert“ werden. Das Auftauchen immer neuer Geschäftsideen und die starke Fluktuation der auf diesem Markt tätigen Unternehmen lassen erkennen, dass der erfolgversprechende Weg noch nicht in jedem Fall gefunden ist. Aus der Tatsa-

---

188 Vgl. DEUTSCHE BANK RESEARCH (2001), S. 15. Die intensiven Untersuchungen der Deutschen Bundesbank und der Europäischen Zentralbank zu den Auswirkungen des elektronischen Geldes auf die Geldpolitik unterstützen diese Einschätzung, vgl. DEUTSCHE BUNDESBANK (1999), S. 51ff. und EUROPÄISCHE ZENTRALBANK (1998).

che, dass zahlreiche Unternehmen des elektronischen Geschäftsverkehrs (ob mit physischen oder digitalen Gütern) noch nicht gewinnbringend arbeiten bzw. ihre Tätigkeit aufgegeben haben, sollte jedoch kein Rückschluss auf das kommerzielle Potential gezogen werden. Eine derartige Dynamik zeigt sich generell auf neuen Märkten, wenngleich die Entwicklung hier besonders sprunghaft erscheint.

Noch ist der relative Vorteil des elektronischen Geschäftsverkehrs gegenüber dem traditionellen Handel anscheinend nicht groß genug, um einen bedeutenden Marktanteil zu erzielen. Die Vorteilhaftigkeit wird zur Zeit durch zahlreiche Hemmnisse eingeschränkt, die sich daraus ergeben, dass in technischen, organisatorischen und institutionellen Bereichen weiterhin Entwicklungs- und Anpassungsbedarf besteht. Im nächsten Abschnitt werden die Faktoren dargestellt, die sich als bedeutende Bestimmungsgründe für das jetzige Ausmaß und das zukünftige Potential des E-Commerce erwiesen haben bzw. erweisen dürften. Dabei liegt der Fokus auf der Frage, welches Umsatzpotential der E-Commerce in Europa und/oder Deutschland hat. Die Bedeutung einzelner Bestimmungsgründe kann z. T. durch einen Vergleich mit den USA, in denen die Nutzung und Akzeptanz des Internet des E-Commerce stärker ausgeprägt sind[189], verdeutlicht werden.

## *3.2 Bestimmungsgründe des elektronischen Handels*

**Technische Infrastruktur und Kosten des Internetzugangs:** Grundlegende Voraussetzung zur Nutzung des Kommunikationsmediums Internet ist die Ausstattung mit entsprechender Hard- und Software sowie die Verfügbarkeit eines Internetanschlusses. Für eine Nutzung des Internet als Transaktionsmedium für E-Commerce-Aktivitäten bekommt die Qualität der technischen Infrastruktur eine herausragende Bedeutung, da ein Download digitaler Produkte (wie die Übertragung von Bildern oder Musik) ein hohes Maß an Übertragungskapazität voraussetzt. Somit ist ein entscheidender Faktor, welche Zugangsformen – wie Einwahl per Modem, ISDN oder DSL – zur Verfügung stehen.[190]

---

[189] Als ein Indikator dafür kann die Zahl der derzeitigen Internetnutzer genannt werden: Im Jahr 2000 nutzten in Deutschland 28 % der Einwohner und in den USA 48 % das Internet, vgl. BITKOM (2001).

[190] Gerade die leistungsstarken DSL Anschlüsse sind in Europa im Vergleich zu den USA noch relativ wenig verbreitet. So verfügten im Jahr 2000 in Westeuropa 7 von 1000 Haushalten über einen DSL-Anschluss; in den USA sind es 35, vgl. BITKOM (2001).

Beschränkt wird der Kreis der Nutzer dadurch, dass ein Zugang derzeit fast ausschließlich über PCs möglich ist. Dies schließt alle diejenigen aus, die keinen PC nutzen können oder wollen. Erst neue Zugangswege über Mobilfunk- oder Kabelnetze, die dann auch die Nutzung anderer Endgeräte (wie Fernseher oder Mobilfunkgeräte) ermöglichen, könnten den potentiellen Nutzerkreis erweitern.[191] Soll das Internet als ein allgemein anerkanntes und genutztes Medium sowohl zur Kommunikation als auch für den Handel werden, so muss „es ubiquitär, d. h. überall verfügbar, jederzeit skalierbar, und – das ist das allerwichtigste – einfach zu nutzen sein“[192]. Diese Bedingungen sind jedoch heute noch nicht erfüllt, so dass weitere technische und organisatorische Entwicklungen nötig sind.[193]

Neben der technischen Ausstattung des Internetnutzers wird das Maß der Internet- und E-Commerce-Aktivitäten durch die Zugangskosten in Form der allgemeinen Telekommunikations- und der speziellen Internetzugangskosten der ISP bestimmt. Tarife in Form einer Flat-Rate, wie sie in den USA im Ortsnetzbereich bereits üblich sind, können die Nutzung erheblich fördern.[194]

**Akzeptanz des neuen Mediums und Sicherheitsfragen:** Die Nutzung des Internet und des elektronischen Handels wird wesentlich durch das allgemeine Vertrauen in dieses neue Medium bestimmt, welches u. a. durch soziodemographische Faktoren wie Alter oder Bildungsniveau und durch Erfahrungen im Umgang mit Computersystemen beeinflusst wird. Werden Käufe über das Internet getätigt, müssen Käufer bereit sein, traditionelle Vorgänge, wie insbesondere die Zahlungsabwicklung, in neuer Form durchzuführen. Dabei erweist es sich in Europa als Hemmnis, dass Kreditkartenzahlungen – als bereits heute auch im Internet anwendbares Zahlungssystem – eine geringere Akzeptanz haben, als bspw. in den USA. Umfragen unter Internetnutzern zeigen, dass sich Bedenken in Bezug auf die Sicherheit der Datenübermittlung und der Zahlungssysteme

---

191 So wurden im Jahr 2000 92 % aller Internetzugänge über PC realisiert. Bis zum Jahr 2005 wird geschätzt, dass diese Zahl auf 35 % zurück gehen wird, wenn technische Alternativen wie internetfähige Fernseher oder mobile Geräte verfügbar sind. Dabei soll sich gleichzeitig die Gesamtzahl der Internetzugänge von 201 Mio. im Jahr 2000 auf 1550 Mio. im Jahr 2005 erhöhen. Vgl. INFRATEST BURKE/INSTITUTE FOR INFORMATION ECONOMICS (2001), Punkt 5.5.2.

192 URCHS, Ossi (2000), S. 64.

193 Dazu zählt z. B. die Entwicklung einer Vielfalt an Geräten, die auf die speziellen Bedürfnisse und Fähigkeiten der Nutzer ausgerichtet sind, die Verbreitung alternativer Zugangsformen zum Internet, aber auch eine Verbesserung der Internet-Angebote und –Dienste, vgl. URCHS, Ossi (2000), S. 64.

194 Vgl. EMPIRICA (2000), S. 13.

sowie der Seriosität von E-Commerce-Händlern auf die Art und die Intensität von Internet-Anwendungen auswirken.[195] Können solche Bedenken in der Zukunft nicht durch einen Abbau der Anwendungsdefizite bei der Verwendung von elektronischen Signaturen – als Verfahren zur Schaffung einer sicheren Kommunikation – und von speziellen, sicheren Zahlungssystemen für das Internet abgebaut werden, so werden sich gerade diese Sicherheitsbedenken als bleibende Hemmnisse für eine Ausweitung des E-Commerce erweisen.

**Rechtliche Rahmenbedingungen:** Unsicherheiten bestehen auch aufgrund unklarer oder noch nicht auf die speziellen Anforderungen des Internet und des E-Commerce ausgerichteten rechtlichen Rahmenbedingungen. Diese Regelungslücken betreffen z. B. Fragen des Datenschutzes, des Verbraucherschutzes, des Urheberrechts oder auch des Steuerrechts[196]. Neben einer Schaffung von Rechtssicherheit sowohl für Anbieter als auch Nachfrager des elektronischen Handels, kann durch einen klaren Rechtsrahmen auch die subjektive Einstellung der potentiellen Nutzer zum E-Commerce positiv beeinflusst werden. Bei der Ausgestaltung eines Rechtsrahmens ist jedoch darauf zu achten, dass die rechtlichen Regelungen den besonderen Bedingungen des Mediums Internet gerecht werden und keine Überregulierung betrieben wird. Problematisch erweist es sich, dass ein rechtlicher Ordnungsrahmen für den E-Commerce nicht allein auf nationaler Ebene implementiert werden kann, da ein grenzüberschreitender Handel auch internationale Regelungen erfordert.

**Sonstige Aspekte:** Grundsätzlich werden Käufe über das Internet nur dann getätigt, wenn die Konsumenten darin einen Vorteil gegenüber Käufen im traditionellen (Einzel)Handel sehen. Die Einschätzung der Vorteilhaftigkeit wird z. B. durch die Bewertung der Angebotsvielfalt, der Produktinformation und der Zeiten, zu denen gekauft und geliefert werden kann, beeinflusst. Umfragen zeigen hier, dass US-amerikanische Nutzer in den speziellen Möglichkeiten des E-Commerce größere Vorteile sehen als europäische.[197] So bewerten deutsche Nutzer trotz der restriktiven Ladenöffnungszeiten in Deutschland die zeitlich uneingeschränkte Nutzungsmöglichkeit des E-Commerce nicht als bedeutenden Vorteil.[198] Die unterschiedliche Bewertung und Nutzung des E-Commerce in den

195 Vgl. o.V. (2000), e-Shops suchen Ausweg aus der Vertrauensfalle, Net-Business v. 16.12.2000, S. 3.

196 Für einen Überblick über die Elemente des relevanten rechtlichen Ordnungsrahmens vgl. BUNDESMINISTERIUM FÜR BILDUNG UND FORSCHUNG/BUNDESMINISTERIUM FÜR WIRTSCHAFT UND TECHNOLOGIE (Hrsg.) (1999), S. 38ff.

197 Vgl. LECK, Sandra (2000), S. 35.

198 Vgl. EMPIRICA (2000), S. 13.

USA könnte u. a. dadurch bedingt sein, dass diese über eine intensivere Erfahrung mit dem Versandhandel über Katalog oder TV verfügen.[199]

Im Bereich des elektronischen Handels mit digitalen Produkten haben die bereits genannten Sicherheitsbedenken im Hinblick auf die Zahlungssysteme zwar auch eine Wirkung auf die Höhe der Umsätze. Dagegen wird der Handel mit geringpreisigen Produkten, wie dem Download von einzelnen Musiktiteln, erst durch die Verwendbarkeit von Zahlungssystemen für Kleinstbeträge ermöglicht.[200]

Die Tatsache, dass Transaktionen des grenzüberschreitenden elektronischen Handels i. d. R. in englischer Sprache abgewickelt werden, muss ebenfalls gegenwärtig als ein Hemmnis zumindest für einen internationalen Electronic Commerce angesehen werden.[201]

Diese Bestimmungsgründe für die Verbreitung des E-Commerce gelten grundsätzlich sowohl für den Handel mit physischen Gütern als auch mit digitalen Produkten. Jedoch zeigt sich, dass gerade Aspekte der technischen Infrastruktur für den Handel mit digitalen Produkten besondere Relevanz haben. So sind heute bei den meisten Internetnutzern (in Privathaushalten) die technischen Voraussetzungen z. B. zum Laden von Streamingprodukten in Form der notwendigen Bandbreite des Internetzugangs nicht gegeben. Eine Nutzung digitaler Produkte erfordert darüber hinaus insbesondere die bereits erwähnte Vielfalt an technischen Geräten. So bieten digitale Produkte wie Musik- oder Filmdateien keinen verbesserten Nutzen gegenüber vergleichbaren physischen Gütern, wenn erstere lediglich auf einen traditionellen Arbeitsplatz-Computer geladen werden können. Somit zeigen sich gerade für einen Handel mit digitalen Produkten noch zahlreiche Hemmnisse.

---

[199] Vgl. BOSTON CONSULTING GROUP (2000), S. 16.

[200] Vgl. SCHMITT, Christoph (1999), S. 236. BÖHLE/RIEHM sprechen in diesem Zusammenhang von einer Koevolution von Angeboten und Abrechnungsmechanismen, vgl. BÖHLE, Knud/RIEHM, Ulrich (1998), S. 179.

[201] Vgl. DEUTSCHE BANK RESEARCH (2000b), S. 6.

### *3.3 Prognosen zum Potential des Electronic Commerce*

Prognosen zum Potential des E-Commerce werden von zahlreichen Unternehmensberatungen, Marktforschungsinstituten und Verbänden angefertigt[202]. Da, wie in Kapitel 1.1, S. 38 dargestellt wurde, keine einheitliche Definition für den Begriff elektronischer Handel oder E-Commerce existiert, variiert das Ausmaß der dem E-Commerce zugerechneten Transaktionen und Umsätze in Abhängigkeit von der zu Grunde liegenden Definition. Dies ist einer der wesentlichen Gründe dafür, dass die Prognosen zu Umsätzen im E-Commerce stark voneinander abweichen. Werden bspw. die Umsätze im Rahmen von EDI hinzugerechnet, fallen Umsatzprognosen erheblich höher aus, als wenn nur internetbasierte Transaktionen berücksichtigt werden. Hinzu kommt, dass die in verschiedenen Studien verwendeten Methoden nicht einheitlich sind. So kommt es vor, dass für eine Prognose Basisdaten verwendet werden, die sich, z. B. durch eine zu eingeschränkte Auswahl an Beteiligten einer Umfrage, eigentlich nicht für allgemeine Umsatzprognosen eignen. Bei einer differenzierten Analyse der Aussagekraft von Prognosedaten zum elektronischen Handel zeigt sich, dass die Daten eine so starke Streuung aufweisen, dass daraus keine verlässlichen Schlussfolgerungen über die genaue Entwicklung des Marktes abgeleitet werden können.[203] Dennoch sind in Tabelle 3 einige Prognoseergebnisse für die weltweiten, die europäischen und die deutschen Umsatzzahlen im E-Commerce zusammengestellt. Gefolgert werden kann daraus zumindest, dass sich „der positive Trend, den alle Prognosen aufzeigen, (...) dennoch, wenn auch möglicherweise etwas weniger dynamisch, fortsetzen“[204] wird.

Auch wenn die Prognosen durchweg eine sehr positive Entwicklung unterstellen, verzeichnen die E-Commerce-Umsätze in Europa derzeit nur einen Anteil von knapp 1 % am Bruttoinlandsprodukt. Bis 2004 gehen Prognosen von einem Anstieg auf 6 % aus.[205] Auch für die USA schätzt das DEPARTMENT OF COMMERCE, dass der Anteil der E-Commerce-Umsätze im Jahr 2000 weniger als 1 %

---

[202] Ergänzende Erhebungen zu den Handelsstatistiken z. B. durch das Statistische Bundesamt werden derzeit nicht durchgeführt. Das US-amerikanische Department of Commerce veröffentlicht mittlerweile Schätzungen der E-Commerce-Umsätze (verfügbar ab 4. Quartal 1999), abrufbar unter: http://www.census.gov/mrts/www/current.html.

[203] Vgl. MAI, Stefan (2000), S. 274ff.

[204] MAI, Stefan (2000), S. 282.

[205] Vgl. INFRATEST BURKE (2001), S. 12.

an den gesamten Einzelhandels-umsätzen betrug.[206] Der HAUPTVERBAND DES DEUTSCHEN EINZELHANDELS gibt für Deutschland einen Anteil von ca. 0,5 % für das gleiche Jahr an und erwartet einen Anstieg auf 5 - 10 % bis zum Jahr 2010.[207]

**Tabelle 3:** Verschiedene Schätzungen von E-Commerce-Umsätzen nach Regionen (in Milliarden US-Dollar)

| | 1999 | 2000 | 2002 | 2003 |
|---|---|---|---|---|
| **Welt** | | | | |
| eMarketer | - | 286 | 1008 | 1792 |
| IDC Research | - | - | 1000[1] | 2800 |
| ActivMedia | - | 132 | 533 | 963 |
| Forrester Research | - | 656 | 2241 | 4017 |
| Goldman Sachs | - | 595 | 2174 | 3480 |
| Ovum | - | 247 | 624 | 991 |
| **Westeuropa** | | | | |
| eMarketer | 16,8 | 33,62 | 168,1 | 420,25 |
| Warburg Dillon Read | 18,9 | - | - | - |
| Andersen Consulting | 19 | - | - | 430 |
| IDC Research | 24,4 | - | - | 511,1 |
| Forrester Research | 36 | - | - | 853,3 |
| **Deutschland** | | | | |
| eMarketer | 4,63 | 9,11 | - | 119,36 |

[1] Bezieht sich auf das Jahr 2001

Quelle: Daten aus INFRATEST BURKE (2001), eigene Darstellung.

[206] Vgl. DEPARTMENT OF COMMERCE, News v. 16.05.2001, abrufbar unter: http://www.census.gov/mrts/www/current.html. Allerdings nimmt das Department of Commerce in die E-Commerce-Umsätze *online travel services, financial brokers and dealers* und *ticket sales agencies* nicht auf.

[207] Diese Informationen des HDE sind abrufbar unter: http://www.einzelhandel.de/hde05.htm.

Da im Rahmen dieser Studie jedoch insbesondere die E-Commerce-Umsätze an Privatpersonen (Business-to-Consumer) aufgrund der dabei entstehenden Probleme der Umsatzbesteuerung von Interesse sind, stellt Tabelle 4 die Umsatzzahlen getrennt nach den Bereichen Business-to-Business (B2B) und Business-to-Consumer (B2C) dar.

**Tabelle 4:** E-Commerce-Umsätze nach Regionen für die Jahre 2000 bis 2004

| | **2000** | **2002** | **2004** |
|---|---|---|---|
| **Welt** | | | |
| B2C | 20,88 % | 16,59 % | 13,37 % |
| B2B | 79,12 % | 83,41 % | 86,63 % |
| Gesamt in Mio. US$ | 285.900 | 1.008.400 | 3.202.700 |
| **Nordamerika** | | | |
| B2C | 22,98 % | 16,4 % | 11 % |
| B2B | 77,02 % | 83,6 % | 89 % |
| Gesamt in Mio. US$ | 206.700 | 674.600 | 1.798.600 |
| **Europa** | | | |
| B2C | 23,62 % | 21,85 % | 18,63 % |
| B2B | 76,38 % | 78,15 % | 81,37 % |
| Gesamt in Mio. US$ | 34.300 | 169.800 | 979.800 |

Quelle: Infratest Burke (2001), S. 22, gemäß eMarketer.

Tabelle 4 zeigt, dass sowohl in Nordamerika als auch in Europa die E-Commerce-Umsätze zwischen Unternehmen (B2B) eindeutig dominieren. Der Anteil der Umsätze an Privatpersonen wird sogar in den nächsten Jahren weiter rückläufig sein, obwohl natürlich die absoluten Umsatzzahlen auch in diesem Bereich aufgrund der allgemeinen Umsatzsteigerungen zunehmen werden. So werden sich gemäß dieser Prognose im Jahr 2003 die weltweiten Umsätze an Privatpersonen auf 428.201 Mio. US-Dollar belaufen. Für Europa werden 182.537 Mio. US-Dollar prognostiziert. In die E-Commerce-Umsätze geht sowohl der Handel mit physischen Gütern und traditionellen Dienstleis-tungen als auch der mit digitalen Produkten ein, sofern der Handel (in Teilen) elektronisch abgewickelt wird. Differenziertere Daten, die diese Umsätze nach physischen und digitalen Produkten unterscheiden, werden derzeit nicht erhoben. Somit können keine konkreten Umsatzzahlen für den zentralen Untersuchungsgegenstand dieser Studie, den Handel mit rein digitalen Produkten, angegeben werden[208]. Ermittelt wurde jedoch in Umfragen, dass in Deutschland im Handel über das Internet die meisten Produkte aus den Gruppen Bücher, Software, Musik/CDs, Computer-/ Videospiele, Computerhardware und Unterhaltungselektronik gekauft wurden.[209] Produkte aus einigen dieser Gruppen können zumindest digitalisiert und somit auch rein elektronisch gehandelt werden. Um ein bestehendes Potential für den Handel mit digitalen Produkten ausschöpfen zu können, müssen in jedem Fall zunächst die im vorhergehenden Abschnitt dargestellten Hemmnisse, insbesondere diejenigen im Bereich der technischen Infrastruktur und der Zahlungsverfahren abgebaut werden.

---

208 Darüber hinaus sind im Rahmen der Untersuchungen dieser Studie die grenzüberschreitenden Umsätze mit digitalen Produkten bedeutend. Es müsste daher das Ausmaß des Außenhandels mit digitalen Produkten bestimmt werden.

209 Vgl. INFRATEST BURKE (2001), S. 54.

# Zweiter Teil: Umsatzbesteuerung des Handels mit digitalen Produkten

## A. Rechtliche Rahmenbedingungen für die Umsatzsteuer

### 1. Vorbemerkungen

Für die Ausgestaltung einer Umsatzsteuer bestehen grundsätzlich mehrere Möglichkeiten. Im Folgenden werden die geltenden umsatzsteuerlichen Regelungen innerhalb der EU skizziert. Da diese inzwischen weitgehend harmonisiert sind, beziehen sich die Ausführungen, soweit nicht explizit andere Grundlagen genannt sind, auf die 6. MwSt-Richtlinie der EU oder die entsprechende Umsetzung im deutschen Umsatzsteuergesetz. Dabei ist zu berücksichtigen, dass im amtlichen Sprachgebrauch der EU der Begriff Mehrwertsteuer (bzw. in englischsprachigen Texten VAT – value added tax) verwendet wird und dieser innerhalb der EU als Synonym zum Begriff Umsatzsteuer angesehen werden kann.

In einer finanzwissenschaftlichen Einordnung ist die Umsatzsteuer eine allgemeine Verbrauchsteuer, die auf alle Waren und Dienstleistungen erhoben wird, die von Anbietern im Rahmen ihres Unternehmens gegen Entgelt an Verbraucher erbracht werden (§ 1 UStG). Die Umsatzsteuer wird als indirekte Steuer bei den Unternehmen erhoben, in ihrer Wirkung soll sie jedoch durch Überwälzung auf die Verbraucher deren Konsum belasten.[210] Erhebungstechnisch werden zwar alle Phasen des Leistungsprozesses mit Umsatzsteuer belastet, durch den Vorsteuerabzug soll jedoch bewirkt werden, dass die Steuerlast allein von den Konsumenten getragen wird.

Zunächst werden im Folgenden in einem Überblick die Regelungen zur Umsatzbesteuerung sowohl von Warenlieferungen als auch von Dienstleistungen im grenzüberschreitenden Handel dargestellt, da beide Bereiche auch für den Handel über das Internet relevant sind. Die Regelungen, die den internationalen Warenverkehr betreffen, verwirklichen eine handelsneutrale Umsatzbesteuerung, die als Vorbild auch für die Umsatzbesteuerung im Bereich der Dienstleistungen gelten soll. Gleichwohl erweist es sich als sinnvoll, die geltenden umsatzsteuerlichen Bestimmungen für Dienstleistungen zunächst unabhängig von den digitalen Produkten darzustellen, um bereits bestehende Probleme im internationalen Handel gesondert aufzeigen zu können.

---

[210] Vgl. ROSE, Gerd (2000), S. 15ff.

# 2. Umsatzsteuerrecht in der EU

## *2.1 Grundlagen*

Gemäß der Zielsetzung der Europäischen Gemeinschaften, einen gemeinsamen Binnenmarkt zu schaffen, wurde von Beginn an das Ziel verfolgt, die Umsatzsteuer zu harmonisieren, da unterschiedliche Systeme in den einzelnen Mitgliedstaaten verzerrende Auswirkungen auf den Handel haben. Bereits im Jahre 1967 wurde in allen Mitgliedstaaten ein Allphasen-Umsatzsteuersystem mit Vorsteuerabzug eingeführt, um die Grundlage für eine Besteuerung gemäß dem Bestimmungslandprinzip (BLP) zu legen und Neutralität im grenzüberschreitenden Handel zu verwirklichen. Darüber hinaus wurde eine Harmonisierung der Bemessungsgrundlagen und der Steuersätze angestrebt. Mit der 6. EG-Richtlinie aus dem Jahre 1977 wurde die Bemessungsgrundlage weitgehend harmonisiert. Dieses Maß an Harmonisierung war jedoch für den Wegfall der Binnengrenzen und die damit verbundene Abschaffung der Grenzkontrollen innerhalb der EU ab dem 01.01.1993 nicht mehr ausreichend. Da ein politischer Konsens über einen dem Binnenmarktgedanken entsprechenden Übergang zum Ursprungslandprinzip (ULP) mit einem innergemeinschaftlichen, grenzüberschreitenden Vorsteuerabzug (Gemeinsamer-Markt-Prinzip) unter den Mitgliedstaaten nicht zu erreichen war, wurde ein aufwendiges und bürokratisches System eingeführt. Dieses sieht die weitgehende Beibehaltung des Bestimmungslandprinzips und in einigen wenigen Fällen einen Übergang zum Ursprungslandprinzip vor (Ergänzungsrichtlinie 91/680/EWG). Ursprünglich als Übergangslösung bis zum Jahr 1996 vorgesehen, gilt dieses System noch heute und wird daher im Folgenden skizziert.[211]

## *2.2 Warenhandel mit Drittländern*

Die Umsatzbesteuerung im Warenhandel der EU-Staaten mit Drittländern erfolgt nach dem Bestimmungslandprinzip (BLP). Die Anwendung des BLP bedeutet, dass Einfuhren (Import von Gegenständen) an der Grenze durch den ausländischen Fiskus von der Steuer des Herkunftslandes entlastet werden müssen und mit der Steuer des Importlandes belastet werden. Analog müssen Ausfuhren (Export von Gegenständen) von der inländischen Umsatzsteuer befreit werden. Dabei sind Lieferungen eines Unternehmens gegen Entgelt in ein Drittland zwar im Inland steuerbar (Art. 2 Nr. 1 6. MwSt-RL), jedoch wird zur Reali-

---

[211] Vgl. SIKORSKI, Ralf (2000), S. 25ff.

sierung des Bestimmungslandprinzips eine Steuerbefreiung für Ausfuhrlieferungen (Art. 15 6. MwSt-RL) gewährt. Die Belastung der Güter mit Umsatzsteuer richtet sich damit nur nach den Bestimmungen des Verbrauchslandes.[212]

### *2.3 Warenhandel innerhalb der EU – innergemeinschaftliche Umsätze*

Beim Handel mit Waren zwischen zum Vorsteuerabzug berechtigten Unternehmen gilt auch im Binnenmarkt (weiterhin) das Bestimmungslandprinzip[213], so dass der Steuerzufluss in dem Land erfolgen soll, in dem der Verbrauch stattfindet (Verbrauchsland). Im Ursprungsland sind diese Umsätze daher von der Steuer befreit. Schuldner der Umsatzsteuer ist das Unternehmen im Empfängerland, da die Besteuerung statt über eine Einfuhrbesteuerung an den Zollgrenzen direkt durch das Unternehmen vorgenommen werden muss. Um die Umsatzbesteuerung auch ohne die Einschaltung der Zollbehörden kontrollieren zu können, wurde ein Verfahren von „zusammenfassenden Meldungen“ unter Verwendung von Umsatzsteuer-Identifikationsnummern (USt-IdNr.) aller beteiligten Unternehmen eingerichtet. In diesem Verfahren werden die Angaben der Lieferanten über innergemeinschaftliche Lieferungen eines Quartals mit den Meldungen der Unternehmen über die erworbenen Waren und die geschuldete Umsatzsteuer abgeglichen.[214]

Die USt-IdNr. dient gleichzeitig als Tatbestandssmerkmal, mit dem sich das erwerbende Unternehmen gegenüber dem Lieferanten als Unternehmen aus dem Gemeinschaftsgebiet kenntlich macht und sich verpflichtet, die Lieferung in dem Mitgliedstaat zu versteuern, der ihm die USt-IdNr. ausgestellt hat.[215]

Innergemeinschaftliche Warenlieferungen an Erwerber ohne USt-IdNr. – wie Privatpersonen und i. d. R. Kleinunternehmer – unterliegen grundsätzlich dem Ursprungslandprinzip. Der Ort der Lieferung liegt sowohl bei Abholung der Ware als auch bei Versendung oder Beförderung im Ursprungsland und der Umsatz ist dort steuerpflichtig. Allerdings wird das ULP durch Ausnahmen bei einem Erwerb neuer Fahrzeuge, der Lieferung verbrauchsteuerpflichtiger Waren (z. B. Alkohol oder Tabak) und dem Versandhandel durchbrochen.

---

212 Vgl. SCHEFFLER, Wolfram (1994), S. 301ff.

213 Gemäß 6. MwSt-Richtlinie handelt es sich beim Warenhandel zwischen europäischen Unternehmen um den Tatbestand des „innergemeinschaftlichen Erwerbs“. Die Steuer auf diesen tritt an die Stelle der Einfuhrumsatzsteuer.

214 Vgl. VÖLKEL, Dieter/KARG, Helmut (1995), S. 83f.

215 Vgl. SCHEFFLER, Wolfram (1994), S. 310.

Da im Bereich des Versandhandels (Beförderung oder Versendung eines Gegenstandes durch den Lieferer oder seinen Beauftragten) Wettbewerbsverzerrungen zwischen Anbietern aus verschiedenen Mitgliedstaaten aufgrund unterschiedlicher Steuersätze befürchtet werden, wird unter bestimmten Bedingungen der Ort der Lieferung und damit die Besteuerung ausnahmsweise in das Bestimmungsland verlagert.[216] Im Gegensatz zur Vorgehensweise im Rahmen des Bestimmungslandprinzips im innergemeinschaftlichen Warenhandel zwischen Unternehmen ist beim Versandhandel das liefernde Unternehmen der Steuerschuldner. Er ist verpflichtet, sich im Bestimmungsland bei einem Finanzamt als Unternehmen registrieren zu lassen, eine Umsatzsteuererklärung abzugeben und die Umsatzsteuer abzuführen. In einigen Mitgliedstaaten sind zur Abwicklung des Verfahrens und zur Sicherung des Steueranspruchs so genannte Fiskalvertreter vorgesehen, die die Rechte und Pflichten des nicht im jeweiligen Staat ansässigen Unternehmens wahrnehmen. Im deutschen Umsatzsteuergesetz ist ein (freiwilliger) Fiskalvertreter nur in solchen Fällen involviert, in denen weder eine Steuerschuld noch ein Vorsteuerüberschuss entsteht – so dass reine Erklärungs- und Aufzeichnungspflichten verbleiben.[217]

### *2.4 Handel mit Dienstleistungen*

Sowohl die MwSt-Richtlinie der EU als auch das darauf basierende deutsche Umsatzsteuergesetz grenzen Dienstleistungen negativ von den Lieferungen ab. Allerdings verwendet das UStG statt des Begriffs Dienstleistung den Begriff Sonstige Leistung. Im Folgenden werden beide Begriffe synonym verwendet. Gemäß § 3 Abs. 9 UStG[218] gilt: „Sonstige Leistungen sind Leistungen, die keine Lieferungen sind". Damit werden alle denkbaren Leistungen eines Unternehmens – entweder als Lieferung oder als Dienstleistung – durch das UStG erfasst.

Das Verfahren zur internationalen Steuerabgrenzung bei Warenlieferungen durch Zusammenwirken von Lieferort und Be- bzw. Entlastungsverfahren an den Zollgrenzen kann bei Dienstleistungen nicht angewendet werden, da eine Kontrolle während des Lieferweges nicht möglich ist. Die internationale Realisierung des Verbrauchslandprinzips erweist sich daher bei Dienstleistungen als vergleichsweise problematisch. Da gleichzeitig der Verbrauchsort von Dienst-

---

216 Zu den weiteren Voraussetzungen und den Versandhandelsregelungen im Einzelnen vgl. HERRLER, Hans (u.a.) (2000), S. 288f.

217 Vgl. WENDLAND, Holger (1997), S. 9ff.

218 Vgl. auch Art. 6 der 6. MwSt-Richtlinie.

leistungen nicht klar feststellbar ist, soll die internationale Steuerabgrenzung über spezielle Ortsbestimmungen für die einzelnen Arten von Dienstleistungen erreicht werden. Der so genannte Ort der Sonstigen Leis-tung entscheidet darüber, wo eine steuerbare Dienstleistung erbracht wird und wo diese besteuert werden kann.[219] Daher ist eine Vermeidung von Nicht- oder Doppelbesteuerungen im internationalen Dienstleistungsverkehr nur durch eine aufeinander abgestimmte Abgrenzung der Besteuerungsrechte möglich.

Nach dem allgemeinen Grundsatz in Art. 9 Abs. 1 der 6. MwSt-Richtlinie ist der Ort einer Dienstleistung „der Ort, an dem der Dienstleistende den Sitz seiner wirtschaftlichen Tätigkeit oder eine feste Niederlassung hat, von wo aus die Dienstleistung erbracht wird (...)". Die Regelung des Art. 9 Abs. 1 gilt jedoch nur, wenn keine der im Gesetz nachfolgend aufgeführten speziellen Ortsregelungen zutrifft. Die Ausnahmen sind allerdings so zahlreich, dass der Grundsatz kaum Anwendung findet[220]. Als abweichende Orte sonstiger Leistungen sind im UStG definiert:

- der Belegenheitsort bei Dienstleistungen im Zusammenhang mit einem Grundstück (§ 3a Abs. 2 Nr. 1 i. V. m. § 4 Nr. 12 UStG),
- der Tätigkeitsort bei kulturellen Leistungen[221] (§ 3a Abs. 2 Nr. 3 Buchstabe a),
- der Tätigkeitsort bei Begutachtung von sowie Arbeiten an beweglichen körperlichen Gegenständen (§ 3a Abs. 2 Nr. 3 Buchstabe c) oder
- der Ausführungsort eines vermittelten Umsatzes bei Vermittlungsleistungen (§ 3a Abs. 2 Nr. 4).

§ 3a Abs. 3 und 4 regeln den Ort einer Reihe von Dienstleistungen, die katalogmäßig aufgezählt sind. Hierzu zählen u. a. Dienstleistungen aus dem Bereich der Werbung oder Öffentlichkeitsarbeit, die Überlassung von Informationen sowie die Leistungen von Architekten, Rechtsanwälten, Steuerberatern oder Übersetzern. Abweichend von dem Grundsatz in § 3a Abs. 1 UStG gilt für diese:

---

219 Vgl. REIß, Wolfram (1998/1999), S. 399ff.

220 Vgl. ROSE, Gerd (2000), S. 70-73.

221 Dies sind „kulturelle, künstlerische, wissenschaftliche, unterrichtende, sportliche, unterhaltende oder ähnliche Leistungen einschließlich der Leistungen der jeweiligen Veranstalter sowie der damit zusammenhängenden Tätigkeiten, die für die Ausübung der Leistungen unerlässlich sind", § 3a Abs. 2 Nr. 3 Buchstabe a UStG.

- Ist der Empfänger ein Unternehmen, so gilt die sonstige Leistung dort als ausgeführt, wo der Empfänger sein Unternehmen oder die Betriebsstätte betreibt (§ 3a Abs. 3).[222]
- Ist der Empfänger eine Privatperson mit Wohnsitz oder Sitz im Drittlandsgebiet, so wird die Leistung an dessen Wohnsitz oder Sitz ausgeführt (§ 3a Abs. 3).

Wird eine derartige Leistung an eine Privatperson in der EU erbracht, verbleibt somit der Leistungsort am Sitz des leistenden Unternehmens. Dass trotz dieser Regelungen im internationalen Handel mit Dienstleistungen Nicht- oder Doppelbesteuerungen und/oder das Auftreten von Wettbewerbsverzerrungen nicht ausgeschlossen werden können, zeigt Art. 9 Abs. 3 der 6. MwSt-Richtlinie. Dieser ermöglicht es den Mitgliedstaaten ausdrücklich zur Vermeidung derartiger Wirkungen

a) den Ort einer Dienstleistung, der nach diesem Artikel im Inland liegt, so zu behandeln, als läge er außerhalb der Gemeinschaft, wenn dort die tatsächliche Nutzung oder Auswertung erfolgt;

b) den Ort einer Dienstleistung, der nach diesem Artikel außerhalb der Gemeinschaft liegt, so zu behandeln, als läge er im Inland, wenn dort die tatsächliche Nutzung oder Auswertung erfolgt.

Somit wäre auch die Verlagerung des Leistungsortes vom Drittland an den Sitz eines privaten Leistungsempfängers in der EU möglich, um eine Besteuerung im Land des Verbrauchs zu verwirklichen. Jedoch bestehen von Seiten der Steuerbehörden große Bedenken hinsichtlich der Realisierbarkeit und Kontrollierbarkeit des Steueranspruchs. Für Telekommunikationsdienstleistungen, die von Drittlandsunternehmen an Nichtsteuerpflichtige in der EU erbracht werden, wurde zwar durch eine Änderung der 6. MwSt-RL die Verlagerung des Leistungsor-

---

222 Zur Sicherung des sich durch diese Ortsregelungen ergebenden Steueranspruchs in der EU sieht Art. 21 der 6. MwSt-RL vor, dass der Leistungsempfänger (Unternehmen) bei sonstigen Leistungen eines im Ausland ansässigen Unternehmens zum Steuerschuldner wird (reverse charge). Der Leistungsempfänger hat demnach die Steuer einzubehalten und an das für ihn zuständige Finanzamt abzuführen. In Deutschland wird in bestimmten Fällen die so genannte Null-Regelung (die zu zahlende Umsatzsteuer könnte in voller Höhe als Vorsteuer abgezogen werden) angewandt, so dass die Verpflichtung zur Einbehaltung und Abführung der Umsatzsteuer entfällt Das Abzugsverfahren in Kombination mit der Null-Regelung ist eine Sonderform der Reverse charge-Regelung der EU.

tes in das Inland verpflichtend, jedoch wurde gleichzeitig geregelt, dass die Steuerschuld dennoch beim leistenden Unternehmen verbleibt.[223]

Diese Ortsbestimmungen für Dienstleistungen folgen der Zielsetzung, dass auch bei Umsätzen mit Dienstleistungen die Steuereinnahmen grundsätzlich dem Staat zufließen sollen, in dem der Verbrauch stattfindet. Als Hintergrund zur Entstehung dieser Regelungen ist zu beachten, dass Dienstleistungen lange Zeit mit den Merkmalen „nicht lagerbar" und „nicht transportierbar" charakterisiert wurden[224], so dass angenommen wurde, Dienstleistungen würden i. d. R. am Ort ihrer Verwertung produziert und daher bestehe eine räumliche Nähe zwischen Dienstleistungserbringer und –empfänger. Dann führt auch der Grundsatz gemäß Art. 9 Abs. 1 der 6. MwSt-RL zu einem Steuerzufluss im Verbrauchsland.

Da umfangreiche grenzüberschreitende Dienstleistungsumsätze nicht erwartet wurden, bezogen sich die umsatzsteuerlichen Regelungen im Rahmen des Binnenmarktes zu Anfang nahezu nur auf den Warenverkehr. Der europäische Binnenmarkt und die Globalisierung haben jedoch dazu geführt, dass auch Dienstleistungen zunehmend grenzüberschreitend bezogen werden und der ursprünglichen Logik des Umsatzsteuergesetzgebung nicht weiter folgen. Später wurden daher die umsatzsteuerlichen Regelungen für Dienstleistungen schrittweise erweitert.[225]

Dabei wurden, um das Ziel einer Verbrauchslandbesteuerung zu realisieren, für jede Art von Dienstleistung von der Grundregel abweichende Ortsbestimmungen aufgenommen.[226] Da sich somit die Bestimmung des Leistungsortes auf den jeweiligen Inhalt jeder einzelnen Dienstleistung bezieht, besteht heute ein kompliziertes System der Umsatzbesteuerung von Dienstleistungen. Die damit einhergehende *Intransparenz* – auch aufgrund unterschiedlicher verfahrensrechtlicher Vorschriften innerhalb der EU – bewirkt für die am internationalen Handel Beteiligten außerordentliche praktische Probleme[227].

---

[223] Vgl. VELLEN, Michael (1999), S. 349ff.
[224] Vgl. MALERI, Rudolf (1994), S .89-101.
[225] Vgl. SIKORSKI, Ralf (2000), S. 155f.
[226] Vgl. VELLEN, Michael (1998), S. 275-278.
[227] Vgl. WINTER, Matthias (2000), S. 460ff.

## 3. Derzeitige Besteuerung der Umsätze im Electronic Commerce

### *3.1 Einführung*

Im Rahmen des elektronischen Handels wird für Zwecke der Umsatzbesteuerung häufig zwischen so genannten Offline- und Online-Umsätzen unterschieden. Unter die Offline-Umsätze fallen alle Lieferungen von physischen Gegenständen und die Erbringung traditioneller Dienstleistungen. Die Offline-Umsätze sind identisch mit den dargestellten Fällen des elektronischen Handels mit nicht in digitaler Form vorliegenden Gütern oder Dienstleistungen (z. B. Bestellungen über das Internet)[228]. Online-Umsätze bewirken dagegen analog zum reinen (digitalisierten) elektronischen Handel, dass digitale Produkte gehandelt und über das Netz bezogen werden können.[229]

Im internationalen elektronischen Handel mit nicht digitalen Gütern und Dienstleis-tungen, den Offline-Umsätzen, ergeben sich keine grundsätzlichen Veränderungen des Verfahrens zur Umsatzbesteuerung. Bei Lieferungen von physischen Gütern ist eine Durchsetzung der Besteuerung nach dem Verbrauchslandprinzip durch die Einfuhrumsatzsteuer gewährleistet[230]. Dagegen kommt es bereits in einigen Fällen grenzüberschreitender traditioneller Dienstleistungen zu Verzerrungen des Handels, so dass von wissenschaftlicher Seite grundsätzlicher Anpassungsbedarf bei den die Dienstleistungen betreffenden Regelungen gesehen wird[231]. Auf die Erbringung von grenzüberschreitenden Dienstleistungen an Privatpersonen, wie sie im Rahmen des E-Commerce zunehmend stattfinden, sind die Umsatzsteuerregelungen nicht ausgerichtet.[232] In der aktuellen steuerpolitischen Diskussion zur Umsatzbesteuerung des elektronischen Handels wird jedoch eine grundlegende Neugestaltung der Regelungen für Dienstleistungen nicht in Betracht gezogen. Stattdessen soll auf Ebene der EU eine Ergänzung des Artikels 9 der 6. EG-Richtlinie erfolgen. Die folgende Untersuchung beschränkt sich daher im Wesentlichen auf den Regelungsbedarf, der sich durch den (reinen) elektronischen Handel mit digitalen Produkten bzw. Online-Umsätze ergibt.

---

228 Vgl. Erster Teil, Abschnitt C, Kapitel 1.2.

229 Vgl. KREIENBAUM, Martin (2000), S. 8f.

230 Zu rechnen ist allerdings mit administrativen Problemen der Zollverwaltungen bei einer quantitativen Zunahme von Lieferungen aus dem Ausland an Privatpersonen. Vgl. dazu VELLEN, Michael (1998), S. 276.

231 Vgl. SCHEFFLER, Wolfram (1994), S. 317ff.

232 Vgl. VERMEULEN, Robert M./VEELEN, Clarinca van (1999), S. 5.

### *3.2 Klassifizierung der digitalen Produkte als Dienstleistungen*

Wie oben dargestellt, bezweckt § 3 des Umsatzsteuergesetzes, dass grundsätzlich alle Umsätze, auch die im elektronischen Handel, erfasst werden. Offline-Transaktionen, die die Lieferung eines Gegenstandes bewirken, werden durch die für Lieferungen maßgeblichen Vorschriften geregelt. Werden dagegen digitale Produkte gehandelt, so werden diese Transaktionen aufgrund der negativen Abgrenzung von den Lieferungen unabhängig von der Art der digitalen Produkte durch die Regelungen zu den sonstigen Leistungen erfasst. In den „Taxation Framework Conditions“[233] wurde – wie später noch eingehender erläutert wird – auch auf Ebene der OECD festgelegt, dass Umsätze mit digitalen Produkten nicht als Lieferung von Gegenständen zu behandeln sind[234].

### *3.3 Ortsregelungen für digitale Produkte*

Da es sich bei digitalen Produkten um Dienstleistungen gemäß Art. 6 Abs. 1 der 6. MwSt-RL handelt, wird der Ort der Leistung zunächst nach der Grundregel in Art. 9 Abs. 1 der 6. MwSt-RL bestimmt. Demgemäß ist der Ort der sonstigen Leistung der Sitz des leistenden Unternehmens. Wie bereits dargestellt, führt die Anwendung der Grundregel bei grenzüberschreitendem Handel mit digitalen Produkten nicht zu einem Steuerzufluss im Verbrauchsland.

Obwohl elektronisch erbrachte Dienstleistungen noch nicht explizit bei Aufstellung der Ortsregelungen berücksichtigt wurden, können Online-Umsätze aufgrund der Leis-tungsinhalte in den Anwendungsbereich der Ausnahmeregelungen fallen. Dabei kommt insbesondere eine Einordnung als Übertragung von Urheberrechten, eine als Datenverarbeitung oder als Informationsüberlassung in Betracht. In der wissenschaftlichen Diskussion herrscht keine Einigkeit hinsichtlich der Einordnung digitaler Produkte und somit der Bestimmung des Ortes der Leistung. Die Finanzverwaltung hat zunächst nur den Handel mit Individualsoftware als Überlassung von Informationen charakterisiert. Mittlerweile werden darunter jedoch jegliche Umsätze mit digitalen Produkten eingeordnet, so dass diese in den Anwendungsbereich des § 3a Abs. 4 Nr. 5 fallen.[235]

Abweichend davon vertreten KÖHLER/ARNDT die Auffassung, dass „keiner der Katalogtatbestände des § 3a Abs. 4 UStG auf die momentan relevanten Down-

---

233 OECD (1998).

234 Detaillierter dazu siehe Abschnitt B.

235 Vgl. UStR 2000 Abschnitt 25 Abs. 2 Nr. 7 und BMF (2001).

loading-Konstellationen im Internet anwendbar ist.“[236] Dies würde bedeuten, dass sowohl bei Leistungen an Unternehmen als auch bei Leistungen an Privatpersonen die Grundregel den Leistungsort bestimmen und ein Steuerzufluss im Verbrauchsland nicht realisiert würde. Daher würdigen sie die Einordnung der Finanzverwaltung als „Ergebnis allein zielorientierter Auslegung“[237].

### *3.4 Wirkungen der aktuellen Umsatzsteuerregelungen*

Abbildung 6 verdeutlicht die Wirkungen der aktuellen Umsatzsteuerregelungen im Electronic Commerce zwischen EU-Ländern und einem Drittland am Beispiel der USA. Dabei wurde angenommen, dass die Dienstleistung eine Übertragung von Software ist, die nach h. M. – als Überlassung von Informationen – in den Anwendungsbereich der Katalogleistungen fällt. Dies bedeutet, dass bei Leistungen an ein Unternehmen in der EU eine Dienstleistung dort ausgeführt wird, wo der Leistungsempfänger sein Unternehmen oder seine Betriebsstätte betreibt. Der Steueranspruch soll durch Anwendung des Reverse charge-Verfahrens[238] beim Leistungsempfänger realisiert werden. Für Leistungen an Privatpersonen (P) in der EU bleibt es bei der Grundregel, wonach die Leistung am Ort des leistenden Unternehmens erbracht wird. Da innerhalb der USA keine bundesweite allgemeine Verbrauchsteuer existiert und die von den einzelnen Bundesstaaten oder Gemeinden erhobenen sales taxes i. d. R. nur die Lieferung von Gegenständen erfassen, werden Umsätze des Electronic Commerce mit digitalen Produkten in den USA nicht mit Umsatzsteuer belastet.[239] Somit werden auch Leistungen an Privatpersonen innerhalb der EU steuerfrei erbracht. Im Falle von Leistungen eines EU-Unternehmens an Unternehmen oder Privatpersonen (P) in Drittländern gilt die Dienstleistung als am Ort des Leistungsempfängers ausgeführt, kann daher von europäischen Dienstleistern steuerfrei exportiert werden.

Die Abbildung zeigt, dass die geltenden Regelungen zu Wettbewerbsverzerrungen zwischen leistenden Unternehmen (U) aus EU-Ländern und solchen aus Drittländern führen, wenn digitale Produkte an Privatpersonen (P) in die EU geliefert werden[240]. Diese Verzerrungen treten auf, wenn der Leistungsort im

---

236 KÖHLER, Markus/ARNDT, Hans-Wolfgang (2000), S. 83.

237 Ebenda, S. 82.

238 Vgl. FN 222.

239 Vgl. VELLEN, Michael (2000), S. 221ff.

240 Vgl. KOMMISSION DER EUROPÄISCHEN GEMEINSCHAFTEN (2000b), S. 7f.

Drittland (Ort des leistenden Unternehmens) liegt und dort ein Steuersatz angewendet wird, der von dem innerhalb der EU anzuwendenden abweicht. Wettbewerbsnachteile der europäischen Leistungserbringer ergeben sich dann, wenn im Drittland mit einem geringeren Steuersatz besteuert wird, bzw. – wie im Falle der USA – keine Umsatzsteuer erhoben wird. Da die USA ein bedeutender (Netto-)Exporteur digitaler Produkte (insbesondere Software) sind, werden Wettbewerbsverzerrungen insbesondere im Verhältnis zu den USA gesehen.[241]

**Abbildung 6** Wirkung des geltenden Umsatzsteuerrechts im Handel mit digitalen Produkten zwischen EU-Mitgliedsländern und einem Drittland (USA) gemäß § 3a Abs. 4 Nr. 5 UStG

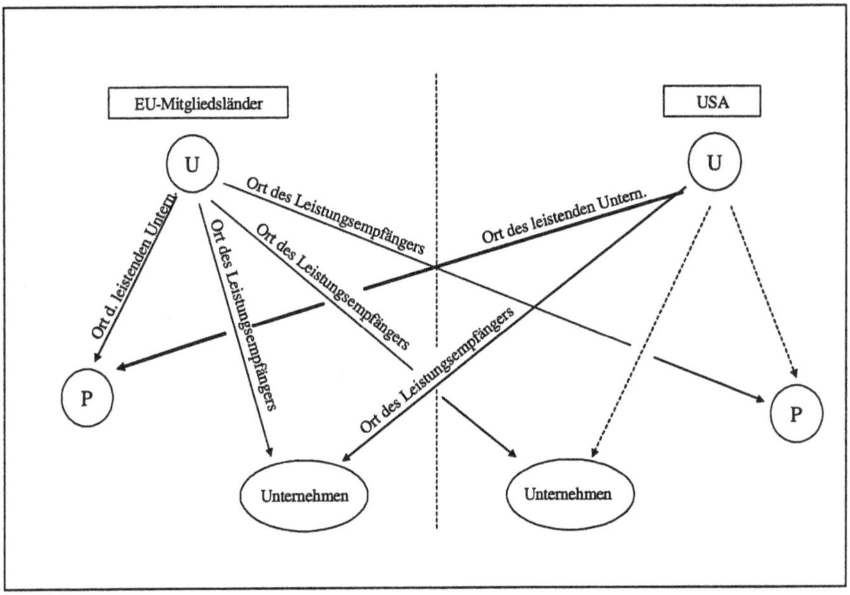


Quelle: Eigene Darstellung.

241 Werden Leistungen wie die Übertragung von Software oder elektronischen Zeitschriften nicht als Überlassung von Informationen angesehen, sondern in den Geltungsbereich des Grundsatzes gemäß § 3 a Abs. 1 eingeordnet, so würden sich auch auf dem Markt im Drittland Wettbewerbsverzerrungen ergeben, da demgemäß bei Leistungen eines EU-Unternehmens in ein Drittland der Ort der Besteuerung der Sitzstaat des leistenden Unternehmens ist, vgl. KÖHLER, Markus/ ARNDT, Hans-Wolfgang (2000), S. 84.

Über die dargestellten Wettbewerbsverzerrungen hinaus bieten diese Regelungen steuerliche Gestaltungsmöglichkeit, indem europäische Unternehmen einen Sitz oder eine Betriebsstätte in steuergünstigen Drittländern errichten, von wo aus sie dann (digitale) Leistungen an Kunden in der EU erbringen[242].

Ist es verfahrenstechnisch nicht gewährleistet, dass Exporte in Drittländer tatsächlich von der Umsatzsteuer befreit sind[243], so dass Umsatzsteuer in den Exportpreisen verbleibt, treten in diesen Fällen auch Wettbewerbsnachteile für EU-Unternehmen auf, da deren Produkte auf dem US-Markt u. U. mit unbelasteten inländischen Produkten konkurrieren.[244]

Zusätzlich zu den Wettbewerbsverzerrungen zwischen Anbietern aus der EU und aus Drittländern zeigen sich Verzerrungen innerhalb des Binnenmarktes. Die EU-weiten Regelungen zum Versandhandel von Gütern vermeiden gravierende Wettbewerbsverzerrungen, die aufgrund der bestehenden Unterschiede in den Steuersätzen innerhalb des Binnenmarktes auftreten können. Da diese aber nicht für Dienstleistungen gelten, können Dienstleistungsanbieter aus Mitgliedstaaten mit niedrigen Steuersätzen bei Erbringung von Leistungen an Privatpersonen Wettbewerbsvorteile innerhalb des Binnenmarktes nutzen.[245]

Neben den dargestellten Wettbewerbsverzerrungen, die daraus resultieren, dass sich die Umsatzbesteuerung bei Dienstleistungen nicht nach dem Belastungsniveau des Marktes bestimmt, auf dem sie angeboten werden, kommt eine weitere Dimension von Verzerrungen hinzu. Diese zeigen sich, wenn substituierbare physische und digitale Produkte auf demselben Markt unterschiedlich besteuert werden. So wird z. B. bei Lieferungen von digitalen Zeitschriften oder Büchern an Privatpersonen durch Anbieter aus den USA keine, von Anbietern aus der EU jedoch Umsatzsteuer in Höhe von 16 % erhoben und gleichzeitig gilt für traditionelle Zeitschriften und Bücher in Deutschland ein ermäßigter Umsatzsteuer-

---

242 Vgl. BOEHME-NEßLER, Volker (2001a), S. 198f. Mit welchem Aufwand eine derartige Verlagerung verbunden ist, wird u. a. davon abhängen, ob ein Server als Betriebsstätte im Sinne der Umsatzsteuergesetzgebung gelten kann. Gemäß der Rechtsprechung des Europäischen Gerichtshofs ist ein einzelner Server ohne Personal keine Betriebsstätte im Sinne des Umsatzsteuerrechts. Allerdings ist in jedem Fall die Verlagerung oder Gründung einer Betriebsstätte des elektronischen Handels mit weniger Aufwand verbunden als bei klassischen Betriebsstätten.

243 Vgl. KOMMISSION DER EUROPÄISCHEN GEMEINSCHAFTEN (2000b), S. 7.

244 Es sind jedoch nicht alle Umsätze des Electronic Commerce in den USA unbelastet. So können je nach den bundesstaatlichen oder lokalen Regelungen zumindest Umsätze mit Dienstleistungen innerhalb einer Jurisdiktion steuerpflichtig sein.

245 Vgl. HARLEY, Gary (1999), S. 10f.

satz von 7 %.[246] In der Diskussion dieses Problems zeigen sich abweichende Einschätzungen darüber, inwieweit es sich tatsächlich um grundsätzlich substituierbare Produkte handelt, die sich nur hinsichtlich der Distributionswege unterschieden. Ob bestimmte Arten von digitalen und physischen Produkten als Substitute angesehen werden und damit die relativen Preise Auswirkungen auf die Konsumentscheidung haben, wird dadurch bestimmt, ob diese Produkte in den Augen der Konsumenten die gleichen Bedürfnisse befriedigen.[247] Wird dies bejaht, so darf in einem effizienten Steuersystem die Wahl des Distributionsmediums nicht das Niveau der Besteuerung bestimmen.[248] Dabei ist zu betonen, dass eine Verzerrung durch Veränderung der relativen Preise nur entstehen kann, wenn unterschiedliche Steuersätze für digitale und physische Produkte – z. B. ein ermäßigter Steuersatz und ein Normalsteuersatz – gelten. Somit würden derartige Verzerrungen auch durch eine Harmonisierung der Steuersätze auf alle Güter vermieden werden können.

Abgesehen von den Wettbewerbsverzerrungen bewirkt die derzeitige Umsatzsteuergesetzgebung Einnahmeverluste der EU-Mitgliedstaaten in den Fällen, in denen eine Verbrauchslandbesteuerung aufgrund der geltenden Ortsregelungen, so beim Bezug von digitalen Produkten durch Privatpersonen von Anbietern in Drittländern, nicht stattfindet. Darüber hinaus kommt es in der Praxis des elektronischen Handels auch in Fällen, in denen materiell-rechtlich eine Besteuerung am Verbrauchsort vorgesehen ist, teilweise zu Nicht- oder Doppelbesteuerung, da die Regelungen aufgrund ihrer Komplexität von den Beteiligten kaum einzuhalten sind[249]. Zwar ist der Betrag der entgangenen Steuer (noch) recht gering, dennoch ist dieser Effekt einer teilweisen Nichtbesteuerung relevant, da dadurch die angestrebte Wirkung einer allgemeinen Verbrauchsteuer durchbrochen wird. Von Seiten der Steuerbehörde liegen keine Daten über die Höhe des Steuerentgangs vor. Aus dem bisher geringen Umsatzanteil des elektronischen Handels können jedoch Rückschlüsse auf eine ebenfalls noch geringe Summe an entgangener Umsatzsteuer gezogen werden. Führen Wettbewerbsverzerrungen dazu, dass Unternehmen des E-Commerce ihren Unternehmenssitz in jene Länder verlagern, die von den Verzerrungen profitieren, so ergeben sich weitere Ver-

---

246 Vgl. REIß, Wolfram (1998/1999), S. 405f. Noch gravierender wären die Verzerrungen bei elektronischen Zeitungen oder Zeitschriften in Großbritannien, wo der Normalsteuersatz 17,5 % und für Printmedien ein Steuersatz von Null gilt, vgl. EUROPÄISCHE KOMMISSION (2001).

247 Vgl. KÖTHENBÜRGER, Marko/RAHMANN, Bernd (1999), S. 81.

248 Vgl. GLOBAL BUSINESS DIALOGUE ON ELECTRONIC COMMERCE (2000), S. 1.

249 Vgl. BENDLINGER, Stefan (1999), S. 310.

luste bei den Steuereinnahmen sowohl im Bereich der Umsatzsteuer aber insbesondere auch der Ertragsteuern.

Wie bereits gezeigt wurde[250], liegen detaillierte Umsatzzahlen zum Handel mit digitalen Produkten bisher nicht vor. Da darüber hinaus die Prognosen von Marktforschungs- und Beratungsunternehmen stark voneinander abweichen und nur sehr bedingt ein realistisches Bild des Marktpotentials im Electronic Commerce liefern, kann die quantitative Dimension der Umsatzbesteuerung digitaler Produkte zurzeit nicht abgeschätzt werden. Die skizzierten Umsatzzahlen lassen allerdings vermuten, dass die entgangenen Umsatzsteuereinnahmen heute noch nicht sehr groß sind, jedoch „zeigt sich, daß in den USA und auch in Europa Umsätze mit enormen Steigerungsraten (...) zu erwarten sind“[251].

Die oben dargestellten Wirkungen der Umsatzsteuerregelungen beziehen sich nur auf den Handel mit Dienstleistungen. Abschließend wird die Betrachtung auf den grenzüberschreitenden internationalen Handel ausgeweitet, da diese Perspektive in der Diskussion nicht völlig unbeachtet bleiben sollte. Es zeigt sich, dass auch die Regelungen zur Umsatzbesteuerung physischer Güter aus Sicht der E-Commerce-Unternehmen als nicht befriedigend angesehen werden. Zwar kann durch die Zollabfertigung und die Erhebung der Einfuhrumsatzsteuer die Durchsetzung der Besteuerung gesichert werden, gleichzeitig werden dadurch jedoch Restriktionen für den internationalen Handel bewirkt. So können die Händler den Kunden keine endgültigen Preise angeben und die Transportzeiten werden verzögert. Dies steht im Widerspruch zu der Hoffnung, dass gerade vom E-Commerce Impulse für den internationalen Handel ausgehen werden.[252]

---

[250] Vgl. Erster Teil, Abschnitt C, Kapitel 3.3.

[251] HERRMANNS, Arnold/SAUTER, Michael (1999), S. 21.

[252] Vgl. OECD/CONSUMPTION TAX TAG (2000), S. 15.

## B. Reform der Umsatzbesteuerung im elektronischen Handel

### 1. Anforderungen an ein rationales System zur internationalen Umsatzbesteuerung digitaler Produkte

In der Finanzwissenschaft werden Anforderungen aufgestellt, die allgemeingültig zur Bewertung von Steuersystemen heranzuziehen sind. Erfüllt ein Steuersystem diese Anforderungen, so gilt es als rationales oder effizientes Steuersystem. Auch auf ein System der Umsatzbesteuerung lassen sich diese allgemeinen Anforderungen anwenden. Es werden im Folgenden diejenigen Kriterien vorgestellt, die im weiteren Verlauf der Untersuchung zur Beurteilung der zur Diskussion stehenden Erhebungsmodelle genutzt werden.

**Neutralität der Besteuerung**

a) Aus ökonomischer Perspektive sollte ein Steuersystem so gestaltet sein, dass die wirtschaftlichen Entscheidungen auf den Märkten möglichst wenig beeinträchtigt werden und somit eine effiziente Allokation nicht verhindert wird (Wettbewerbsneutralität).[253]

   Wettbewerbsneutralität im Rahmen der Umsatzbesteuerung bedeutet zum einen, dass die relative Vorteilhaftigkeit des Konsums eines bestimmten Produktes nicht durch die Besteuerung beeinflusst wird, so dass eine Substitution hin zu einem geringer besteuerten Produkt stattfindet. Zum anderen erfordert Neutralität im Kontext des internationalen Handels die gleiche Steuerbelastung identischer Produkte auf einem nationalen Markt unabhängig von dem Herkunftsland des Produktes.[254]

b) Die Neutralitätsanforderung bezieht sich auch auf die tatsächliche Verteilung der Steuerlast. Ein Maßstab dafür liefert der Gleichheitssatz des Art. 3 Abs. 1 GG. Das Bundesverfassungsgericht hat diese Anforderung konkretisiert[255]: Die Gleichmäßigkeit der Besteuerung muss demnach sowohl eine Gleichheit der normativen Steuerpflicht als auch eine Gewährleistung der steuerlichen Belastungsgleichheit in der Praxis durch die Steuerkontrolle umfassen. Eine Realisierung dieser Anforderung bedeutet, dass der steuerliche Zugriff auf den Steuertatbestand unausweichlich sein muss[256].

---

[253] Vgl. MUSGRAVE, Richard A. (1988), S. 8 und PEFFEKOVEN, Rolf (1983), S. 225f.

[254] Vgl. KÖTHENBÜRGER, Marko/RAHMANN, Bernd (1999), S. 72f.

[255] Vgl. Urteil des BVerfG v. 27.6.1991 – 2 BvR 1493/89.

[256] Vgl. KIRCHHOF, Paul (1999/2000), S. 21f.

**Wirtschaftlichkeit der Besteuerung**

Nach diesem Grundsatz ist ein Besteuerungssystem so zu gestalten, dass:

a) die Last, die durch die Erfüllung der Steuerpflicht – Ermittlung und Bezahlung der Steuerschuld – entsteht, so gering wie möglich ist (Entrichtungsbilligkeit)[257];

b) der Aufwand, der dem Staat aus der Besteuerung entsteht, minimiert wird. Diese Anforderung kann durch verwaltungstechnische Einfachheit der Besteuerung realisiert werden (Erhebungsbilligkeit).

Insgesamt sind daher die direkten Kosten eines Steuersystems in Form der Verwaltungskosten der Finanzverwaltung und die indirekten Kosten, die beim Steuerzahler entstehen, zu minimieren. Die Höhe beider Kostenarten wird insbesondere von der Komplexität eines Steuersystems bestimmt.[258]

**Transparenz und Verständlichkeit der Besteuerung**

Ein Steuersystem sollte transparent machen, wer die Last der Steuer trägt[259] und für die Steuerzahler verständlich sein[260].

**Flexibilität der Besteuerung**

Es sollte möglich sein, das Steuersystem an veränderte wirtschaftliche Bedingungen anzupassen[261]. Eine Umsatzbesteuerung im Kontext des elektronischen Handels sollte auch in Bezug auf Veränderungen der technischen Rahmenbedingungen flexibel sein.

In der praktischen Ausgestaltung eines Steuersystems zeigt sich, dass kaum alle diese Anforderungen gleichermaßen zu erfüllen sind, da sich Konflikte zwischen einzelnen Zielen ergeben. So zeigt sich im Allgemeinen ein Zielkonflikt zwischen der Wettbewerbsneutralität und der Gleichheit der Besteuerung (horizontale und vertikale Gleichheit). Im Rahmen des E-Commerce wird insbesondere der Konflikt zwischen dem Ziel der Neutralität und der Wirtschaftlichkeit von Bedeutung sein.[262] Da im Gegensatz zum traditionellen Handel allein die leistenden Unternehmen über alle steuerrelevanten Daten der Umsätze verfügen

---

257 Vgl. PEFFEKOVEN, Rolf (1996), S. 61.

258 Vgl. STIGLITZ, Joseph E. (1989), S. 412f.

259 Vgl. ebenda, S. 416.

260 Vgl. MUSGRAVE, Richard A. (1988), S. 9.

261 Vgl. STIGLITZ, Joseph E. (1989), S. 413f.

262 Vgl. KÖTHENBÜRGER, Marko/RAHMANN, Bernd (1999), S. 72.

(asymmetrische Informationen), müssen die Steuerbehörden den Unternehmen umfassende Pflichten z. B. der Dokumentation auferlegen, die die Kosten der Erfüllung der Steuerpflicht (compliance costs) durch die Unternehmen erhöhen.

Neben den dargestellten ökonomischen Anforderungen an ein Steuersystem wird die Ausgestaltung in der Praxis insbesondere durch Faktoren bestimmt, die Einfluss auf die politische Umsetzbarkeit der Regelungen haben. Wesentlich dafür sind bspw. die Eingriffstiefe in die steuerpolitische Souveränität der Staaten, die Notwendigkeit eines Systemwechsels oder die Intensivierung des Steuerwettbewerbs.

## 2. Internationale Abstimmung zur Implementierung einer Umsatzbesteuerung im elektronischen Handel

### *2.1 Weichenstellung für einen Lösungsansatz durch internationale Abstimmung*

In den Jahren 1995 bis 1997 wurde auf internationaler Ebene begonnen, über die Implikationen der Informationstechnologie und des Electronic Commerce für die Steuerpolitik zu diskutieren.[263] Eine um konkrete Lösungsansätze bemühte Diskussion sowohl im Bereich der Ertragsbesteuerung als auch der Umsatzbesteuerung wird auf der Ebene der OECD unter Mitwirkung der EU geführt[264], beginnend mit den Konferenzen in Turku (1997) und Ottawa (1998).[265] Die OECD verfolgt in dem Diskussionsprozess einen Ansatz, der sowohl Vertreter von Nicht-OECD-Ländern als auch der Wirtschaft einbezieht. Die Notwendigkeit eines internationalen Ansatzes ergibt sich, da 28 der 29 OECD-Länder und weltweit über 100 Staaten ein Umsatzsteuersystem eingerichtet haben.

---

[263] Die ersten Arbeiten mit detaillierten Aussagen zur Steuerpolitik wurden 1996 vom US-Finanzministerium und im Jahr 1997 von der OECD veröffentlicht.

[264] Innerhalb des *Committee on Fiscal Affairs* der OECD werden spezielle Fragen der Umsatzsteuer in der *Working Party No. 9* (consumption taxes) und deren spezieller subgroup zum Electronic Commerce analysiert. Neben diesen Gremien, die ausschließlich mit Regierungsvertretern der OECD-Mitgliedsländer besetzt sind, wurden beratende Gremien (*Technical Advisory Groups/TAGs*) eingerichtet, denen auch Vertreter aus Nicht-OECD-Staaten und aus der Wirtschaft angehören. In Bezug auf die Umsatzbesteuerung des Electronic Commerce sind insbesondere die Arbeiten der *Consumption Tax TAG* und der *Technology TAG* von Interesse.

[265] Einen Überblick über die bisherige Diskussion geben KORF, Ralph/SOVINZ, Stefan (1999a) S. 314ff. und VELLEN, Michael (2000), S. 219ff.

In den in Ottawa aufgestellten „Taxation Framework Conditions“ wurden bereits drei die weitere internationale steuerpolitische Diskussion bestimmende Prämissen für eine Umsatzbesteuerung digitaler Produkte aufgestellt.[266]

(1) Das für die Umsatzsteuer bereits international etablierte Konzept des *Verbrauchslandprinzips*[267] soll auch für die Abgrenzung der Besteuerungsrechte im internationalen elektronischen Handel gelten.

(2) Umsätze mit digitalen Produkten sind *nicht als Lieferung von Gütern* zu behandeln. Dies bedingt, je nach Ausgestaltung der nationalen Regeln, eine Charakterisierung als Dienstleistung oder als „intangible property“.[268]

(3) Werden digitale Dienstleistungen an Unternehmen oder Organisationen erbracht, so soll ein Mechanismus der *Selbstveranlagung* (reverse charge) zur Erhebung der Umsatzsteuer implementiert werden.

Die Einigung auf die erste Prämisse ergibt sich aus dem Bestreben, die bestehenden Besteuerungsregeln, soweit möglich, auf die Umsatzbesteuerung digitaler Produkte zu übertragen. Die Entscheidung für das Verbrauchslandprinzip vermag zwar einerseits ein insgesamt konsistentes System der Umsatzsteuer zu schaffen, impliziert andererseits jedoch große verfahrenstechnische Herausforderungen für die weitere praktische Umsetzung. Mit der dritten Prämisse soll für die praktische Umsetzung der Besteuerung von Umsätzen zwischen Unternehmen (Steuerpflichtigen) ebenfalls ein Mechanismus übernommen werden, der sich in der Umsatzbesteuerung physischer Güter bereits bewährt hat. Somit verbleibt für die weitere steuerpolitische Arbeit - unter der Annahme, dass eine Selbstveranlagung der Unternehmen verfahrenstechnisch realisiert werden kann - als herausragende Aufgabe die Suche nach einem Verfahren zur Umsatzbesteue-

---

266 Vgl. OECD (1998), S. 5.

267 Dies entspricht dem im Rahmen der EU-Regelungen vorgestellten Bestimmungslandprinzip. Im Folgenden wird der Begriff Verbrauchslandprinzip entsprechend der internationalen Diskussion verwendet.

268 Innerhalb der EU folgt aus der dargestellten Abgrenzung der MwSt-RL nach h. M. eine eindeutige Einordnung als Dienstleistung. Allerdings ist dies nicht völlig unumstritten, da es zu Ungleichbehandlungen im Vergleich zu Lieferungen „physikalischer Gegenstücke“ kommen könne; vgl. LANGE, Hans-Friedrich (2001), S. 832. Andere Staaten, wie die USA, unterscheiden drei Kategorien von Umsätzen: Güter, „intangible properties“ und Dienstleistungen. Die negative Abgrenzung der OECD lässt die konkrete Charakterisierung bewusst offen, da nicht in allen Umsatzsteuersystemen Dienstleistungen in die Besteuerung einbezogen sind.

rung digitaler Produkte, die an Privatpersonen[269] geliefert werden. Damit ist auch der Schwerpunkt der weiteren Untersuchungen in dieser Studie gelegt.

Für die Ausgestaltung der Rahmenbedingungen zur Umsatzbesteuerung digitaler Produkte wurden auf Ebene der OECD in den „Taxation Framework Conditions" Grundsätze – *Neutralität, Effizienz, Einfachheit, Effektivität und Flexibilität* – festgelegt[270], die den in Kapitel 1 dargestellten Anforderungen an ein rationales Steuersystem weitgehend entsprechen.

Die internationale steuerpolitische Diskussion beschränkt den Fokus nahezu ausschließlich auf die Umsatzbesteuerung des elektronischen Handels mit digitalen Produkten, da hier Wettbewerbsprobleme als bedeutend angesehen und Steuerverluste befürchtet werden. Eine allgemeine Anpassung der Regelungen zur Umsatzbesteuerung an die Anforderungen eines insgesamt zunehmenden internationalen Handels wird nicht angestrebt[271].

## 2.2 *Grundsätzliche Möglichkeiten einer Erhebung der Umsatzsteuer gemäß dem Verbrauchslandprinzip*

### 2.2.1 *Einführung*

Um eine Umsatzbesteuerung zu verwirklichen, die den Vorgaben der OECD und den dargestellten Anforderungen aus der Analyse rationaler Steuersysteme genügt, müssen die national geltenden Regelungen unter verschiedenen Perspektiven überarbeitet und/oder ergänzt werden. So sind materiell-rechtliche Bestimmungen aufzustellen, die die Orte des Verbrauchs bzw. der Besteuerung nach dem Verbrauchslandprinzip von digitalen Produkten festlegen (vgl. folgender Abschnitt C, Kapitel 2). Dafür müssen zunächst klare und international kompatible umsatzsteuerrechtliche Abgrenzungen der digitalen Produkte als Dienstleistungen oder „intangible property" erzielt werden, da nur dann neben der Verwirklichung des Ziels der Verbrauchslandbesteuerung gleichzeitig Nicht-

---

269 Die Problemstellung beschränkt sich damit auf einen Teil des Business-to-Consumer (B2C) Handels.

270 Vgl. OECD (1998), S. 4.

271 So haben die Ausführungen in Abschnitt A, Kapitel 2 gezeigt, dass die derzeitigen Regelungen für Dienstleistungen insgesamt eine hohe Komplexität aufweisen. Darüber hinaus lässt auch der zunehmende internationale Handel mit physischen Gütern, die an Privatpersonen geliefert werden, Schwierigkeiten bei der Abwicklung der Einfuhrumsatzsteuer erwarten.

oder Doppelbesteuerungen vermieden werden können. Dies hat auch die OECD im Rahmen der Agenda zu den Taxation Framework Conditions eingefordert.[272]

Neben materiell-rechtlichen Anpassungen, die den Verbrauchsort für digitale Produkte eindeutig festlegen, muss das Ziel der Verbrauchsortbesteuerung verfahrenstechnisch abgesichert werden, so dass eine Realisierung der durch das materielle Recht geschaffenen Steueransprüche in der Praxis möglich ist. Dabei sind die technischen (basierend auf den technischen Grundlagen des Internet) und die institutionellen Rahmenbedingungen des elektronischen Geschäftsverkehrs zu berücksichtigen, da sich gerade hieraus die besonderen verfahrenstechnischen Schwierigkeiten bei der Umsatzbesteuerung digitaler Produkte ergeben.

Im Rahmen der OECD-Konferenz in Ottawa wurde zwar ein allgemeiner Konsens über die zu verfolgenden Grundsätze erreicht, es ist jedoch absehbar, dass verschiedene Interessengruppen (Politik und Wirtschaft) im Verlauf der Diskussion konkreter Besteuerungsmodelle eine unterschiedliche Gewichtung von Einzelzielen vornehmen werden. Möglicherweise werden große Unternehmen[273] mit einem Lösungsansatz zufrieden sein, der die Wettbewerbsverzerrungen zwischen ihnen weitgehend beseitigen kann[274], jedoch weder das Potential für verbleibende Verzerrungen zu kleinen und mittleren Unternehmen beseitigt noch Neutralität in der Belastungswirkung der Besteuerung erreicht. Auch innerhalb der politischen Vertreter ist nicht automatisch von einheitlichen Interessen auszugehen. So sind Differenzen zwischen Staaten mit und ohne allgemeinem Umsatzsteuersystem, zwischen Export- und Importländern oder zwischen Industrie- und Entwicklungsländern denkbar. Insgesamt ist absehbar, dass sich Zielkonflikte zwischen den Einzelzielen zeigen werden, so dass die Bewertung konkreter Besteuerungsmodelle dann von der jeweiligen Zielgewichtung abhängen wird.

---

272 „Reaching agreement on, inter alia, defining place of consumption, on place of taxation rules and on internationally compatible definitions of services and intangible property", OECD (1998), S. 6.

273 Gerade große Unternehmen sind wesentlich an der nationalen und internationalen Diskussion beteiligt und werden z. B. in den TAGs der OECD auch direkt in den Abstimmungsprozess einbezogen.

274 Es wird angenommen, dass große Unternehmen Verpflichtungen zur Erhebung der Umsatzsteuer gemäß dem Verbrauchslandprinzip weitgehend freiwillig erfüllen werden, so dass Wettbewerbsverzerrungen zwischen großen Wettbewerbern abgebaut würden.

Die folgende Beschreibung der Modelle zur Erhebung[275] der Umsatzsteuer bezieht sich im Wesentlichen auf die grundlegenden Arbeiten der OECD, da eine darüber hinausgehende Diskussion dieser Vorschläge in der Literatur bislang kaum stattgefunden hat. Im Dezember 2000 haben die TECHNOLOGY TAG[276] und die CONSUMPTION TAX TAG[277] umfangreiche Ergebnisse ihrer Arbeit vorgelegt, wobei insbesondere im Bericht der Technology TAG die einzelnen Modelle differenziert unter den technischen Rahmenbedingungen analysiert werden. Im Februar 2001 hat die Working Party einen Report zur Diskussion vorgelegt[278], der einen allgemeineren Überblick über den Stand der Diskussion[279] liefert sowie konkretere Empfehlungen präsentiert. Die Working Party berücksichtigt darin grundsätzlich auch die Ergebnisse der beratenden TAGs; allerdings ist dieser Report von einem Gremium erstellt, in dem nur OECD-Vertreter mitarbeiten.

### *2.2.2 Elemente von Modellen zur Umsatzsteuererhebung*

Diskutiert werden innerhalb der OECD derzeit vier Modelle zur Erhebung der Umsatzsteuer im Electronic Commerce mit digitalen Produkten:

(1) *Selbstveranlagung* durch den Leistungsempfänger (reverse charge)

(2) *Registrierung* der leistenden Unternehmen aus Drittstaaten im Land des Verbrauchs[280]

(3) Abführung der Steuer durch die leistenden Unternehmen an die Steuerbehörden im Staat des Steuerpflichtigen mit anschließendem *Transfer* in das Verbrauchsland (tax at source and transfer)

(4) Einschaltung eines *vertrauenswürdigen Dritten* in das Erhebungsverfahren (Trusted Third Party)

---

275 Unter Steuererhebung wird in dieser Studie das Einbehalten und Abführen des korrekten Umsatzsteuerbetrags durch einen leistendes Unternehmen (oder einen Dritten) verstanden und nicht die Erhebung einer Steuer durch den Staat.

276 Vgl. OECD/TECHNOLOGY TAG (2000).

277 Vgl. OECD/CONSUMPTION TAX TAG (2000).

278 Vgl. OECD (2001).

279 Darin eingegangen sind auch die Ergebnisse der subgroup on Electronic Commerce.

280 Die Einführung eines Registrierungsmodells wird von der EU bereits konkret angestrebt. Die in einem Richtlinienvorschlag veröffentlichten Regelungen werden im Rahmen der allgemeinen Darstellung des Registrierungsmodells in Kapitel 2.2.3.2 und im Speziellen in Kapitel 2.3 skizziert.

Dies sind diejenigen Modelle, die – basierend auf den Vorgaben der Taxation Framework Conditions – als grundsätzlich geeignete Verfahren der Steuererhebung und Steueradministration im Rahmen des Electronic Commerce betrachtet werden. Dabei sind diese Modelle nicht nur als Alternativen anzusehen, sondern könnten u. U. auch kombiniert verwirklicht werden.[281]

Im Folgenden sollen zunächst die in jedem dieser Modelle zu erfüllenden „Aufgaben" der Besteuerung während einer Handelstransaktion dargestellt werden. Diese Aufgaben können auch als einzelne Module eines Besteuerungsverfahrens angesehen werden, die im Rahmen des Electronic Commerce in automatisierten Verfahren (d. h. mittels Software) abgewickelt werden. Abbildung 7 stellt diese einzelnen Module, die innerhalb eines Besteuerungsverfahrens zu erfüllen sind dar.

**Abbildung 7:** Module innerhalb eines Besteuerungsverfahrens

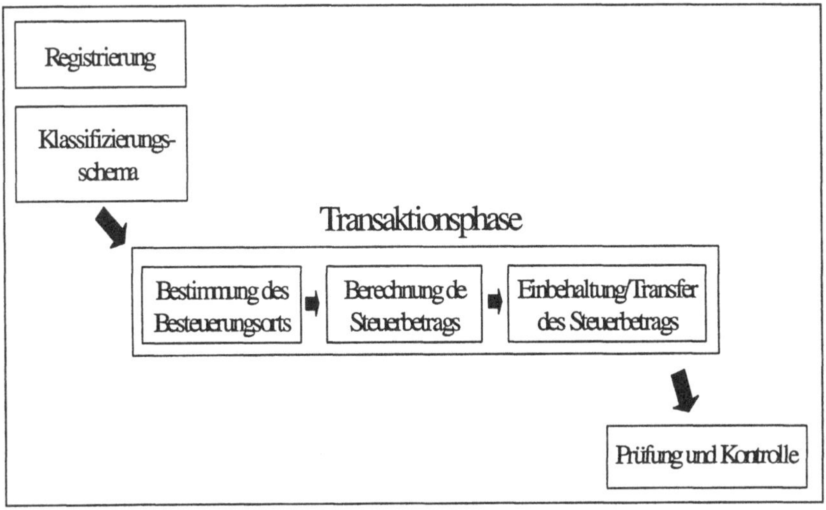


Quelle: In Anlehnung an OECD/TECHNOLOGY TAG (2000), S. 5.

281 Die Diskussion dieser Verfahrenn bezieht sich zunächst sowohl auf Umsätze im Rahmen des Business-to-Business als auch des Business-to-Consumer. In der weiteren Diskussion zeigt sich dann, dass das Verfahren der Selbstveranlagung als Verfahren für die Umsatzsteuererhebung zwischen Unternehmen implementiert werden soll, jedoch ungeeignet ist für die Umsatzbesteuerung von Umsätzen an Privatpersonen. Die weiteren Untersuchungen in dieser Arbeit zu den geieigneten Verfahren für umsatzsteuerpflichtige Transaktionen an Privatpersonen beziehen daher nur die weiteren drei Verfahren ein.

Bevor Transaktionen des Electronic Commerce besteuert werden können, sind diejenigen Beteiligten zu registrieren, die im Rahmen des jeweiligen Modells die Steuer an die zuständige Steuerverwaltung abführen müssen. Je nach Modell liegt die Pflicht der Steuerabführung bei den Leistungsempfängern, den Leistungserbringern oder Dritten. Auch die Zuständigkeit für die Durchführung der Registrierung der Steuerpflichtigen variiert ja nach Modell in Abhängigkeit davon, welche Steuerbehörde für den Steuerpflichtigen zuständig ist. Ebenfalls als Voraussetzung einer korrekten Abwicklung der Besteuerung müssen die Ergebnisse einer eindeutigen Klassifizierung der digitalen Produkte[282] und eine entsprechende Zuordnung der Steuersätze des jeweiligen Verbrauchslandes den Händlern als Daten zur Verfügung stehen. Im Rahmen eines automatisierten Verfahrens bietet es sich an, eine entsprechende Datenbank zu konzipieren[283].

Während der umsatzsteuerpflichtigen Transaktion ist die Identifizierung der Besteuerungsgrundlagen – die Bestimmung des Besteuerungsortes und des Status des Leistungsempfängers[284] – das wesentliche Element. Erst auf Grundlage dieser Information kann unter Verwendung der Daten über Produktklasse und Steuersatz die in Rechnung zu stellende Umsatzsteuer berechnet werden. Schließlich ist der Gesamtbetrag der Umsatzsteuer an die berechtigte, im Verbrauchsland ansässige Steuerverwaltung abzuführen. Da die Bestimmung des Besteuerungsortes durch das leistende Unternehmen die elementare Voraussetzung zur Durchführung aller Besteuerungsmodelle auf Basis des Verbrauchslandprinzips (außer der Selbstveranlagung) ist und die Erfüllung dieser Aufgabe gleichzeitig das größte gegenwärtig bestehende technische Problem darstellt[285], wird dieser Aspekt ausführlich in Abschnitt C in diesem Teil der Studie diskutiert. Die konkrete Ausgestaltung eines Umsatzsteuersystems hat keine Auswirkungen auf die technische Identifizierung des Besteuerungsortes, solange das Verbrauchslandprinzip verfolgt wird. Daher kann das Element der (technischen)

---

282 Im einfachsten Fall gelten, wie in der EU, alle digitalen Produkte als eine Kategorie von Dienstleistungen mit einem einheitlichen Steuersatz. Dies ergibt sich jedoch nicht zwingend aus den OECD-Grundsätzen. In vielen Staaten werden verschiedene Gruppen von Dienstleistungen/Intangibles mit entsprechenden Steuersätzen unterschieden. Vgl. OECD/TECHNOLOGY TAG (2000), S. 58.

283 Dabei muss sichergestellt werden, dass eine solche Datenbank z. B. bei Änderungen von Steuersätzen aktualisiert wird. Da die Steuerbehörden sowohl über die nationalen Daten verfügen als auch ein Interesse daran haben, dass die Händler stets die aktuellen Regelungen beachten, sollten die Steuerbehörden für die Bereitstellung verantwortlich sein.

284 Dies ist die Voraussetzung dafür, dass beide Empfängergruppen unterschiedlichen Erhebungsverfahren unterliegen können.

285 Vgl. OECD/TECHNOLOGY TAG (2000), S. 23ff.

Bestimmung des Besteuerungsortes in den folgenden Kapiteln, in denen die möglichen verfahrenstechnischen Ausgestaltungen eines Erhebungsverfahrens analysiert werden, ausgeklammert werden. Innerhalb der Darstellung der Modelle in den folgenden Kapiteln wird dieses Element daher nicht näher analysiert.

Ist eine Transaktion abgeschlossen und der Steuerbetrag an die berechtigte Steuerverwaltung geflossen, hat die Steuerprüfung, die eine Gleichmäßigkeit der Besteuerung garantieren soll, einzusetzen. Die Kontrollverfahren müssen an die Verteilung der Pflichten innerhalb der Besteuerungsmodelle angepasst werden, da eine Kontrolle dort ansetzen muss, wo die relevanten Informationen über die Steuertatbestände verfügbar sind.

Im folgenden Kapitel 2.2.3 wird die Grundstruktur der einzelnen Modelle dargestellt; die sich daraus ergebende Verteilung von Pflichten und Verantwortlichkeiten zwischen den beteiligten Transaktionspartnern wird in Kapitel 2.2.4 betrachtet.

### *2.2.3 Darstellung einzelner Erhebungsmodelle*

#### *2.2.3.1 Selbstveranlagung*

Das Prinzip der Umkehrung der Steuerschuldnerschaft (reverse charge) wird bereits in vielen OECD-Ländern durch das Verfahren der Selbstveranlagung zur Besteuerung von grenzüberschreitenden Leistungen zwischen Unternehmen praktiziert, wenn der Steuerpflichtige im Ausland ansässig ist[286]. Dieser Mechanismus soll aufgrund der erwiesenen Praktikabilität auch auf den elektronischen Handel zwischen Unternehmen übertragen werden. Erbringt ein Unternehmen eine grenzüberschreitende Leistung an ein anderes Unternehmen, so ist gemäß dieses Verfahrens der Leistungsempfänger verpflichtet, den korrekten Steuerbetrag zu ermitteln[287] und an die inländische Steuerbehörde abzuführen. Da die steuerpflichtigen Unternehmen i. d. R. bereits bei den inländischen Steuerbehörden zu Umsatzsteuerzwecken registriert sind, ist die Einführung eines aufwendigen Registrierungsverfahrens nicht notwendig. Erstreckt sich das Reverse charge-Verfahren im elektronischen Handel auf eine größere Gruppe von Unter-

---

[286] Grundsätzlich liegt die Steuerpflicht bei demjenigen, der einen Umsatz ausführt. Art. 21 b der 6. MwSt-RL ermöglicht es, wenn der Steuerpflichtige im Ausland ansässig ist, den Empfänger einer Lieferung oder Dienstleis-tung zum Steuerschuldner zu erklären; vgl. BIRKENFELD, Wolfram (2001), S. 82f.

[287] Falls nicht die Ausweisung des Steuerbetrags durch das leistende Unternehmen erfolgen muss.

nehmen als die bereits für Umsatzsteuerzwecke registrierten, so muss sichergestellt werden, dass auch diese Unternehmen durch die Steuerbehörde erfasst und kontrolliert werden können. Allerdings ist die Kontrolle der Umsatzbesteuerung bei Leistungen zwischen Unternehmen aufgrund des Systems des Vorsteuerabzugs nur eingeschränkt notwendig.[288] Erhebungstechnische Probleme, die der Übertragung des Mechanismus auf den Electronic Commerce im Wege stehen, werden im Allgemeinen nicht gesehen.[289] Auch von den Vertretern der Wirtschaft wird eine Einführung dieses Verfahrens aufgrund der geringen Kosten und der Einfachheit positiv bewertet.[290]

Voraussetzung zur Implementierung dieses Verfahrens (neben einem weiteren Verfahren für den Handel mit Privatpersonen) ist allerdings, dass das leistende Unternehmen den Steuerstatus des Leistungsempfängers zuverlässig als „Unternehmen“ bestimmen kann[291] und somit die Leistung steuerfrei „exportieren“ darf, da die Steuerpflicht auf den Leistungsempfänger übergeht. Der Besteuerungsort als Sitzstaat des Leistungsempfängers müsste dann noch zusätzlich durch das leistende Unternehmen bestimmt werden, wenn eine Rechnung inklusive des Steuerbetrags ausgestellt werden soll. Berechnet dagegen das empfangende Unternehmen den Steuerbetrag auf Basis des Nettobetrags selbst und erfordern auch die Dokumentationspflichten im Verbrauchsland keinen Ausweis des Bruttoentgelts, so besteht keine praktische Notwendigkeit, den Besteuerungsort durch das leistende Unternehmen zu identifizieren.

Ist die Bestimmung des Steuerstatus nicht zuverlässig möglich, so müssen - wie auch die Technology TAG betont - alle E-Commerce-Umsätze nach einem einheitlichen Modell besteuert werden. Es verbleibt dann die unumgängliche Notwendigkeit der Identifizierung des Verbrauchslandes. Derzeit wird diskutiert, ob Informationen der Steuerbehörden (wie Steuernummern) im Electronic Commerce zur Prüfung des Steuerstatus nutzbar gemacht werden können.[292] Eine zuverlässige technische Möglichkeit wäre die Integration dieser Informationen in digitale Zertifikate.

---

[288] Im System des Vorsteuerabzugs können die Unternehmen gezahlte Vorsteuer bei Verwendung eines digitalen Produkts für weitere Leistungen verrechnen. Darüber hinaus können Eingangsumsätze als Betriebsausgaben in der Ertragsteuer geltend gemacht werden, so dass Unternehmen i. d. R. ein Interesse an einer vollständigen Erfassung von Umsätzen haben, vgl. GEURTS, Matthias (1999), S. 192.

[289] Vgl. OECD/TECHNOLOGY TAG (2000), S. 7f.

[290] Vgl. OECD/CONSUMPTION TAX TAG (2000), S. 5.

[291] Vgl. VÉGH, Perla Gyöngyi (2001), S. 201.

[292] Vgl. OECD/TECHNOLOGY TAG (2000), S. 54.

Aufgrund fehlender Kontrollmöglichkeiten und damit möglicherweise einhergehenden Anreizen, den Steuerbetrag nicht korrekt zu bestimmen bzw. nicht abzuführen, besteht in der internationalen Diskussion Einigkeit darüber, dieses Verfahren nicht auf steuerpflichtige Umsätze an Privatpersonen auszudehnen. Allerdings wird dies nicht für alle Zeiten ausgeschlossen. Technische Entwicklungen im Bereich des Datenschutzes, der Betrugsvermeidung oder des Schutzes von Urheberrechten könnten es durchaus ermöglichen, die Selbstveranlagung auch als praktikablen Mechanismus zur Erhebung der Umsatzsteuer bei Privatpersonen einzusetzen[293]. So könnte der Einsatz von „smart cards", die eventuell als Ersatz für verschiedene Ausweispapiere eingesetzt werden, auch als eine Art „Steuerausweis" verwendet werden. Dieser würde die zur Steuererhebung notwendigen Informationen enthalten und in der Lage sein, ein „Umsatzsteuerkonto" zu führen, das direkt mit der Steuerbehörde des Verbrauchslandes abgeglichen wird.[294]

### *2.2.3.2 Registrierung von Unternehmen aus Drittländern*

In einem Registrierungsmodell werden Anbieter aus Drittstaaten verpflichtet, sich in den Staaten registrieren zu lassen, in die sie umsatzsteuerpflichtige digitale Leistungen an Privatpersonen exportieren. Für diese Leistungen müssen die leistenden Unternehmen dann die Steuer berechnen[295], einbehalten und an die Steuerverwaltung des Verbrauchslandes abführen. Die Registrierung obliegt grundsätzlich der Steuerbehörde des Verbrauchslandes, könnte jedoch auch auf einer breiteren Ebene wie der EU, oder theoretisch auch global durchgeführt werden. Die Technology TAG betrachtet nationale Registrierungsverfahren als nicht adäquat für ein globales Medium. Da im Electronic Commerce prinzipiell alle Unternehmen global anbieten, werden auch verstärkt globale Umsätze erzielt, so dass sich Unternehmen dann einer Vielzahl von Einzelregistrierungen unterziehen müssten.[296]

Aus Sicht der Steuerverwaltungen bedeutet die Einführung dieses Modells eine zunächst relativ geringe zusätzliche Belastung, da kein neues System eingeführt werden muss, sondern ein bestehendes System auf Drittlandsunternehmen aus-

---

293 Vgl. OECD/CONSUMPTION TAX TAG (2000), S. 5 und KORF, Ralph (2001), S. 371.

294 Vgl. OECD/CONSUMPTION TAX TAG (2000), S. 16f.

295 Basis dafür sind die Kenntnis des Verbrauchslandes, der Kategorie der Leistung und des entsprechenden Steuersatzes.

296 Vgl. OECD/TECHNOLOGY TAG (2000), S. 9.

gedehnt wird[297]. Wie hoch die Belastung durch das Modell insgesamt ist, wird vor allem durch die konkrete Ausgestaltung des Registrierungsverfahrens und der notwendigen Kontrollmechanismen bestimmt. Ein Registrierungsverfahren im Verbrauchsland bedingt, dass die nationalen Steuerbehörden solche Unternehmen aus Drittländern identifizieren können, die Umsätze mit digitalen Produkten im Inland tätigen. Die Schwierigkeit liegt nicht zuletzt darin, dass Unternehmen des Electronic Commerce theoretisch immer global anbieten, diese Vermutung allerdings nicht als Anhaltspunkt für tatsächliche Umsätze auf einem bestimmten nationalen Markt herangezogen werden kann.

Kritisch betrachtet wird dieses Modell aufgrund der erheblichen Belastungen, die den Unternehmen – insbesondere Unternehmen, die auf einer Vielzahl von Märkten anbieten, kleine und mittlere Unternehmen sowie solche mit geringen Umsätzen auf einzelnen nationalen Märkten – auferlegt werden.[298] Daher wird gefordert, die Kosten der Erfüllung der auferlegten Pflichten insgesamt zu minimieren.[299] Diskutiert werden in diesem Zusammenhang ein einfaches Registrierungsverfahren, Umsatzschwellen für die Registrierungspflicht, Online-Unterstützung der Steuerberechnung und -abführung sowie vereinfachte Besteuerungsregeln (wie harmonisierte Steuersätze). Dabei gilt die allgemeine Annahme, dass je niedriger die compliance costs für die Unternehmen ausfallen, desto höher ist das Maß der Erfüllung der Steuerpflicht und desto mehr Steueransprüche können verwirklicht werden.

Auch in den USA zeigen sich Bemühungen, die Regelungen der bundesstaatlichen und lokalen sales taxes zu harmonisieren und zu vereinfachen, um Versandhändler in die Umsatzbesteuerung einzubeziehen, auch wenn sie keine physische Repräsentanz in einem Bundesstaat haben. Aus dieser Diskussion und eventuellen Erfahrungen könnten Ansatzpunkte für die Vereinfachungen der internationalen Umsatzbesteuerung abgeleitet werden[300].

Für eine konkrete Ausgestaltung eines Registrierungsverfahrens bieten sich zwei Grundmodelle an. Entweder kann eine Registrierung in jedem Land, in dem umsatzsteuerpflichtige Leistungen an Privatpersonen erbracht werden, vorgenommen werden (multiple Registrierung) oder es wird eine zentrale Registrie-

---

297 Vorausgesetzt ist hierbei, dass im Herkunftsland des Unternehmens eine entsprechende Registrierung vorgenommen wird.

298 Vgl. VÉGH, Perla Gyöngyi (2001), S. 201.

299 Vgl. OECD/CONSUMPTION TAX TAG (2000), S. 8.

300 Vgl. ebenda, S. 24ff.

rung eingeführt (Einort-Registrierung). Die Vor- und Nachteile dieser Grundmodelle und Ansätze einer konkreteren Ausgestaltung können aus der Diskussion des EU-Richtlinienvorschlags, der die Einführung eines Registrierungsmodells vorsieht, entnommen werden.

Die schriftliche Fassung des Richtlinienvorschlags[301] zur Änderung der 6. MwSt-RL vom Juni 2000 schlägt eine Einort-Registrierung vor, wobei sich ein Unternehmen, das aus einem Drittland digitale Leistungen in die EU erbringt, „in einem Mitgliedstaat, in den er diese Dienstleistungen liefert, für Zwecke der Mehrwertsteuer registrieren lassen“[302] muss. Nach erfolgter Registrierung wird der Steuerpflichtige aus einem Drittland dann so behandelt, als habe er im Land der Registrierung eine feste Niederlassung. Dadurch ist er verpflichtet, die Umsatzsteuer gemäß dem Steuersatz des Registrierungslandes zu berechnen und abzuführen sowie entsprechende Aufzeichnungen über die Umsätze zu führen. Da der Vorschlag kein klares Kriterium dafür liefert, in welchem Mitgliedsland die Registrierung zu erfolgen hat, befürchteten einige Mitgliedstaaten (insbesondere die skandinavischen Länder), dass sich die meisten Unternehmen in dem Mitgliedstaat mit dem niedrigsten Umsatzsteuersatz[303] registrieren lassen würden.[304] Dies bedeutet, dass auch ein großer Anteil des Steueraufkommens aus dem elektronischen Handel in dieses Registrierungsland fließen würde.[305] Von einigen Autoren wird eine solche Situation allerdings auch positiv bewertet, da dadurch ein Steuerwettbewerb zwischen den Mitgliedsländern angestoßen werden könnte[306].

Um das Problem der Verlagerung von Steuereinnahmen in Länder mit niedrigen Steuersätzen zu vermeiden, könnte eine Einort-Registrierung mit einem Clearingverfahren verbunden werden, das die Steuereinnahmen zwischen den

---

301 Zwischenzeitlich wurde der Vorschlag in der folgenden Diskussion aufgrund starker Kritik modifiziert. Jedoch wurden diese Ergebnisse von der EU nicht dokumentiert.

302 KOMMISSION DER EUROPÄISCHEN GEMEINSCHAFTEN (2000b), S. 29.

303 Derzeit wäre das Mitgliedsland mit dem niedrigsten Normalsteuersatz Luxemburg.

304 Vgl. z. B. o.V., (2000), EU-Pläne zur Internet-Besteuerung werden kritisiert, Handelsblatt.com v. 04.06.2000, o.V. (2000), Finanzminister knabbern am Internet-Kuchen, Süddeutsche Zeitung v. 07.06.2000, S. 2., o.V., Die Internet-Steuer bleibt umstritten, FAZ v. 08.08.2000, S. 25.

305 Eine Harmonisierung der Steuersätze könnte eine derartige Auswahl des Registrierungsstaates nach dem niedrigs-ten Steuersatz vermeiden. Da sich eine solche Harmonisierung jedoch, wie sich auf dem Weg der Harmonisierung der europäischen Umsatzsteuersysteme gezeigt hat, politisch nicht durchsetzen lässt, werden stattdessen alternative Registrierungsmodalitäten diskutiert, vgl. MUELLER, Jean (2001), S. 618.

306 Vgl. o.V. (2000), Brüssels Internetvorstoß wird scheitern, HB v. 08.06.2000, S. 2.

beteiligten Staaten aufteilt. Dabei können die Umsätze entweder einheitlich gemäß der Regelungen des Registrierungslandes oder getrennt nach den geltenden Steuersätzen der Einzelstaaten besteuert und lediglich als Summe in das Registrierungsland abgeführt werden[307]. Der Vorteil der letztgenannten Ausgestaltung einer Einort-Registrierung ist darauf beschränkt, dass Unternehmen Steuererklärungen und -zahlungen an einem Ort leisten können.[308]

Sollen den Verbrauchsländern die ihnen zustehenden Umsatzsteuereinnahmen direkt zufließen, so müsste ein multiples Registrierungsverfahren eingeführt werden.[309] Dieses Verfahren würde jedoch zu hohen finanziellen und administrativen Belastungen für alle registrierungspflichtigen Unternehmen führen[310] und insbesondere kleine und mittlere Unternehmen überfordern. Bezogen auf die weiteren Details des EU-Richtlinienvorschlags bestehen Zweifel, ob ein solches Verfahren nicht grundsätzlich Unternehmen aus Drittländern diskriminieren würde, da im Falle von Leistungen von EU-Unternehmen an Privatpersonen innerhalb der EU der Besteuerungsort ohne weitere Registrierungspflichten am Sitz des Unternehmens verbleiben soll[311]. Eine derartige Ausgestaltung könnte daher gegen die Vorgaben der WTO verstoßen[312], wenn sich eine Diskriminierung von Nicht-EU-Unternehmen zeigen würde.

Um die durch eine Registrierungspflicht entstehenden Belastungen für kleine und mittlere Unternehmen nicht zu einem Hemmnis für die Teilnahme am internationalen elektronischen Handel werden zu lassen, kann eine Umsatzschwelle eingeführt werden, unterhalb der eine Registrierungspflicht für Unternehmen, die digitale Produkte exportieren, entfällt. Eine solche Umsatzschwelle kann jedoch dann zu Verzerrungen auf einem Markt führen, wenn sie nur für Drittlandsunternehmen und nicht oder in anderer Höhe für die inländischen (europäischen) Unternehmen gilt[313]. Sind die Umsätze der Drittlandsunternehmen und somit

---

307 Vgl. o.V. (2000), Bolkensteins Steuerpläne finden keine Mehrheit, HB v. 17.10.2000.

308 Vgl. KORF, Ralph (2001), S. 373f.

309 Als Reaktion auf die kritische Diskussion des EU-Vorschlags wurde eine solche Ausgestaltung auf einem Treffen der Finanzminister im Oktober 2000 durch französische Vertreter vorgeschlagen, vgl. o.V. (2000), EU: Kompromiss im Streit um Internet-Steuer in Sicht, FTD v. 22.11.2000.

310 Vgl. OECD/TECHNOLOGY TAG (2000), S. 56.

311 Vgl. VELLEN, Michael (1998), S. 280.

312 Vgl. o.V., (2000), EU lenkt im Konflikt um E-Commerce-Besteuerung ein, HB v. 09.11.2000, S. 9.

313 So gelten zwar innerhalb der EU so genannte Kleinunternehmerschwellen. Diese sind jedoch auch innergemeinschaftlich nicht harmonisiert.

auch die Überschreitung der Umsatzschwelle nicht zu kontrollieren, so ergeben sich außerdem Möglichkeiten, die Verbrauchslandbesteuerung zu umgehen.[314] Soll dennoch, um die Belastung kleiner und mittlerer Unternehmen nicht zu erhöhen oder aus Gründen der Praktikabilität[315], eine Schwelle für die Registrierung eingeführt werden, so ist diese so zu gestalten, dass sie für alle leistenden Unternehmen gleichermaßen gilt[316].

In Bezug auf die praktische Umsetzung einer Einort-Registrierung innerhalb der EU wird derzeit diskutiert, ein „Internet-Portal" zu schaffen, über das sich die Unternehmen anmelden, Informationen und Formulare abrufen und Steuerzahlungen leisten könnten.[317] Um tatsächlich derartige Vorgänge für jedes Verbrauchsland über ein zentrales Portal abwickeln zu können, müssten die Anforderungen für Steuererklärungen und -zahlungen der teilnehmenden Länder zunächst harmonisiert werden. Dieser europäische Ansatz zeigt auch, dass es grundsätzlich möglich wäre, ein zentrales Registrierungsverfahren auf internationaler Ebene einzurichten. Allerdings müsste dann ein solches Internet-Portal durch eine internationale Institution betrieben werden, die insbesondere die Verteilung der Steuereinnahmen (Clearing) durchführt.

#### *2.2.3.3 Tax at source and transfer*

Der wesentliche Unterschied des Modells Tax at source and transfer (Transfermodell) zum Registrierungsmodell besteht darin, dass bei ersterem für leistende Unternehmen aus Drittländern keine Verpflichtung besteht, sich in den jeweiligen Verbrauchsländern registrieren zu lassen. Die Pflichten zur Berechnung der Umsatzsteuer gemäß der Bestimmungen des Verbrauchslandes sowie zur Einbehaltung und Abführung der Umsatzsteuer bleiben dagegen wie im vorhergehenden Verfahren bestehen. Jedoch wird die Steuer von den leistenden Unternehmen nicht an die Steuerbehörde des Verbrauchslandes, sondern an die Steuerbehörde im eigenen Sitzstaat abgeführt. Diese transferiert dann in regel-

---

314 Der EU-Vorschlag hat eine Umsatzschwelle im Wert von 100.000 Euro vorgesehen, die für Unternehmen aus Drittländern gelten sollte. Wegen der mangelnden Kontrollmöglichkeiten wird mittlerweile jedoch von einer Umsatzschwelle abgesehen, vgl. KORF, Ralph (2001), S. 374 und o.V. (2001), Die EU-Internetsteuer rückt näher, FAZ v. 05.06.2001.

315 Eine Umsatzschwelle für die Registrierung würde die Gesamtzahl der Registrierungen reduzieren und somit auch den Aufwand für ein Registrierungsverfahren verringern.

316 Vgl. WIDMANN, Werner (2001), S. 15f.

317 Vgl. KORF, Ralph (2001), S. 374.

mäßigen Abständen die Steuer an die Steuerverwaltungen in den jeweiligen Verbrauchsländern.[318]

Dieses Modell verringert einerseits die Belastung der Unternehmen deutlich, da diese nur mit ihren nationalen oder lokalen Steuerbehörden kooperieren müssen und zusätzliche Registrierungsverpflichtungen nicht bestehen, andererseits werden damit aber gleichzeitig die administrativen Kosten der Steuerbehörden im Herkunftsland gesteigert, da der Transfer der Steuerbeträge und die Durchsetzung der Steueransprüche von diesen geleistet werden muss und eine administrative Zusammenarbeit mit den Steuerbehörden im Verbrauchsland erfordert. Derartige Kosten auf Seiten der Steuerbehörden der Herkunftsländer könnten z. B. durch Einbehalt eines prozentualen Anteil des Steuerbetrags ausgeglichen werden. Um die administrative Zusammenarbeit zwischen den Staaten im Rahmen eines Transfermodells zu regeln, sind außerdem bilaterale oder multilaterale Abkommen, wie sie auf OECD-Ebene z. B. für Ertragsteuern existieren, notwendig.

Abweichend von der durch die Working Party vorgeschlagenen Ausgestaltung des Modells stellt die Consumption Tax TAG eine Variante zur Diskussion, bei der die leis-tenden Unternehmen die Umsatzsteuerbeträge direkt an die Steuerbehörde im Verbrauchsland abführen und der Steuerbehörde im Drittland nur die Verpflichtung zur Prüfung der Steuererhebung übertragen wird.[319] Hierdurch würden jedoch die leistenden Unternehmen – vergleichbar mit den Wirkungen eines Registrierungsmodells – mit einer Vielzahl von Steuerbehörden kooperieren müssen.

---

318 Ein Transfermodell wurde in Deutschland unter dem Namen Open-Trading-Modell diskutiert, vgl. KORF, Ralph/SOVINZ, Stefan (1999b), S. 378ff. Basierend auf dem Handelsprotokoll OTP, das von einem Firmenkonsortium entwickelt wurde (1998 wurde die erste Version veröffentlicht), um den Internethandel mit Privatpersonen zu standardisieren, sollte die Umsatzsteuererhebung automatisiert erhoben und direkt an die zuständige Finanzverwaltung gemeldet werden. Wie im Rahmen des Transfermodells soll die Umsatzsteuer anschließend in die Verbrauchsstaaten überwiesen werden. Vorteile dieses Konzepts wurden weniger in der Ausgestaltung eines Transfermodells gesehen, als in der Möglichkeit, eine automatisierte Steuererhebung auf Basis eines einheitlichen Standards für alle Transaktionen mit Konsumenten durchzuführen. Insbesondere da sich dieses Handelsprotokoll in der Zwischenzeit nicht etabliert hat, wurde auch das Open-Trading-Modell nicht weiter diskutiert. Für einen Überblick zu OTP vgl. BEYKIRCH, Hans-Bernhard (1998).

319 Vgl. OECD/CONSUMPTION TAX TAG (2000), S. 26f.

### 2.2.3.4 *Trusted Third Party*

Das Modell Trusted Third Party (TTP-Modell) stimmt weitgehend mit dem zuvor beschriebenen Transfermodell in der Version der Working Party überein. Die Verantwortung für das Einbehalten und den Transfer des Steuerbetrages übernimmt jedoch hier eine vertrauenswürdige, private Institution (eine TTP) als Intermediär.

Die Implementierung dieses Systems würde in der Startphase erhebliche Einrichtungskosten verursachen[320], da geeignete und vertrauenswürdige TTPs zunächst durch die Steuerbehörden ausgewählt, zertifiziert und registriert werden müssten. Diese zusätzlichen Kosten könnten ausgeglichen werden, wenn sich durch den Einbezug von Intermediären in die Steuererhebung die Durchsetzung von Steueransprüchen verbessern ließe. Dabei sollte die Verantwortung für die Steuererhebung von Privaten freiwillig übernommen werden und das Ergebnis einer marktbasierten Entscheidung sein. Somit müssen für Unternehmen, die solche Dienstleistungen erbringen, Anreize in Form von Gewinnerzielungsmöglichkeiten bestehen.[321] Dies bedeutet, dass die Leistungen einer TTP von den E-Commerce-Unternehmen und/oder den Steuerbehörden entgolten werden müssen. Ein TTP-Modell kann gegenüber den anderen Modellen dann vorteilhaft sein, wenn eine Institution des privaten Sektors die ihr zugeteilten Aufgaben effizienter als eine Steuerbehörden erfüllt. Von dieser Annahme gehen bspw. die USA aus[322].

Die Dienstleistungen der TTPs könnten, um die Zuverlässigkeit des gesamten Verfahrens zu erhöhen, über die Einbehaltung und den Transfer der Steuer hinaus ausgeweitet werden. So ist es denkbar, dass TTPs entsprechend den Möglichkeiten, die sich aus der eigenen Kernfunktion ergeben[323], einen Beitrag zur Bestimmung des Verbrauchslandes leisten oder auch weitere Aufgaben wie die Berechnung der Steuer und die Rechnungsstellung übernehmen. Dies bedeutet, dass eine Einführung eines TTP-Modells nur dann sinnvoll sein kann, wenn sich über den Markt Unternehmen als Intermediäre anbieten, die Zugriff auf relevante Daten haben und somit geeignete Dienste zur Verfügung stellen können. Die Vorteilhaftigkeit der Einschaltung eines Intermediärs kann nur in solchen Diensten liegen, die die Unternehmen bei der Erfüllung der auferlegten Pflichten,

---

[320] Vgl. VÉGH, Perla Gyöngyi (2001), S. 201.

[321] Vgl. OECD (2001), S. 16.

[322] Vgl. OECD/TECHNOLOGY TAG (2000), S. 62.

[323] Z. B. ein Zugriff auf geeignete Datenbanken.

insbesondere der Bestimmung des Besteuerungsortes[324], unterstützen. Dies beinhaltet auch, dass die Intermediäre die Verantwortung für die von ihnen zu leistenden Aufgaben übernehmen[325] und somit die Verantwortlichkeiten der Unternehmen reduzieren. Dagegen werden von den Vertretern der Wirtschaft Intermediäre, die – vergleichbar den Fiskalvertretern – lediglich die Abwicklung der Steuerabführung unterstützen abgelehnt.[326]

In der Diskussion der Modelle zeigt sich, dass das TTP-Modell weniger als eigenständige Alternative, sondern als eine Option innerhalb eines Registrierungs- oder Transfermodells angesehen wird, durch die die Erfüllungskosten der Unternehmen reduziert werden könnten. Denjenigen Unternehmen, die bei hohen Erfüllungskosten eventuell von einer Teilnahme am internationalen Handel absehen würden, könnte durch Dienste von TTPs eine kostengünstigere Alternative angeboten werden. Durch eine Kombination von Verfahren könnte somit den Unternehmen eine Wahlmöglichkeit eingeräumt werden, ob sie die Steuererhebung eigenständig durchführen oder eine TTP einschalten. In einer Kombination mit einem Transfermodell würden die Intermediäre z. B. die Aufgabe der Bestimmung des Besteuerungsortes, der Ermittlung der Steuersätze und der Produktklassifikation sowie die Steuerberechnung übernehmen. In einer Kombination mit einem Registrierungsmodell würden die Aufgaben (optional) um die Einbehaltung und den Transfer der Steuerbeträge erweitert.[327]

### *2.2.4 Vergleichende Betrachtung der Verteilung von Pflichten und Verantwortlichkeiten*

Im Folgenden werden die letzten drei der dargestellten Modelle, so wie sie von der OECD vorgeschlagen werden, unter dem Aspekt der Verteilung der Pflichten und Verantwortlichkeiten beurteilt. Das Modell Selbstveranlagung wird hier nicht weiter betrachtet, da bereits Konsens darüber besteht, diesen Mechanismus

---

[324] Daher wurde intensiv die Möglichkeit diskutiert, eine Abzugssteuer bei Finanzdienstleistern einzuführen, da angenommen wurde, diese würden über die relevanten Informationen zur Bestimmung des Wohnsitzstaates verfügen. Dieser mittlerweile verworfene Ansatz wird in Abschnitt C, Kapitel 6.4 skizziert. Dennoch könnten Zahlungsintermediäre in einigen Fällen – z. B. für alle Umsätze, die über Kreditkarte gezahlt werden – als TTP fungieren, wenn die notwendigen Informationen zur Verfügung stehen und ein gesondertes Verfahren für einen Teil aller E-Commerce-Transaktionen eingerichtet werden kann.

[325] Vgl. KORF, Ralph (2001), S. 371.

[326] Vgl. OECD/CONSUMPTION TAX TAG (2000), S. 24.

[327] Vgl. OECD/TECHNOLOGY TAG (2000), S. 65.

auch im Electronic Commerce ausschließlich für Umsätze zwischen Unternehmen zu nutzen[328]. Für die drei anderen Modelle wird zunächst die Ausgestaltung der einzelnen Module in Tabelle 5 gegenübergestellt. In der weiteren Betrachtung werden nur die Elemente Registrierung, Einbehaltung und Transfer der Steuer sowie Steuerkontrolle vergleichend betrachtet, da diese entscheidend für eine Bewertung der Modelle sind. Die anderen Elemente sind zwar nicht weniger bedeutend für das Verfahren, jedoch beeinflussen sie nicht die Bewertung eines einzelnen Modells, da sie für alle Verfahren gleichermaßen zu erfüllen sind. So ist die notwendige Identifizierung des Verbrauchslandes in allen Modellen durch das leistende Unternehmen – eventuell mit einer Unterstützung durch eine TTP – durchzuführen. Die zu erzielende Qualität der Identifizierung des Verbrauchsortes ist nahezu unabhängig von der Wahl eines Erhebungsverfahrens[329], sie wird ausschließlich durch die Entwicklung bzw. Verbreitung geeigneter technischer Verfahren bestimmt.

Ziel der Bewertung ist nicht die Auswahl eines einzelnen Modells, sondern die Entwicklung eines (technisch) praktikablen Systems zur Umsatzbesteuerung des elektronischen Geschäftsverkehrs, das sich auch aus verschiedenen Einzelmodellen bzw. Elementen aus diesen zusammensetzen kann.

**Registrierung**: Eine Registrierung ist grundsätzlich in allen Modellen notwendig, da im Rahmen der Steuererhebung die Steuerpflichtigen denjenigen Steuerbehörden bekannt sein müssen, die später die Kontrolle der Steuererhebung übernehmen. Andernfalls ist eine Kontrolle und Prüfung der Pflichterfüllung nicht (gleichmäßig) durchführbar. Unter den geltenden Umsatzsteuerregelungen ist davon auszugehen, dass umsatzsteuerpflichtige Unternehmen bereits heute bei den jeweiligen nationalen Steuerbehörden registriert sind[330]. In den Modellen Tax at source and transfer und TTP können die für die Einbehaltung der Umsatzsteuer und/oder Prüfung des Verfahrens zuständigen Steuerbehörden im Land des leistenden Unternehmens zumindest teilweise auf diese

---

[328] Das daraus resultierende Problem der Bestimmung des Steuerstatus jedes Käufers wird im Rahmen der Diskussion des EU-Vorschlags in Kapitel 2.3.2 betrachtet.

[329] Das Ausmaß der Sanktionsmöglichkeiten der Steuerbehörden, das von Modell zu Modell abweichen kann, könnte jedoch unterschiedliche Anreize bei den leistenden Unternehmen setzen, die sich möglicherweise auf die Qualität der Identifizierung auswirken. Gleichzeitig könnte die Einschaltung einer TTP die Qualität der Ortsbestimmung verbessern.

[330] Dies gilt zumindest in den Ländern, die eine der Umsatzsteuer vergleichbare Steuer erheben und somit eine breite Erfassung der Unternehmen realisieren. Innerhalb der EU wird eine solche Registrierung durchgeführt.

**Tabelle 5:** Ausgestaltung der Aufgaben eines Besteuerungsverfahrens in drei Erhebungsmodellen

| Module | Modelle der Besteuerung | | |
|---|---|---|---|
| | Registrierung | Tax at source and transfer | Trusted Third Party |
| Registrierung | Registrierung der Drittlandsunternehmen durch die Steuerbehörde im Verbrauchsland. | Registrierung der leistenden Unternehmen im Land des Unternehmenssitzes. | Registrierung und Zertifizierung der TTPs.[1] |
| Produktklassifikation und Steuersätze | Datenbank auf der Grundlage eines internationalen Klassifikationsschemas, das den Produkten die geltenden nationalen Steuersätzen zuordnet.[2] | Datenbank auf der Grundlage eines internationalen Klassifikationsschemas, das den Produkten die geltenden nationalen Steuersätzen zuordnet.[2]. | Datenbank auf der Grundlage eines internationalen Klassifikationsschemas, das den Produkten die geltenden nationalen Steuersätzen zuordnet.[2]. |
| Berechnung des Steuerbetrags | Leistendes Unternehmen berechnet die Steuer auf der Grundlage der Datenbank und eigener Produkteinordnung. | Leistendes Unternehmen berechnet die Steuer auf der Grundlage der Datenbank und eigener Produkteinordnung. | Leistendes Unternehmen oder TTP berechnet die Steuer auf der Grundlage der Datenbank und eigener Produkteinordnung. |
| Einbehaltung und Transfer des Steuerbetrags | Leistendes Unternehmen behält die Steuer ein und transferiert diese direkt an die Steuerbehörde des Verbrauchslandes. | Leistendes Unternehmen behält die Steuer ein und transferiert an eigene Steuerbehörde; diese transferiert den Betrag an das Verbrauchsland. | Leistendes Unternehmen oder TTP behält die Steuer ein; Transfer direkt an die Steuerbehörde des Verbrauchslandes. |
| Kontrolle | Die Verantwortung liegt bei der Steuerbehörde des Verbrauchslandes; internationale Kooperation notwendig. | Verpflichtung der Steuerbehörde des Landes des leistenden Unternehmens. | Internationale Verteilung der Kontrollpflichten.[3] |

[1] Je nach technischer Abwicklung und Ausgestaltung der Steuerkontrolle zusätzlich Registrierung der Unternehmen im Staat des Unternehmenssitzes.

[2] Die Steuerbehörden übernehmen die Verantwortung für die korrekte Angabe der Steuersätze.

[3] Werden nur die TTPs geprüft, so sollte die Verteilung der Kontrollpflichten dem geographischen Aktionsraum der TTPs angepasst werden. Übernehmen diese Dienste für Händler aus verschiedenen Ländern, so muss die Kontrolle international koordiniert werden. Sollen darüber hinaus auch die leistenden Unternehmen geprüft werden, so müssen die Steuerbehörden im Land der leistenden Unternehmen einbezogen werden.

Quelle: In Anlehnung an OECD/TECHNOLOGY TAG (2000), S. 22.

vorhandenen Daten zurückgreifen. Dagegen müssen zur Durchführung des Registrierungsmodells die Unternehmen aus Drittstaaten, die Umsätze mit digitalen Produkten[331] realisieren, erstmalig im Verbrauchsland registriert werden.

Zu beachten ist, dass das Verfahren der Steuererhebung durch eine TTP zwar kein Registrierungsverfahren der Drittlandsunternehmen im Verbrauchsland erfordert, dafür aber ein internationales Auswahl- und Zertifizierungsverfahren der Intermediäre verlangt. Allerdings wird es weniger TTPs als leistende Unternehmen geben, die registriert werden müssen, und somit stellt sich auch die Kontrollproblematik nicht im gleichen Maße.

**Einbehaltung und Transfer der Steuer**: Wesentliches Unterscheidungsmerkmal der einzelnen Modelle ist, ob und gegebenenfalls welche Intermediäre für die Aufgabe der Einbehaltung und des Transfers der Steuer zwischen die leistenden Unternehmen und die Steuerbehörde im Verbrauchsland geschaltet sind. Das Registrierungsmodell sieht vor, dass die Steuerbeträge direkt von den leistenden Unternehmen an die Steuerbehörde im Verbrauchsland gezahlt werden. Dagegen handelt in den beiden anderen Modellen entweder eine Steuerbehörde im Land des leistenden Unternehmens oder eine TTP als Intermediär. Die Einschaltung von Intermediären bewirkt, dass diesen Aufgaben und Verantwortlichkeiten auferlegt werden, die ansonsten im Wesentlichen die Unternehmen zu tragen hätten.

**Kontrolle der Besteuerung:** Die Übernahme der Kontrolle der Steuerabwicklung und der Prüfung der Unternehmen zur Sicherung der Steueransprüche hängt davon ab, ob und welche Intermediäre eingeschaltet werden. Im Registrierungsmodell liegt die Aufgabe der Kontrolle bei der Steuerbehörde des Verbrauchslandes. Als Problem erweist sich hier die Tatsache, dass die zu kontrollierenden Unternehmen nicht im Inland ansässig sind, so dass eine Zusammenarbeit mit der Steuerbehörde im Drittland notwendig wird. Ein direkte Prüfung der Steuerbehörden des Verbrauchslandes in den Drittstaaten ist nicht zulässig.

Da die beiden anderen Verfahren keine Registrierung der Unternehmen im Verbrauchsland vorsehen, kann die dortige Steuerbehörde die Kontrollfunktion nicht selbst leisten. Aus Sicht der Steuerbehörde im Verbrauchsland kann es als Vorteil angesehen werden, dass sie – bei Einschaltung eines Intermediärs – die

---

[331] Erbringt ein Unternehmen aus einem Drittland klassische Lieferungen oder Dienstleistungen und hat eine feste Niederlassung im Verbrauchsland, so ist es dort (dies gilt zumindest innerhalb der EU) bereits für Umsatzsteuerzwecke registriert. Erbringt ein Unternehmen aus einem Drittstaat auch klassische Lieferungen, ohne eine feste Niederlassung im Verbrauchsland zu haben, so ist es nicht registriert, da die Umsatzsteuer als Einfuhrumsatzsteuer an der Grenze erhoben wird.

einzelnen Unternehmen aus Drittländern nicht registrieren und insbesondere nicht einzeln prüfen muss. Im Transfermodell muss die Steuerbehörde des Drittlandes die im Inland ansässigen leistenden Unternehmen prüfen. Im TTP-Modell ist vorgesehen, dass ebenfalls die Steuerbehörde im Drittland die Prüfung der Besteuerung bei den Intermediären übernimmt[332]. Die genauere Ausgestaltung ist davon abhängig, welche Institution die Rolle der TTP übernehmen würde und wie diese organisiert wäre (z. B. Ansässigkeit im Land des leistenden Unternehmens oder im Verbrauchsland). Die Effektivität der Einschaltung von Intermediären ist in einem hohen Maße davon abhängig, wie die administrative Zusammenarbeit zwischen den Steuerbehörden ausgestaltet wird.

Zusammenfassend zeigt sich, dass ein Registrierungsmodell – Praktikabilität unterstellt – auf der einen Seite hohe Kosten der Pflichterfüllung für die Unternehmen impliziert, auf der anderen Seite ein hohes Maß an Kontrollkompetenz für die Steuerbehörden des Verbrauchslandes sichert und einen direkten Zufluss der Steuerbeträge garantiert. Gemessen daran, reduzieren die beiden anderen Modelle die Kosten auf Seiten der Unternehmen, schränken aber gleichzeitig die Eigenverantwortlichkeit der Finanzverwaltung im Land des Verbrauchs für die Kontrolle der Besteuerung und/oder die Einziehung der Steuer ein. Die Übertragung von derartigen Aufgaben an Intermediäre, auch an Steuerbehörden von Drittstaaten, muss als völlig neues Element in ansonsten national ausgerichteten Steuersystemen angesehen werden. Allein ein Registrierungsmodell würde sich daher theoretisch – wie es sich die EU zum Ziel gesetzt hat – in ein bestehendes Steuersystem integrieren lassen, ohne neue verfahrenstechnische Elemente aufzunehmen. In der Praxis kann jedoch auch im Rahmen dieses Modells die Funktion der Kontrolle der Besteuerung nicht ohne intensive administraive Zusammenarbeit mit den Finanzverwaltungen der Herkunftsländer durchgeführt werden.

Im Folgenden werden die im Richtlinienvorschlag der EU konkretisierten materiell-rechtlichen Regelungen zur Einführung des Verbrauchslandprinzips und eines Registrierungsmodells dargestellt.

---

332 Ist in einem TTP-Modell technisch nicht sicherzustellen, dass alle steuerpflichtigen Transaktionen tatsächlich über die TTP laufen, so müssten die leistenden Unternehmen dennoch zusätzlich kontrolliert werden.

## *2.3 Spezielle Regelungen des Vorschlags der EU zur Änderung der 6. Mehrwertsteuer-Richtlinie*

### *2.3.1 Materiell-rechtliche Anpassungen*

Aufgrund der negativen Abgrenzung der Lieferung von Gegenständen in Art. 9 der 6. MwSt-RL erfolgt automatisch eine Behandlung digitaler Produkte als Dienstleistung. Da jedoch nicht alle Dienstleistungen einheitlichen Regelungen zum Ort der Besteuerung unterliegen, müssen weitere Konkretisierungen vorgenommen werden. Um der bestehenden Systematik der umsatzsteuerlichen Regelung für Dienstleistungen zu entsprechen, sieht der Richtlinienvorschlag vor, spezielle Ortsregelungen für elektronisch erbrachte Dienstleistungen in Art. 9 der 6. MwSt-RL (in einem neuen Buchstaben f) aufzunehmen.[333] Erfasst werden darin laut Richtlinienvorschlag die elektronische Erbringung von Dienstleistungen, die bereits unter Art. 9c, erster Spiegelstrich aufgeführt sind[334], und darüber hinaus die elektronische Lieferung von Software, Datenverarbeitungsleistungen und EDV-Dienstleistungen sowie die elektronische Lieferung von Informationen.[335]

So fällt beispielsweise die Datenverarbeitung grundsätzlich unter Art. 9 Abs. 2e und nur dann in den neuen Regelungsbereich der Richtlinie, wenn die Datenverarbeitung elektronisch durchgeführt wird.[336] Es muss also im Einzelfall eine Einordnung der Dienstleistungen vorgenommen werden. Als in diese Regelung nicht eingeschlossene Formen digitaler Produkte wurden bereits so genannte „online diagnostics" – hier werden zusätzlich innerhalb der EU abweichende Klassifizierungen durch die Steuerbehörden vorgenommen[337] – und Online-Wartungen von technischen Geräten identifiziert[338].

---

333 Vgl. KOMMISSION DER EUROPÄISCHEN GEMEINSCHAFTEN (2000b), S. 27.

334 „Tätigkeiten auf dem Gebiet der Kultur, der Künste, des Sports, der Wissenschaften, des Unterrichts, der Unterhaltung oder ähnliche Tätigkeiten, einschließlich derjenigen der Veranstalter solcher Tätigkeiten sowie gegebenenfalls der damit zusammenhängenden Tätigkeiten", KOMMISSION DER EUROPÄISCHEN GEMEINSCHAFTEN (2000b), S. 15. Gemäß der Begründung zum Richtlinienvorschlag fallen darunter auch alle Arten des Rundfunks.

335 Da einige dieser Dienstleistungen auch weiterhin an anderen Stellen des Gesetzes geregelt sind, ist das relevante Kriterium für die Zuordnung, ob sie elektronisch erbracht werden.

336 Da der Begriff EDV-Dienstleistungen nicht klar abgegrenzt ist, könnte er in verschiedenen Rechtsordnungen unterschiedlich interpretiert werden. Eine daraus folgende Doppel- oder Nichtbesteuerung kann sodann nicht ausgeschlossen werden, vgl. ROETTGER, Andreas (2000), S. 445.

337 Vgl. OECD/CONSUMPTION TAX TAG (2000), S. 33.

338 Vgl. HEDEL, Wolfgang (2001), S. 167.

Eine eindeutige und einfache internationale Umsatzbesteuerung benötigt konsistente und für die Unternehmen leicht verständliche Regelungen, die keine Einzelfallentscheidung notwendig machen. So fordert die EeTG, „all electronically supplied services without restriction“ als Wortlaut in den Richtlinienvorschlag aufzunehmen und die Aufzählung spezieller Beispiele als nicht erschöpfend zu kennzeichnen, um auf diese Weise Regelungslücken zu vermeiden.

Für diese neue Kategorie der Dienstleistungen gilt dann der Ort, an dem der Kunde den Sitz seiner wirtschaftlichen Tätigkeit oder eine feste Niederlassung oder seinen Wohnsitz hat, als Ort der Besteuerung, wenn die Dienstleistung von einem Steuerpflichtigen

- mit Sitz in der Gemeinschaft an Leistungsempfänger außerhalb der Gemeinschaft,
- mit Sitz in der Gemeinschaft an Steuerpflichtige mit Sitz in der Gemeinschaft, jedoch in einem anderen Land als dem des Dienstleisters, oder
- mit Sitz außerhalb der Gemeinschaft an Leistungsempfänger mit Sitz in der Gemeinschaft erbracht werden.[339]

Werden Dienstleistungen von einem in der Gemeinschaft registrierten Steuerpflichtigen an Privatpersonen innerhalb der Gemeinschaft erbracht, soll jedoch die Regelung gemäß Art. 9 Abs. 2 der 6. MwSt-RL beibehalten werden, so dass diese weiterhin an dem Ort besteuert werden, an dem der Dienstleistende den Sitz seiner wirtschaftlichen Tätigkeit oder eine feste Niederlassung hat. Tabelle 6 verdeutlicht die Ortsregelungen des EU-Richtlinienvorschlags.

Aus dem geltenden Mehrwertsteuersystem der EU sollen darüber hinaus die Elemente der Umkehr der Steuerschuldnerschaft (reverse charge) bei Umsätzen zwischen Unternehmen und die Identifikation der Steuerpflichtigen über das System der Umsatzsteuer-Identifikationsnummern (USt-IdNr.) beibehalten werden. Zur Erhebung der Umsatzsteuer bei Leistungen an Privatpersonen sollen, wie in Kapitel 2.2.3.2 dargestellt, Unternehmen aus Drittstaaten zur Registrierung verpflichtet werden, indem das bestehende Registrierungsverfahren erweitert wird.

---

[339] Vgl. KOMMISSION DER EUROPÄISCHEN GEMEINSCHAFTEN (2000b), S. 27f.

**Tabelle 6:** Regelungen des EU-Richtlinienvorschlags zum Besteuerungsort

| **Trans-aktions-partner** | Leistungsempfänger in einem Drittland | | Leistungsempfänger (Unternehmen) in EU | | Leistungsempfänger (Privatperson) in EU | |
|---|---|---|---|---|---|---|
| | Ort der Besteu-erung | Verfahren | Ort der Besteu-erung | Verfahren | Ort der Besteu-erung | Verfahren |
| Leistendes Unternehmen mit Sitz in einem Dritt-land | Gemäß Regelun-gen des Drittlandes | Gemäß Regelun-gen des Drittlandes | Ort des Leistungs-empfängers | Reverse charge[1] | Ort des Leistungs-empfängers | Registrie-rung von Drittlands-unterneh-men |
| Leistendes Unternehmen mit Sitz in der EU | Ort des Leistungs-empfängers | Gemäß Regelun-gen des Drittlandes | Ort des Leistungs-empfängers | Reverse charge[1] | Ort des leistenden Unterneh-mens | Einbehal-tung im Ursprungs-land |

[1] Zur Erläuterung des Reverse charge-Verfahrens vgl. FN 222.

Quelle: Eigene Darstellung.

Wesentliches Ziel dieser geplanten Reformen durch die EU ist, dass Dienstleistungen, die von Unternehmen in Drittländern an Privatpersonen in der Gemeinschaft erbracht werden, materiell-rechtlich im Verbrauchsland besteuert werden können und die derzeit herrschenden Wettbewerbsverzerrungen abgebaut werden. Die Wettbewerbsverzerrungen sind dann beseitigt, wenn alle auf einem Markt angebotenen Dienstleistungen einheitlich nach den dort geltenden Steuersätzen besteuert werden. Mit Hilfe der Abbildung 6 wurde verdeutlicht, dass beim Handel mit digitalen Leistungen unter den jetzigen Regelungen sowohl Wettbewerbsverzerrungen als auch Steuerverluste innerhalb der EU auftreten. Abbildung 8 verdeutlicht die Wirkungen des Reformvorschlags und zeigt, dass die materiell-rechtlichen Änderungen diese Probleme weitgehend aufgreifen, jedoch formal nicht vollständig lösen können.

**Abbildung 8** Wirkung des EU-Richtlinienvorschlags zur Umsatzbesteuerung des elektronischen Handels mit digitalen Produkten

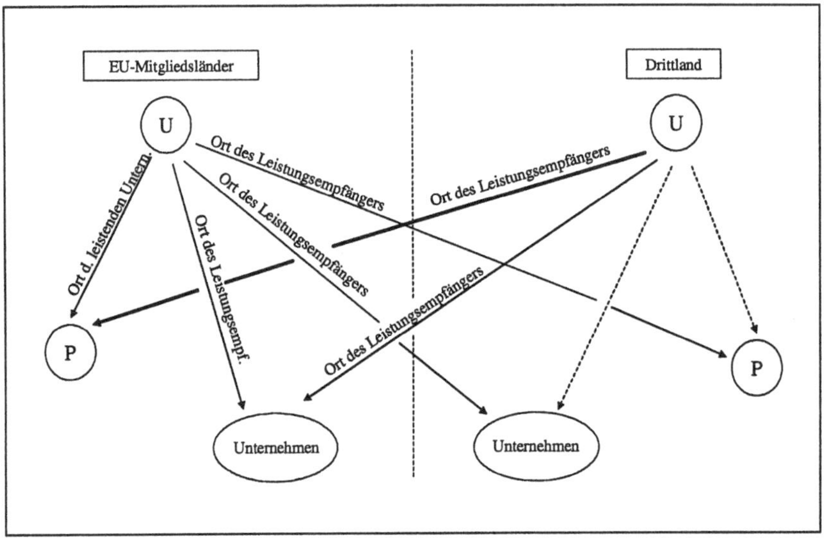


Quelle: Eigene Darstellung.

So zeigt die Darstellung, dass der Vorschlag im Verhältnis zwischen den Mitgliedstaaten das Verbrauchslandprinzip nicht verwirklicht, da innerhalb der EU der Besteuerungsort bei Leistungen an Privatpersonen am Sitz des leistenden Unternehmens verbleibt. Auch in einem Binnenmarkt führt ein solches Ursprungslandprinzip so lange zu Wettbewerbsverzerrungen, wie die Steuersätze nicht harmonisiert sind.[340] Die in der EU bestehenden Steuersatzunterschiede führen jedoch nicht nur zu Verzerrungen zwischen den Mitgliedstaaten[341], sondern sie können auch Anbieter aus Drittstaaten diskriminieren[342].

Neben den materiell-rechtlichen Regelungen zur Einordnung digitaler Produkte und den damit verbundenen Ortsregelungen sieht der Richtlinienvorschlag

340 Vgl. ARNDT, Hans-Wolfgang/FETZER, Thomas (2000), S. 2548f.

341 Ein Endverbraucher zahlt 16 % Umsatzsteuer, wenn er eine Leistung aus Deutschland bezieht und 25 %, wenn er eine identische Leistung aus Schweden bezieht.

342 Erbringt ein in Finnland registriertes Drittlandsunternehmen eine Leistung an einen finnischen Endverbraucher, so sind 22 % Umsatzsteuer zu berechnen. Könnte der Endverbraucher ein identisches Produkt aus Spanien beziehen, würde er nur 16 % Umsatzsteuer zahlen müssen. Die abweichenden Regelungen für Leistungen an Privatpersonen durch Unternehmen aus EU-Mitgliedstaaten und aus Drittländern können somit eine Diskriminierung letzterer bewirken.

vor, den Rechtsrahmen dahingehend anzupassen, dass zukünftig Umsatzsteuervoranmeldungen und -erklärungen elektronisch abgegeben werden können.[343]

### *2.3.2 Bestimmung des Steuerstatus und Identifizierung des Wohnsitzstaates*

Da die Regelungen zum Besteuerungsort mit dem Steuerstatus des Leistungsempfängers variieren, ist es notwendig, dass die leistenden Unternehmen neben dem Wohnsitzland auch den Steuerstatus (Unternehmen, Privatperson) des Kunden identifizieren können. Dies gilt grundsätzlich sowohl für steuerpflichtige Unternehmen aus Drittländern als auch für solche aus den Mitgliedstaaten. Für letztere entfällt dies nur, falls der Leistungsempfänger seinen (Wohn-)Sitz in einem Drittland hat und das Drittland keine entsprechenden Verpflichtungen aufgestellt hat[344]. Denn bei Leistungen in Drittländer erfolgt der Export unabhängig davon, ob der Leistungsempfänger ein Unternehmen oder eine Privatperson ist, gemäß der EU-Regelungen steuerfrei. Allerdings kann daraus keine Vereinfachung des Besteuerungsverfahrens abgeleitet werden, da zum einen nicht vorgegeben ist, ob als erstes das Wohnsitzland oder der Steuerstatus zu bestimmen ist, und zum anderen sind zurzeit zuverlässige technische Bestimmungsverfahren für keines der beiden Merkmale verfügbar (vgl. Abschnitt C).

Bislang hat die EU weder zur Bestimmung des Steuerstatus noch zur Bestimmung des Verbrauchsortes klare Konzepte vorgelegt, die sicherstellen, dass der Richtlinienvorschlag nach einer Einführung praktisch umgesetzt werden kann. Der Vorschlag sieht lediglich vor, ein Verfahren zur Bestimmung des Steuerstatus auf dem bestehenden Sys-tem der USt-IdNr. aufzubauen: „Beim elektronischen Geschäftsverkehr muß diese Information verfügbar sein, wo und wenn der Umsatz bewirkt wird, weshalb die Kommission das Erforderliche veranlassen wird, damit diese Information online verfügbar ist“[345].

Weist der Leistungsempfänger eine solche USt-IdNr. nach und hat das leistende Unternehmen diese überprüft, so kann er annehmen, dass der Leistungsempfänger ein Unternehmen mit Sitz in der Gemeinschaft ist und demzufolge über

---

343 Vgl. KOMMISSION DER EUROPÄISCHEN GEMEINSCHAFTEN (2000b), S. 30.

344 Es sollte jedoch davon ausgegangen werden, dass in der Zukunft auch andere Staaten mit Umsatzsteuersystemen Regelungen einführen werden, die dann auch den Unternehmen aus der EU vergleichbare Verpflichtungen bei Leistungen an Privatpersonen auferlegen.

345 KOMMISSION DER EUROPÄISCHEN GEMEINSCHAFTEN (2000b), S. 8.

die Umkehrung der Steuerschuldnerschaft zum Steuerschuldner wird.[346] Kann der Leistungsempfänger keine USt-IdNr. vorlegen, so muss es sich um eine Privatperson oder ein Unternehmen aus einem Drittland handeln[347].

Um ein solches Verfahren in den elektronischen Handel zu integrieren bzw. um es auch für Unternehmen aus Drittländern anwendbar zu machen, soll ein elektronisches Bestätigungsverfahren für USt-IdNr. eingerichtet und die Nutzung über die EU hinaus ausgedehnt werden. Im Rahmen der Bestimmung des Steuerstatus und speziell in Verbindung mit dem Ansatz der EU ergeben sich folgende Probleme:

- Die einfachste technische Lösung zur Ermittlung bzw. Überprüfung des Steuerstatus wäre die Erstellung einer Datenbank mit allen gültigen Steuernummern/USt-IdNr., die von den leistenden Unternehmen online abgefragt werden kann. Dabei müsste neben der Gültigkeit zumindest auch die Zuordnung zu einem bestimmten Unternehmen geprüft werden können. Ein solches System gewährt allerdings keine hohe Zuverlässigkeit, da die Daten (Ust-IdNr. und zugehörige Firma) frei verfügbar sind und somit auch unter falschen Namen – und auch von Privatpersonen – verwendet werden könnten.[348] Innerhalb der EU erfordert die Abfrage der Gültigkeit einer Ust-IdNr. und des Namens des Geschäftspartners bislang die Angabe der eigenen Ust-IdNr.[349] Da Drittlandsunternehmen nicht über eine solche verfügen, muss der Zugang zu einer Datenbank entweder allgemein offen sein oder es muss ein Autorisierungssystem eingeführt werden, das jedem Unternehmen – das potentiell eine Abfrage durchführen wird – eine Kennung zuteilt[350].

  Bereits heute ist eine Online-Abfrage einer USt-IdNr. möglich, es zeigt sich jedoch, dass dieser nicht die gleiche Zuverlässigkeit zuerkannt wird, wie bei-

---

346 Vgl. ebenda, S. 29.

347 Diese Identifizierung hängt davon ab, ob zunächst der Status oder das Wohnsitzland bestimmt wird.

348 Vgl. HEDEL, Wolfgang (2001), S. 168. Wird bei der Überprüfung nur die Zuordnung einer gültigen USt-IdNr. zu einer bestimmten Firma ermittelt, kann ein solcher Missbrauch nicht aufgedeckt werden.

349 Vgl. SIKORSKI, Ralf (2000), S. 39f.

350 Gelten keine Umsatzschwellen für die Steuerpflicht, so müsste der Zugriff auf eine solche Datenbank allgemein offen sein, da alle leistenden Unternehmen, die digitale Produkte anbieten, während jeder Verkaufstransaktion überprüfen müssen, ob sie Leistungen an Privatpersonen innerhalb der EU erbringen. Bei Bestehen einer Umsatzschwelle für eine Registrierungsverpflichtung, die auf Umsätze an Privatpersonen bezogen ist, müssten auch nicht registrierte Unternehmen autorisiert werden, damit sie ein Überschreiten der Umsatzschwelle feststellen können.

spielsweise einer schriftlichen oder telephonischen Bestätigung. So erfüllt eine „einfache Bestätigungsanfrage" über das Internet bspw. nicht die Vertrauensschutzregel nach § 6a Abs. 4 UStG[351], da ein Nachweis über die Bestätigungsabfrage nicht möglich ist.

Der Wirtschafts- und Sozialausschuss der EU schlägt vor, dass die Steuerverwaltungen Verzeichnisse der in ihrem Steuerzuständigkeitsbereich für MwSt-Zwecke registrierten Wirtschaftsbeteiligten veröffentlichen[352]. Ein solcher Ansatz ist jedoch allenfalls für den traditionellen Geschäftsverkehr, der weitere Ansatzpunkte zur Identifizierung der Geschäftspartner liefert, akzeptabel[353].

- Aufgrund der dargestellten potentiellen Unsicherheit einer einfachen Datenbankabfrage wird die im Richtlinienvorschlag formulierte Gutglaubensregelung stark kritisiert. Danach würde ein Erbringer einer Dienstleistung, wenn er „die größtmögliche, nach dem jeweiligen Handelsbrauch übliche Sorgfalt aufgewandt und anhand eines kohärenten Datensatzes aus unabhängiger Quelle (...) überprüft, ob sein Kunde ein Steuerpflichtiger mit Sitz in der Gemeinschaft ist", von der Steuerschuldnerschaft entbunden. Bietet das Verfahren jedoch die Möglichkeit, durch Angabe falscher Daten als Unternehmen identifiziert zu werden, so führt diese Gutglaubensregelung zu Möglichkeiten einer Umgehung der Steuerpflicht.[354]
- Da das Sicherheitsniveau einer „einfachen" Online-Datenbank für die zuverlässige Bestimmung des Steuerstatus nicht ausreichend ist, muss das Verfahren in eine umfassendere Sicherheitsinfrastruktur integriert werden. Insbesondere muss garantiert werden können, dass der Verwender einer USt-IdNr. wirklich der Besitzer ist, also niemand unter falschem Namen handeln kann. Wie bereits in der individuellen Kommunikation über das Internet ist dies durch die Verwendung elektronischer Signaturen zu erreichen.[355] Die Vergabe von Passwörtern zusätzlich zu den USt-IdNr. würde zwar die Miss-

351 Gemäß dieser Regelung wäre das leistend Unternehmen nach einer Bestätigungsanfrage nicht verantwortlich für eine fälschlicherweise steuerfreie Leistung aufgrund einer falschen Angabe des Leistungsempfängers, vgl. SIKORSKI, Ralf (2000) S. 40.

352 Vgl. EUROPÄISCHER WIRTSCHAFTS- UND SOZIALAUSSCHUSS (2000), Punkt 3.7.

353 Es ist jedoch darauf hinzuweisen, dass es auch im traditionellen Handel zu Steuerausfällen aufgrund unkorrekter Angaben der USt-IdNr. kommt, vgl. SACHVERSTÄNDIGENRAT ZUR BEGUTACHTUNG DER GESAMTWIRTSCHAFTLICHEN ENTWICKLUNG (1995), Punkt 301, S. 199.

354 Vgl. MAẞBAUM, Michael (2000), S. 743.

355 Vgl. HARDESTY, David (2000a), S. 6.

brauchsmöglichkeiten eingrenzen, jedoch nicht wirklich verhindern, da z. B. alle Mitarbeiter eines Unternehmens, die Einkäufe tätigen, dieses Passwort kennen müssten.[356]

- Eine sicherheitstechnisch anspruchsvollere Lösung benötigt allerdings Zeit, um ein entsprechendes Signatursystem einzuführen. Außerdem müsste eine Abstimmung mit der Infrastruktur der E-Commerce-Händler erfolgen, so dass eine Prüfung des Steuerstatus (durch Auslesen und Verifikation der Zertifikate) während einer Handelstransaktion erfolgen kann. Darüber hinaus sollte solch ein Verfahren so flexibel gestaltet sein, dass es – falls erforderlich – von vielen Staaten genutzt werden kann.

### *2.3.3 Durchsetzung der Registrierungspflicht*

Für die Steuerverwaltungen der Verbrauchsländer würden sich im Falle der Umsetzung der dargestellten Regelungen neue Anforderungen im Bereich der Kontrolle und Durchsetzung der Registrierungspflicht ergeben. Neben denjenigen Kontrollschwierigkeiten, die sich allgemein aus den veränderten Bedingungen des elektronischen Geschäftsverkehrs ergeben, da z. B. Transaktionsdaten nur in digitaler Form vorliegen[357], entstehen zusätzliche Probleme bei dem Bestreben, die Umsetzung der Registrierungsverpflichtung sicherzustellen. Auch wenn Steuerbehörden versuchen, Verfahren zur Identifizierung der Anbieter zu finden, so kann die Funktionsfähigkeit eines Registrierungsmodells doch nur durch eine weitgehende Bereitschaft der Drittlandsunternehmen zur freiwilligen Registrierung gesichert werden.[358]

Um die Einhaltung einer Registrierungspflicht kontrollieren zu können, müssen diejenigen Unternehmen aus Drittländern identifiziert werden, die tatsächlich digitale Produkte in die EU liefern. Die Einführung einer Umsatzschwelle für die Registrierungspflicht verlangt darüber hinaus, dass die Summe der Umsätze bzw. das Überschreiten der Umsatzschwelle festzustellen ist. Dabei ist zu beachten, dass die leistenden Unternehmen, falls sie wegen technischer Restriktionen das Bestimmungsland einer Leistung nicht eindeutig feststellen können, selbst eine eventuelle Registrierungspflicht nicht erkennen können.

---

356 Vgl. HEDEL, Wolfgang (2001), S. 168.

357 Diese werden im folgenden Kapitel 2.4 untersucht.

358 Vgl. ARNDT, Hans-Wolfgang/FETZER, Thomas (2000), S. 2551 und EUROPÄISCHER WIRTSCHAFTS- UND SOZIALAUSSCHUSS (2000), Punkt 3.6.

Als Ansatzpunkte zur Identifizierung registrierungspflichtiger Drittlandsunternehmen werden (1) der Einsatz von Suchmaschinen, (2) die Nutzung von Informationen, die von den Vergabestellen von Domain-Namen erhoben werden[359], (3) die Nutzung von Informationen von Zertifizierungsstellen oder (4) der Informationsaustausch zwischen Steuerbehörden diskutiert.[360]

Option (1) basiert auf der Vorstellung, dass E-Commerce-Anbieter über Suchmaschinen ermittelt werden können und sich so die Einhaltung von Registrierungsverpflichtungen überprüfen lässt[361]. Dazu müsste allerdings auch festgestellt werden, ob ein Anbieter tatsächlich digitale Produkte in das jeweilige Registrierungsland geleistet hat und – falls eine Registrierungspflicht besteht – wo der Anbieter ansässig ist. Neben der Frage, welcher technische und personelle Aufwand durch eine solch differenzierte Recherche verursacht würde, ist es angesichts der Tatsache, dass heute weltweit ca. 36 Mio. Domainadressen[362] bestehen, fraglich, ob eine zuverlässige Aufdeckung der Nichterfüllung einer Registrierungspflicht auf diesem Wege möglich wäre.

Informationen über die Besitzer einzelner Domains (Option (2)) müssen auf Basis der von ICANN vorgegeben Registrierungsbedingungen für Domains bei jeder Vergabe einer Domain zur Verfügung gestellt werden, so dass zu jeder Domain ein Inhaber bzw. Betreiber feststellbar ist. Über den Dienst „whois" können bei den Verwaltern der Top Level Domains solche Informationen auch z. T. öffentlich abgerufen werden. Allerdings besteht keine zentrale öffentlich zugängliche whois-Datenbank, sondern es gibt whois-Server bei den Organisationen, die die Top Level Domains verwalten und unterhalb von diesen auch bei den Registrierungsstellen einzelner TLDs.[363] Die Art des Zugangs zu den Informationen und der Inhalt unterscheiden sich zwischen den einzelnen Organisationen. Als Mindestinhalt einer Abfrage sollte der Name und die Adresse des

---

359 Vgl. SPANAKAKIS, Georgios (2000), S. 286.

360 Zu den Optionen (1), (3) und (4) vgl. OECD/TECHNOLOGY TAG (2000), S. 55f.

361 So ist beispielsweise geplant, dass das Bundesamt der Finanzen eine zentrale Umsatzsteuerdatenbank mit allen registrierten Anbietern anlegt, die dann mit den bei einer Recherche über Suchmaschinen festgestellten E-Commerce-Anbietern abgeglichen werden soll, vgl. o.V. (2000), Steuerfahndung im Internet, RZ-online v. 28.12.2000.

362 Im August 2001 waren weltweit 36.111.110 Domains registriert. Diese Information ist in aktualisierter Form abrufbar unter: http://www.domainstat.com. Der letzte Internet Domain Survey vom Januar 2001 gibt außerdem weltweit 109.574.429 Host im DNS an, http://www.isc.org/ds/WWW-200101/index.html.

363 So betreibt RIPE einen whois-Server für alle europäischen TLDs und DENIC parallel einen für die TLD „de". Network Solutions bietet den whois-Dienst für die generischen TLDs com, org und net an.

Domainbesitzers und der Name einer Kontaktperson angegeben werden. Grundsätzlich muss jedoch zunächst eine Domain bereits bekannt sein, zu der dann eine Abfrage durchgeführt werden kann. Ein Zugang zu den Gesamtdaten der Registrierungsstellen besteht auch für Finanzverwaltungen nicht, so dass Auskunftsrechte der Finanzverwaltungen gegenüber den Vergabestellen von Domains erst geschaffen werden müssten.[364] Dies würde allerdings kaum einen Lösungsansatz für die Ermittlung der registrierungspflichtigen Unternehmen bewirken, da aus den Angaben beispielsweise nicht hervorgeht, ob eine Domain privat oder gewerblich genutzt wird.

Option (3), die eine Einbeziehung von Zertifizierungsstellen vorsieht, ist auf eine Situation bezogen, in der die E-Commerce-Händler elektronische Zertifikate zur Identifizierung gegenüber den Kunden verwenden. Bereits heute beinhalten Websites, die eine gesicherte Verbindung (SSL) zur Verfügung stellen, Zertifikate, durch die eine Verknüpfung einer Firma mit einer Domain hergestellt wird. Damit sollen Nutzer sicherstellen können, dass das aus dem Domain-Namen ableitbare Unternehmen tatsächlich der Betreiber der Website ist. Die Zuverlässigkeit dieser Angaben ist jedoch wie im Fall der Verwendung elektronischer Signaturen von der Organisation der Zertifikatsaussteller und der Überprüfbarkeit der Zertifikate abhängig. Neben dem Namen des Unternehmens und einem Kennzeichen für den Sitzstaat enthält dieses Zertifikat i. d. R. keine Angaben, die auf den Geschäftsbereich des Unternehmens schließen lassen.

Letztlich kann eine Kontrolle und Sanktionierung, die eine Nichteinhaltung der Registrierungs- und damit auch der Steuerpflicht verhindert, nur unter Beteiligung der Steuerbehörden der Herkunftsländer der leistenden Unternehmen (Option (4)) durchgeführt werden. Option (4) basiert auf der Annahme, dass zumindest einige der leistenden Unternehmen in ihren Herkunftsländern eine Umsatzsteuererklärung abgeben müssen und die dortigen Steuerverwaltungen daher auch über Informationen verfügen, in welche Länder digitale Produkte geliefert werden.[365] Zur Verwirklichung dieser Option müsste zunächst sichergestellt werden, dass die Herkunftsländer zur Leistung der erforderlichen Rechtshilfe bereit sind. Darüber hinaus sind die informationstechnischen Voraussetzun-

---

364 Vgl. KREIENBAUM, Martin (2000), S. 13.

365 Allerdings haben die Erfahrungen der deutschen Finanzbehörden gezeigt, dass selbst die Registrierungsverpflichtungen inländischer E-Commerce-Unternehmen nicht konsequent eingehalten werden und einige Unternehmen sich der Steuerkontrolle und der Erhebung von Umsatz- und Einkommensteuer entziehen. Vgl. o.V. (2000), Fiskus rüstet auf gegen den Steuerbetrug im Netz, HB v. 28.12. 2000 und o.V. (2000), Eichel entgehen 20 Mrd. DM an Steuereinnahmen, HB v. 08.08.2000.

gen in Form einheitlicher Kommunikationsstandards und sichere Datenverbindungen zwischen den Finanzverwaltungen zu schaffen.[366] Allerdings hält selbst der europäische Wirtschafts- und Sozialausschuss eine Durchsetzung der Verpflichtungen auf diesem Weg für kaum praktikabel, da eine Beteiligung der Steuerbehörden in Drittstaaten an der „Verfolgung von Steuerhinterziehern" sehr unwahrscheinlich sei. Ein solches Maß an administrativer Zusammenarbeit könne schon innerhalb der EU nicht erreicht werden.[367]

Die drei erstgenannten Optionen könnten lediglich die Identifizierung der leistenden Unternehmen und eine darauf basierende Kontrolle der Registrierung ermöglichen, nicht jedoch eine Durchsetzung der Registrierungs- und Steuerpflicht, da Finanzverwaltungen keinen Zugriff auf nicht im Inland ansässige Unternehmen haben.[368] Eine Sanktionierung einer Nichterfüllung der Verpflichtungen würde daher in jedem Fall (auch wenn das Unternehmen in der EU registriert ist) eine Einbeziehung der Finanzverwaltungen in den Herkunftsländern bedingen.[369] Zwar sind im Richtlinienvorschlag keine expliziten Sanktionsmöglichkeiten vorgesehen, allerdings ist angedeutet, „dass nicht einhaltungswilligen Unternehmen aus Drittstaaten der Schutz ihrer Rechte des geistigen Eigentums in der Gemeinschaft entzogen werden könnte"[370]. Ein solches Vorgehen würde jedoch gegen internationale Übereinkommen verstoßen und gravierende politische Konflikte hervorbringen. Im Weiteren hofft die Kommission auf die Verfügbarkeit neuer Mechanismen, die sich im Rahmen der technischen Entwicklung ergeben werden.[371]

---

366 Vgl. OECD/TECHNOLOGY TAG (2000), S. 56.

367 Vgl. EUROPÄISCHER WIRTSCHAFTS- UND SOZIALAUSSCHUSS (2000), Punkt 3.6.2.

368 Vgl. ARNDT, Hans-Wolfgang/FETZER, Thomas (2000), S. 2551.

369 Vgl. HEDEL, Wolfgang (2001), S. 167.

370 EUROPÄISCHER WIRTSCHAFTS- UND SOZIALAUSSCHUSS (2000), Punkt 3.6.3.3.

371 So muss gemäß der Kommission „ein Instrumentarium entwickelt werden, das es den Steuerbehörden erlaubt, die Vorschriften unmittelbar durchzusetzen", KOMMISSION DER EUROPÄISCHEN GEMEINSCHAFTEN (2000b), S. 11. Der Wirtschafts- und Sozialausschuss bewertet die Haltung der Kommission wie folgt: „Die Kommission denkt an neue Wege der Durchsetzung gegenüber vorschriftswidrig handelnden Unternehmen und setzt ihre Erwartungen in Verfahren, die im Zuge der weiteren Entwicklung der Technik und des elektronischen Handels aufkommen werden" EUROPÄISCHER WIRTSCHAFTS- UND SOZIALAUSSCHUSS (2000), Punkt 3.6.3.4.

## 2.4 *Möglichkeiten der Kontrolle der Steuererhebung*

### 2.4.1 *Bisherige Ansätze*

Die Aufgabe der Kontrolle der Umsatzbesteuerung im elektronischen Handel bezieht sich sowohl auf die Feststellung, ob alle steuerpflichtigen Unternehmen tatsächlich bei der (je nach Ausgestaltung des Erhebungsverfahrens) zuständigen Steuerbehörde registriert sind, als auch darauf, die korrekte Behandlung der Besteuerungstatbestände zu überprüfen. Die erste Aufgabe erweist sich im Falle einer Registrierung von Drittlandsunternehmen durch die Steuerbehörde im Verbrauchsland (Registrierungsmodell) als besondere Herausforderung. Da diese Problematik bereits im Rahmen der Diskussion des EU-Richtlinienvorschlags (vgl. Kapitel 2.3.3, S. 113ff.) analysiert wurde, gehen die folgenden Betrachtungen im Wesentlichen auf die Kontrolle der korrekten Besteuerung der steuerpflichtigen Umsätze ein. Das Maß, in dem eine über die Überprüfung der Registrierungspflicht hinausgehende Kontrolle der Steuererhebung und Sanktionierung von Pflichtverletzungen insgesamt verwirklicht werden kann, bestimmt letztlich das Ausmaß, in dem sich die Anforderung der Gleichmäßigkeit der Besteuerung erfüllen lässt.

Die Kontrollproblematik für die Steuerbehörden bezieht sich insbesondere auf die vollständige Erfassung der steuerlich relevanten Geschäftsvorfälle und die Prüfung der regelkonformen Erhebung der Umsatzsteuer. Die Kontrollmöglichkeiten der Finanzverwaltungen basieren einerseits auf den Dokumentations- und Mitwirkungspflichten der Steuerpflichtigen sowie andererseits auf dem Recht zur Betriebsprüfung, bei der die allgemeinen steuerlichen Verhältnisse ermittelt oder einzelne Steuerarten überprüft werden.[372] Darüber hinaus müssen den Finanzverwaltungen Instrumente zur Durchsetzung der Steueransprüche zur Verfügung stehen.

Soll die korrekte Erfassung aller Steuertatbestände gewährleistet und die Berechnung der Umsatzsteuer nachträglich durch die Finanzverwaltungen prüfbar sein, so müssen die Steuerpflichtigen Aufzeichnungen über alle Geschäftsvorfälle führen. Damit solche Aufzeichnungen hinreichend zuverlässig sind und als Grundlage der Kontrolle dienen können, sind bestimmte Grundsätze – die Grundsätze ordnungsgemäßer Buchführung (GoB) – einzuhalten[373]. Diese all-

---

[372] Vgl. HERRLER, Hans (u.a.) (2000), S. 160f.

[373] Im Sinne einer ordnungsgemäßen Buchführung müssen die Grundsätze *vollständig, richtig, zeitgerecht, geordnet, unveränderlich* und *prüfbar* erfüllt sein. Vgl. SCHMITZ, Stephan (1998), S. 202.

gemeinen Grundsätze wurden an eine zunehmend EDV-gestützte Buchführung[374] angepasst[375], wobei als Rahmenbedingung u. a. der einheitliche Standard EDI (Electronic Data Interchange) zur Geschäftsabwicklung zwischen Unternehmen gilt. Es müssen gemäß diesen Grundsätzen folgende Anforderungen durch das System bzw. die Aufzeichnungen erfüllt sein: Authentifizierung des Absenders von Daten, sicheres Zugangsmanagement, Datenvertraulichkeit, Datenintegrität, Nicht-Leugnung des Empfangs von Daten.[376]

Darüber hinaus besteht für die Finanzverwaltungen die Möglichkeit der Kontrolle der Buchführungsdaten im Rahmen von Betriebsprüfungen. Allerdings haben die Finanzverwaltungen derzeit im Rahmen der Betriebsprüfung kein Zugriffsrecht auf die vom Steuerpflichtigen gespeicherten Daten. Der Steuerpflichtige muss jedoch Daten, die nur in elektronischer Form vorliegen, für die Finanzverwaltung lesbar machen oder ausdrucken.[377] Eine Betriebsprüfung liefert im traditionellen Handel mit physischen Gütern oder persönlich erbrachten Dienstleistungen konkrete Ansatzpunkte, die Angaben einer Steuererklärung zu prüfen. So genannte Verprobungs- und Schätzungsmöglichkeiten, wie der Wareneinsatz, die Größe eines Geschäfts oder die Zahl der Mitarbeiter, erlauben Rückschlüsse auf die Umsätze eines Steuerpflichtigen.

### *2.4.2 Neue Herausforderungen für die Kontrolle der Umsatzbesteuerung bei einer Geschäftsabwicklung über das Internet*

Für die Erfassung der steuerlich relevanten Transaktionen im Internet muss die Steuerbehörde – wie im traditionellen Geschäftsverkehr – die Möglichkeit der Prüfung der Buchführung von Unternehmen haben. Aufgrund der zunehmenden Papierlosigkeit des elektronischen Handels und der zunehmenden Integration der Buchführung in einen automatisierten elektronischen Geschäftsablauf ergeben sich dabei neue Herausforderungen für die Steuerprüfung. Um feststellen zu können, ob die Umsatzsteuer nach dem Verbrauchslandprinzip erhoben wurde, ist es für die prüfende Steuerbehörde unerlässlich, dass die Feststellung des

---

[374] Technische Neuerungen, wie automatische Betriebsdatenerfassung und standardisierter Datenaustausch zwischen Unternehmen (über EDI), führten dazu, dass steuerlich relevante Daten nicht ausschließlich im Bereich „Buchhaltung" vorliegen und somit weitere Unternehmensbereiche in die Steuerkontrolle einbezogen werden müssen.

[375] Dies sind die Grundsätze ordnungsgemäßer DV-gestützter Buchführungssysteme (GoBS).

[376] Vgl. SPATSCHECK, Rainer (2000), S. 73ff.

[377] Vgl. SCHMITZ, Stephan (1998), S. 201ff.

Verbrauchsortes nachvollziehbar ist, da nur dann ermittelt werden kann, ob und wo ein Steueranspruch besteht. Dies bedeutet, dass die Identifikation des Besteuerungsortes während einer Verkaufstransaktion so protokolliert werden muss, dass die Steuerbehörde ex post die Bestimmung des Besteuerungsortes überprüfen kann. Dies gilt auch für den Fall, dass digitale Produkte steuerfrei z. B. aus der EU in ein Drittland exportiert werden, da das leistende Unternehmen die Beweislast für den Tatbestand der Steuerbefreiung trägt[378].

Die Dokumentationspflichten der Unternehmen können aufgrund der potentiellen Anonymität der Geschäftsabwicklung über das Internet, der Veränderbarkeit von gespeicherten Daten und der Uneinheitlichkeit der Systeme zur Geschäftsabwicklung (im Gegensatz zu den standardisierten Verfahren des EDI) nicht den Anforderungen der GoBS entsprechend gestaltet werden. So kann selbst eine vollständige und korrekte Erfassung aller Geschäftstransaktionen nicht sichergestellt werden, da die derzeit im Einsatz befindlichen Systeme zur Geschäftsabwicklung im E-Commerce keine Verknüpfung der Geschäftsabwicklung mit den Buchführungsdaten gewährleisten, durch die ein vollständiges und nicht nachträglich veränderbares Protokoll aller steuerrelevanten Geschäftsaktivitäten erstellt wird.[379] So müsste jedes Herunterladen eines digitalen Produktes gegen Entgelt als steuerrelevanter Geschäftsvorfall dokumentiert und dabei alle steuerlich relevanten Informationen wie Verbrauchsort und Steuerstatus des Kunden nachprüfbar und sicher vor Manipulation festgehalten werden. Anders als im traditionellen Handel zeigen sich im Rahmen des E-Commerce Probleme der zuverlässigen Dokumentation der Geschäftsfälle auch für Geschäftstransaktionen zwischen Unternehmen, da kein dem EDI vergleichbarer Standard eingesetzt wird. Um die Datenintegrität und eine sichere Identität der beteiligten Transaktionspartner zu gewährleisten, könnten zukünftig elektronische Signaturen eingesetzt werden[380]. Ein Beispiel für eine Nutzung elektronischer Signaturen ist die Anerkennung elektronischer Rechnungen zum Vorsteuerabzug in der deutschen Umsatzsteuergesetzgebung ab dem Jahr 2002[381], wenn diese Rechnungen mit einer qualifizierten elektronischen Signatur gemäß Signaturgesetz versehen sind. Zur Erfüllung der Dokumentationspflicht muss die elektronische Rechnung dann

---

378 Vgl. KÄBISCH, Volker (2001), S. 379f.

379 Vgl. WEBER, Claus Peter (1998), S. 147.

380 Vgl. Erster Teil, Abschnitt B, Kapitel 5.

381 Vgl. Gesetz zur Senkung der Steuersätze und zur Reform der Unternehmensbesteuerung v. 23. Oktober 2000, Art. 9, Änderung des Umsatzsteuergesetzes.

inklusive des Zertifikats und der Dokumentation der Signaturprüfung aufbewahrt werden.[382]

Die Durchführung von Direktgeschäften über das Internet und insbesondere der Handel mit digitalen Produkten führen dazu, dass Kontrollansätze der Betriebsprüfung, die sich im traditionellen Handel bieten – z. B. Gegenprüfungen bei den beteiligten Zwischenhändlern einer Vertriebskette – wegfallen. Gerade der Handel mit digitalen Produkten bietet darüber hinaus so gut wie keine Schätzungsansätze, da der Material- und Personalaufwand für den Verkauf zusätzlicher Produkteinheiten (per download) zu vernachlässigen ist und somit durch Materialein- oder Materialausgangsprüfungen keine Rückschlüsse auf die Zahl der verkauften Produkte möglich sind.[383] Darüber hinaus wird eine Prüfung der steuerrelevanten Geschäftsdaten im Rahmen einer Betriebsprüfung dadurch erschwert, dass digitale Daten nachträglich verändert[384] werden oder verschlüsselt[385] vorliegen können und die zu prüfende Datenmenge auch innerhalb eines Unternehmen u. U. sehr groß ist.[386]

Um auf diese neuen Anforderungen zu reagieren, wird bspw. in Deutschland mit Wirkung zum 01.01.2002 die Möglichkeit geschaffen[387], innerhalb von Betriebsprüfungen direkt Einsicht in gespeicherte steuerrelevante Daten des Steuerpflichtigen zu nehmen.[388] Dazu können die Finanzverwaltungen entweder unmittelbar die Datenverarbeitungssysteme eines Steuerpflichtigen nutzen oder diesen

---

382 Vgl. KÄBISCH, Volker (2001), S. 380.

383 Vgl. BOEHME-NEßLER, Volker (2001b), S. 207.

384 Zwar können auch Belege in Schriftform nachträglich verändert werden, jedoch ist dabei der Aufwand i. d. R. größer und die Manipulation leichter zu erkennen. Wurden digitale Daten vor einer Steuerprüfung manipuliert, bedarf es u. U. eines hohen technischen Know-hows der Prüfer, um dies feststellen zu können.

385 Dabei können Daten z. B. auch in Bilddaten integriert und somit unerkennbar werden.

386 Vgl. SCHMITZ, Stephan (1998), S. 200f.

387 In anderen Ländern, wie den USA oder Frankreich, besteht diese Möglichkeit bereits.

388 Vgl. Gesetz zur Senkung der Steuersätze und zur Reform der Unternehmensbesteuerung v. 23. Oktober 2000, Art. 7, Änderung der Abgabenordnung.

verpflichten, die Daten für die Prüfung auszuwerten (mittelbarer Datenzugriff).[389]

Zweifellos ist es notwendig, dass sich die Finanzbehörden im Rahmen der Betriebsprüfung und auch der Steuerfahndung an die neuen technischen Rahmenbedingungen der Geschäftsabwicklung anpassen, indem z. B. Software zur Verfügung steht, mit der steuerrelevante Unternehmensdaten ausgewertet werden können. Voraussetzung dafür ist eine – kostenintensive – laufende Schulung der Steuerprüfer über den aktuellen Stand der Software und der Geschäftsprozesse sowie eine adäquate Ausstattung mit Informationstechnologie und Prüfungssoftware.[390] Ebenso selbstverständlich ist es, dass die Finanzbehörden die Möglichkeit einer Internet-Recherche[391] nach Angeboten und Anbietern des E-Commerce haben.[392] Im Inland oder auch europaweit – falls die administrative Zusammenarbeit ausreichend ist – werden damit auch möglicherweise Verbesserungen im Sinne einer breiteren Einhaltung und Durchsetzung der Steuerpflicht erreicht werden, da neben diesen Prüfungsmöglichkeiten auch Sanktionsinstrumente der Finanzbehörden verfügbar sind.[393] Allerdings kann auch eine erweiterte Betriebsprüfung und Steuerfahndung nur dann eine möglichst weitgehende Durchsetzung der Steuererhebung bewirken, wenn sichergestellt werden kann, dass alle Geschäftsvorfälle durch die Unternehmen erfasst sind und deren korrekte Besteuerung anschließend prüfbar ist, indem die Beteiligten eines Geschäftsvorganges bzw. deren (Wohn-)Sitz (Besteuerungsort) bekannt sind. Daher ist eine

---

389 Vgl. BMF-Schreiben v. 16. Juli 2001 zu den „Grundsätzen zum Datenzugriff und zur Prüfbarkeit digitaler Unterlagen (GDPdU)". Auf die Kritik an dieser erweiterten Betriebsprüfung, die sich insbesondere darauf bezieht, dass den Zugriffsmöglichkeiten der Finanzbehörden Grenzen gesetzt werden müssten und ein Zugriff der Betriebsprüfer auf nicht steuerlich relevante Daten ausgeschlossen wird, kann im Rahmen dieser Studie nicht ausführlich eingegangen werden. Vgl. zur Kritik o.V. (2000), Gutachter hält EDV-Zugriff der Finanzämter für verfassungswidrig, FAZ v. 02.05.2000.

390 Vgl. DITTMAR, Frank/SELLING, Heinz-Jürgen (1998), S. 92.

391 Vgl. Fußnote 361.

392 Vgl. zu den Anpassungen von Verfahren der Betriebsprüfung und Steuerfahndung an die neuen technischen Rahmenbedingungen und zu den Bemühungen, E-Commerce-Anbieter ausfindig zu machen ALLER, Heinrich (2000).

393 Allerdings ist dabei zu bedenken, dass sich die Geschäftsmodelle des E-Commerce und die Technik sowohl des elektronischen Handels als auch des Internet noch in der Entwicklung befinden, so dass Anpassungen an heutige technische Rahmenbedingungen bereits in kurzer Zeit unzureichend sein können. Dies gilt insbesondere, da die technische Entwicklung der Unternehmen der der Steuerbehörden wahrscheinlich immer voraus gehen wird, vgl. EUROPÄISCHER WIRTSCHAFTS- UND SOZIALAUSSCHUSS (2000), Punkt 3.6.3.4.

Ausdehnung der Prüfungsbefugnis der Steuerbehörden auf elektronische Daten zumindest für den E-Commerce kein ausreichender Lösungsansatz.[394]

Notwendig sind daher zusätzlich Maßnahmen, die eine Gewährleistung einer vollständigen Dokumentation der Geschäftsabwicklung zum Ziel haben. Solche Maßnahmen können z. B. direkt an den Unternehmenssystemen zur Datenerfassung und Buchführung ansetzen, da dort die relevanten Daten originär erfasst werden. Der Ansatz bietet sich auch deshalb an, weil im elektronischen Geschäftsverkehr die Steuererhebung möglichst weitgehend automatisiert durch elektronische Systeme abgewickelt werden soll und direkt in eine Verkaufstransaktion integriert sein muss (vgl. Kapitel 8).

Solche Unternehmenssysteme, die den gesamten Unternehmensablauf abbilden können, werden sowohl im traditionellen als auch im elektronischen Handel eingesetzt, da damit Rationalisierungspotentiale in der Geschäftsabwicklung genutzt werden können. Diese ermöglichen dann die Verwendung der jeweils relevanten Daten in verschiedenen Anwendungen, z. B. für das Marketing aber auch zur Buchführung. Dabei können nicht nur Daten zur unternehmensinternen Buchhaltung protokolliert werden, sondern es lässt sich auch eine Abbildung aller steuerrelevanten Gechäftsvorfälle zur Erfüllung der Dokumentationspflichten anlegen.

Um tatsächlich eine hohe Zuverlässigkeit der Dokumentation für Zwecke der Steuerkontrolle zu verwirklichen, bieten sich zwei Ansätze einer politischen Steuerung an.

(1) Die Steuerbehörden definieren Anforderungen, die eine automatisierte Abbildung der steuerrelevanten Geschäftsvorfälle erfüllen muss, damit sie - vergleichbar der Erfüllung der Grundsätze ordnungsgemäßer Buchführung - den Zwecken der Steuererklärung und -kontrolle genügen. Diese Anforderungen müssen speziell auf die technischen Rahmenbedingungen des elektronischen Geschäftsverkehrs ausgerichtet sein, um eine praktische Umsetzung zu ermöglichen.[395] Anhand dieser Anforderungen könnten dann diejenigen Teile solcher Unternehmenssysteme, die für die Erstellung der externen

[394] Vgl. KÖHLER, Markus/ARNDT, Hans-Wolfgang (2000), S. 92. Vor allem bewirkt eine derartige Ausdehnung der Kontrollbefugnis eine Vereinfachung für die Steuerbehörden und eventuell eine verbesserte Kontrolle im Bereich des Business-to-Business.

[395] Das Bundesfinanzministerium verweist bisher lediglich auf die GoBS und fordert, dass ein Datenverarbeitungssystem die Unveränderbarkeit des Datenbestandes gewährleisten muss, vgl. BMF-Schreiben v. 16. Juli 2001 zu den „Grundsätzen zum Datenzugriff und zur Prüfbarkeit digitaler Unterlagen (GDPdU)".

Buchführung eingesetzt werden, auf ihre Eignung und Zuverlässigkeit hin geprüft werden. Dadurch würde zumindest die grundsätzliche Fähigkeit eines Systems, eine vollständige und zuverlässige Abbildung der Steuertatbestände zu realisieren, dann gewährleistet sein, wenn die Hersteller der Programme eine entsprechende Installation der Programme sicherstellen. Ein solcher Ansatz erfordert jedoch von den Steuerbehörden ein hohes Maß an technischer Kompetenz und eine entsprechende personelle sowie materielle Ausstattung, da – um Diskriminierungen zwischen Systemherstellern zu vermeiden – die Finanzverwaltungen in der Lage sein müssten, alle potentiellen Systemvarianten (d. h. auch alle Betriebssysteme) einer Prüfung zu unterziehen. Wird das Risiko, dass dabei ungerechtfertigt in den Markt eingriffen wird, als zu groß und/oder der Aufwand der Steuerbehörden als nicht zu bewältigen angesehen, bietet sich ein zweiter Ansatz an.

(2) Die Finanzbehörden definieren lediglich konkrete Anforderungen, die an eine automatisierte Erstellung von Buchhaltungsdaten zum Zwecke der Steuererklärung gestellt werden. Diese Anforderungen müssen dann zum einen von den Herstellern entsprechender Systeme gegenüber ihren Kunden garantiert oder von den Steuerpflichtigen in eigenen, proprietären Systemen implementiert werden. Verantwortlich für die korrekte Erfassung der Geschäftsvorfälle bleiben gegenüber den Steuerbehörden die Steuerpflichtigen, diese haben jedoch bei Nutzung fremder Software die Möglichkeit, auf die Zusicherung (Gewährleistung) der Hersteller zurückzugreifen, wenn eine bewusste Manipulation der Daten ausgeschlossen werden kann. Eine Feststellung der tatsächlichen Zuverlässigkeit der Buchführung kann zusätzlich in Form stichprobenartiger Systemprüfungen durch die Finanzverwaltungen durchgeführt werden.

Über die Integration von Autorisierungssystemen z. B. mittels elektronischer Signaturen könnte verhindert werden, dass nachträglich ein beliebiger Zugriff auf die für die Steuerkontrolle angelegten Daten besteht. Dabei kann außerdem ein Protokoll über alle Änderungen der Daten angelegt werden.

Insgesamt bietet ein Ansatz an den Systemkomponenten, die die steuerrelevanten Geschäftsaktivitäten abbilden, für die Steuerbehörden den Vorteil, dass sie sich, abgesehen von stichprobenartigen Prüfungen der Systeme als solche, auf die Zusicherungen der Hersteller verlassen können. Wird dabei ein Standard für die Beschreibung von Daten, wie XML, etabliert, so kann auch gewährleistet werden, dass die Steuerbehörden Unternehmensdaten systemunabhängig prüfen können.[396] Für die Unternehmen würde sich der Vorteil ergeben, dass die für die Steuerprüfung relevanten Daten von den allgemeinen Unternehmensdaten getrennt werden können. So kann eine unter dem Gesichtspunkt des Datenschutzes bedenkliche Durchsuchung aller Unternehmensdaten vermieden werden.[397] Dies kann darüber hinaus einen störungsfreien Ablauf der Geschäftstätigkeit während der Steuerprüfung gewährleisten.

Als Beispiel eines solchen Ansatzes kann auf das in den USA verfolgte *Streamlined Sales Tax Project* (SSTP) zahlreicher Bundesstaaten verwiesen werden, durch das die Erhebung und Verwaltung von sales und use taxes erleichtert werden soll. Zur Vereinfachung der Verwaltung und Kontrolle der Besteuerung werden in einem Pilotprojekt automatisierte Systeme zur Erhebung von Steuern evaluiert. Es soll dabei den Unternehmen freigestellt werden, ob sie mit registrierten Intermediären zusammenarbeiten oder zertifizierte Steuererhebungssysteme einsetzen wollen. Ziel ist es, durch die Erfahrungen aus dem Pilotprojekt in Zusammenarbeit mit den Herstellern zuverlässige technische Systeme zu entwickeln. Werden diese Systeme später eingesetzt, so sind die Hersteller gegenüber den Steuerbehörden für die korrekte Funktionalität verantwortlich. Alternativ können die Händler eigene proprietäre Systeme einsetzten, die allerdings ebenfalls von den Steuerbehörden zertifiziert werden sollen.[398]

Vermehrte grenzüberschreitende Umsätze mit digitalen Produkten – insbesondere zwischen Unternehmen und Privatpersonen – erfordern bei Anwendung des Verbrauchslandprinzips darüber hinaus einen internationalen Ansatz der Steuerkontrolle, da die Steuerbehörden in den Verbrauchsländern völkerrechtlich keine Befugnis haben, auf die Buchführungsdaten ausländischer Unternehmen zuzugreifen und ihre Steueransprüche in den Sitzstaaten der leistenden Unternehmen durchzusetzen. So erfordern sämtliche Modelle zur Erhebung der Umsatzsteuer im Verbrauchsland zur tatsächlichen Realisierung der Steueransprüche eine internationale administrative Zusammenarbeit der Steuerbehörden. Multila-

---

[396] Die Professional Data Assessment TAG hat sich intensiv mit Fragen der internen und externen Unternehmenskontrolle beschäftigt. Dabei werden auch die Möglichkeiten, die sich durch den Einsatz von XML bieten dargestellt. Vgl. OECD/PROFESSIONAL DATA ASSESSMENT TAG (2000).

[397] Die Möglichkeit, dass die Steuerbehörden im Rahmen eines Zugriffs auf die Buchführungssysteme auch Kenntnisse über nicht steuerrelevante Daten erlangen können, ist eine wesentliche Kritik an dem neuen Zugriffsrecht. Vgl. GEURTS, Matthias (1999), S. 193 und BURCHERT, Bernd (2001), S. 234ff.

[398] Vgl. HARDESTY, David (2000b) und Informationen des SSTP, abrufbar unter: http://www.geocities.com/streamlined2000/.

terale Verträge, die eine solche Zusammenarbeit – Austausch relevanter Informationen zwischen den Steuerbehörden und eine internationale Rechtshilfe bei der Durchsetzung von Steueransprüchen – regeln, bestehen für den Bereich der Umsatzsteuer derzeit nicht. Allerdings wurde bereits 1988 eine Konvention zur administrativen Zusammenarbeit in Steuerfragen – auch für die Umsatzsteuer – vom Europarat und der OECD erarbeitet und zur Ratifizierung vorgelegt. Bisher haben jedoch lediglich acht Staaten diesen Vertrag ratifiziert, darunter nur vier Mitglieder der EU (Belgien, Dänemark, Finnland und die Niederlande) und die USA.[399] Dabei haben die USA allerdings das Ausmaß der Zusammenarbeit im Prinzip auf den Austausch von Informationen beschränkt.[400] Als besonderes Problem im Rahmen des elektronischen Handels erweist sich dabei, dass u. U. neben den bedeutenden Industriestaaten auch so genannte Steueroasen an der Umsetzung der Umsatzbesteuerung digitaler Produkte zu beteiligen sind, wenn Unternehmen ihren Sitz oder eine Betriebsstätte aus Gründen der Steuergestaltung[401] in solche Staaten verlegen.[402]

Wie insbesondere im Zusammenhang mit der Diskussion des Registrierungsmodells gezeigt wurde, ist zwar auch der reine Informationsaustausch zwischen Finanzverwaltungen, z. B. über die Geschäftsbereiche von Unternehmen, bedeutend. Ohne eine Unterstützung bei der Durchsetzung von Steueransprüchen kann jedoch das Verbrauchslandprinzip nicht in die Praxis umgesetzt werden. Im weiteren Verlauf des steuerpolitischen Verhandlungsprozesses auf internationaler Ebene müssen daher die völkerrechtlichen Voraussetzungen einer ausreichenden administrativen Kooperation geschaffen werden. Ein Konsens über das grundsätzliche steuerpolitische Vorgehen (z. B. darüber, welches Erhebungsverfahren implementiert werden soll) ist dabei unumgänglich, um internationale politische Konflikte aufgrund einseitiger Maßnahmen, die eine administrative Kooperation in der Praxis verhindern könnten, zu vermeiden. Von einigen Auto-

---

399 Der Text der „Convention on mutual administrative assistance in tax matters“ sowie der Stand der Ratifizierung sind abrufbar unter: http://conventions.coe.int/Treaty/EN/CadreListeTraites.htm.

400 Die Konvention bietet den Staaten die Möglichkeit, die administrative Unterstützung für „recovery of tax claims“ und „recovery of an administrative fine“ auszugrenzen.

401 Können Internet-Server, wie es vermutlich Anfang 2002 in die OECD-MA aufgenommen werden soll, als Betriebsstätte gelten, so bietet sich damit die Möglichkeit einer hohen Mobilität von Betriebsstätten von E-Commerce-Unternehmen. Unter dem Aspekt der Steuergestaltung ist eine reine Begründung einer Betriebsstätte zwar in erster Linie für die Ertragsbesteuerung von Interesse, hat jedoch dann auch Implikationen auf die praktische Durchsetzung der Umsatzbesteuerung. Vgl. KESSLER, Wolfgang/PETER, Markus (2001), S. 238ff.

402 Vgl. KÖHLER, Markus/ARNDT, Hans-Wolfgang (2000), S. 89.

ren wird jedoch bezweifelt, ob durch Amtshilfe eine effektive Steuerkontrolle und eine Durchsetzung von Steueransprüchen realisiert werden können.[403]

Die Umsetzung einer im Rahmen der Umsatzbesteuerung digitaler Produkte notwendigen administrativen Kooperation bedarf neben einer Ausgestaltung eines entsprechenden praktischen Verfahrens zum Informationsaustausch außerdem einer Einigung darüber, welche Informationen in welchem Format[404] und welcher Sprache zur Verfügung stehen sollen. Darüber hinaus ist die Sicherheit der Daten insbesondere während des Datentransportes zu gewährleisten.

### 3. Würdigung anhand der Anforderungen an ein rationales Steuersystem

Die in den Kapiteln 2.2 und 2.3 dargestellten Modelle einer Umsatzsteuererhebung und die Konkretisierung eines Registrierungsmodells durch den EU-Richtlinien-vorschlag werden nachfolgend anhand der in Kapitel 1 vorgestellten Anforderungen hinsichtlich ihrer Effizienz analysiert. Dabei wird an dieser Stelle angenommen, dass eine Bestimmung des Besteuerungsortes technisch möglich ist.

**Neutralität:** Wettbewerbsneutralität kann potentiell durch alle Erhebungsmodelle gewährleistet werden, wenn das Verbrauchslandprinzip konsequent umgesetzt wird, so dass tatsächlich alle auf einem nationalen Markt gehandelten digitalen Produkte einheitlich besteuert werden und sich keine Preisunterschiede aufgrund unterschiedlicher Umsatzsteuersätze ergeben. Ausnahmen vom Verbrauchslandprinzip, wie sie im EU-Vorschlag vorgesehen sind, verletzen allerdings diese Anforderung. Auch die Einführung von Schwellen für die Registrierungs- oder Steuerpflicht kann Verzerrungen z. B. zwischen in- und ausländischen Unternehmen bewirken. Es erscheint nicht vertretbar, nur um das Ziel der Einfachheit bzw. Praktikabilität der Regelungen durch eine Einführung von Umsatzschwellen zu verwirklichen, die Anforderung der Neutralität zu verletzen.

Sind die materiell-rechtlichen Voraussetzungen gegeben, so muss, um tatsächlich eine Neutralität der Besteuerung zu erreichen, die Identifikation aller Anbieter von digitalen Gütern möglich sein. Nur wenn die steuerpflichtigen Unter-

---

403 Vgl. SCHMITZ, Stephan (2000), S. 347 u. S. 357. Die Zweifel an der Wirksamkeit der Amtshilfe gründen auf den Erfahrungen der niederländischen Finanzverwaltung bei der Betriebsprüfung von Unternehmen, die ihre Buchführung ins (europäische) Ausland verlagert haben.

404 Ein Verfahren des internationalen Informationsaustausches kann effizient wohl nur elektronisch durchgeführt werden.

nehmen bekannt sind, können Steueransprüche gleichmäßig durchgesetzt werden, ansonsten würde die Besteuerung nur auf einer freiwilligen Pflichterfüllung basieren. Keines der Modelle kann jedoch diese Voraussetzung ohne eine über das bisherige Maß hinausgehende internationale Kooperation erfüllen. Daher müssen zur Sicherstellung der Neutralität wirksame Rechtshilfeabkommen geschlossen werden. In der Praxis ist zu vermuten, dass die Gewährleistung der tatsächlichen Neutralität umso schwieriger sein wird, je mehr Unternehmen ihren Sitz in „Steueroasen“ verlegen[405], um mögliche Kontrolllücken zu nutzen. Selbst wenn dann gleichwohl eine Identifizierung der steuerpflichtigen Unternehmen (z. B. durch Kenntnisse der Wettbewerber) möglich wäre, würde die Durchsetzung der Verpflichtung sehr schwierig.

**Wirtschaftlichkeit:** Zur Erfüllung der Anforderung der Wirtschaftlichkeit sind die direkten und indirekten Kosten der Besteuerung zu minimieren. Derzeit liegen jedoch keine Daten vor, um Aussagen zu den zu erwartenden Kosten der Ausführung der einzelnen Aufgaben machen zu können und einen direkten Kostenvergleich der einzelnen Modelle durchzuführen. Die OECD konzentriert die Betrachtung bisher auf organisatorische und technische Aspekte. Der Richtlinienentwurf der EU ist neben den materiell-rechtlichen Details noch nicht verfahrenstechnisch spezifiziert, so dass darin keine Kostenbetrachtung vorgenommen werden konnte.

Allerdings kann die Verteilung der Kosten, wie sie sich aufgrund der Verteilung der Pflichten und Verantwortlichkeiten innerhalb der einzelnen Erhebungsmodelle ergibt, grob skizziert werden. Neben der „ursprünglichen“ Verteilung der Kosten sollten die Möglichkeiten der Überwälzung von Kosten beachtet werden. In der folgenden Tabelle 7 werden, soweit dies derzeit absehbar ist, die Kosten für die Durchführung der einzelnen Elemente nach dem Entstehungsort gegenübergestellt.

---

405 In der aktuellen steuerpolitischen Diskussion wird eine solche Verlagerung des Unternehmenssitzes z. T. als unwahrscheinlich angesehen, da die Käufer kein Vertrauen in Unternehmen mit einem Sitz in solchen Staaten hätten. Es ist allerdings fraglich, welche Bedeutung dies im Falle von Käufen geringwertiger digitaler Produkte wie Musikdateien oder „einfacher“ Software haben wird. Zumindest werden in diesen Fällen Verbraucherrechte nur eine untergeordnete Rolle spielen, da z. B. Umtäusche kaum vorkommen werden.

**Tabelle 7:** Entstehungsort der Kosten innerhalb der Besteuerungsmodelle

| **Module** | **Modelle der Besteuerung** | | |
|---|---|---|---|
| | Registrierung | Tax at source and transfer | Trusted Third Party |
| Kosten der Registrierung | • Leistende Unternehmen durch Erfüllung der Registrierungsverpflichtung (eventuell multiple Registrierung)<br>• Steuerbehörde im Verbrauchsland durch Ausweitung des Registrierungsverfahrens | • bei Steuerbehörde im Land des leistenden Unternehmens evtl. administrative Zusatzkosten[1]<br>• bei leistenden Unternehmen evtl. geringe Zusatzkosten[1] | • durch Einrichtung eines TTP-Systems[2]<br>• im Land des leistenden Unternehmens evtl. administrative Zusatzkosten[1]<br>• bei leistenden Unternehmen keine oder geringe Zusatzkosten[1] |
| Kosten der Einbehaltung und des Transfers des Steuerbetrags | • Leistende Unternehmen | • Leistende Unternehmen und Steuerbehörde im Land des leistenden Unternehmens | • Leistende Unternehmen und/oder TTP |
| Kosten der Kontrolle | • Steuerbehörde im Verbrauchsland<br>• Steuerbehörde im Land des leistenden Unternehmens durch intensive administrative Zusammenarbeit | • Steuerbehörde im Land des leistenden Unternehmens | • Steuerbehörde im Land des leistenden Unternehmens |

[1] Bezogen auf die Situation, dass bereits eine der Umsatzsteuer vergleichbare Steuer in dem betrachteten Land erhoben wird.

[2] Wo diese Kosten entstehen, ist davon abhängig, ob der Steuerbehörde im Verbrauchsland oder der Steuerbehörde im Land des leistenden Unternehmens die Zuständigkeit für die Einrichtung eines TTP-Systems übertragen wird.

Quelle: Eigene Darstellung.

Im *Registrierungsmodell* werden aufgrund der notwendigen Neuregistrierung von Unternehmen aus Drittstaaten die Kosten dieser Aufgabe dann höher sein als in den beiden anderen Modellen, wenn in letzteren auf bestehende Registrierungsdaten zurückgegriffen werden kann. Die Kosten für das im Land des Verbrauchs zu implementierende Registrierungsverfahren beinhalten auch die Kosten der Steuerbehörde für die Beschaffung der Informationen darüber, welche Unternehmen registrierungspflichtig sind.

Wie die Darstellungen in Kapitel 2.3.3 gezeigt haben, ist die Beschaffung dieser Informationen nicht einfach und wahrscheinlich mit hohen (Transaktions-) Kosten der Steuerbehörden verbunden. Für die registrierungspflichtigen Unternehmen selbst entstehen im Vergleich zu den anderen Modellen höhere Kosten, da sie sich zusätzlich zu einer Registrierung im Sitzstaat – unter der Annahme, dass dort eine Umsatzsteuerregistrierung erfolgt – in den Ländern registrieren lassen müssen, in die sie digitale Produkte liefern. Die Transaktionskosten der Unternehmen für Registrierungen im Ausland (in den Verbrauchsstaaten) dürften aufgrund der verschiedenartigen und zunächst unbekannten nationalen Regelungen höher sein als die im Land des Unternehmenssitzes. Besonders hohe Belastungen treten auf, wenn multiple Registrierungen für multinational tätige Unternehmen notwendig werden sollten. Die Kosten der Einbehaltung und des Transfers der Steuer fallen ebenfalls bei den leistenden Unternehmen an, die der Steuerkontrolle entstehen bei der Steuerbehörde im Verbrauchsland, so dass für diese Aufgabe Kostenträger und Steuerberechtigter übereinstimmen. Allerdings erfordert die praktische Durchführung der Kontrolle der Besteuerung eine umfangreiche administrative Unterstützung durch die Steuerbehörden in den Sitzstaaten der Unternehmen, so dass auch in diesen Ländern Kosten entstehen werden.

Unter Einbeziehung der Kostenwirkung wird das Registrierungsmodell insbesondere von der Wirtschaft kritisch betrachtet, wobei die Unternehmen davon ausgehen, dass sie die Kosten der Registrierung(en) (weitgehend) selbst tragen müssen. Gerade für kleine und mittlere Unternehmen könnten somit insbesondere bei Mehrfachregistrierungen – gemessen am Umsatz – relativ hohe Transaktionskosten entstehen. Falls die Marktbedingungen Überwälzungen der Kosten zulassen, werden die Unternehmen die Kosten über die Preise an die Konsumenten weitergeben, so dass der Konsum letztlich zusätzlich zu der Umsatzsteuer auch durch die Kosten der Registrierung belastet wird. Bei der Gesamtbewertung des Modells sollte berücksichtigt werden, dass die Registrierungskosten zwischen steuerpflichtigen Unternehmen und den Staaten, die einen Steueranspruch geltend machen, umverteilt werden könnten.

Das Modell *tax at source and transfer* würde dann geringere Kosten der Registrierung aufweisen, wenn tatsächlich keine (vollständig) neue Registrierung im Herkunftsland der leistenden Unternehmen durchgeführt werden muss. Die Kosten der Einbehaltung der Steuer entstehen bei den leistenden Unternehmen und die Kosten des Transfers der Steuer und der Kontrolle der Besteuerung fallen bei der Steuerbehörde des Sitzstaates der Unternehmen an. Unter der Annahme, dass ein auf diesem Modell basierendes globales Umsatzsteuersystem eingerichtet würde, bedeutete dies für Staaten, die einen Nettoexport an digitalen Produkten aufweisen, eine Nettokostenbelastung, da sie mehr Serviceleistungen für andere Staaten erbringen müssten, als sie selbst in Anspruch nähmen.[406] Es ist zu vermuten, dass diese Staaten für eine solche Dienstleistung einen Kostenausgleich durch die Steuerbehörde des Verbrauchslandes fordern oder Einwände gegen ein Modell, das hohe Kosten bei der Steuerbehörde im Land des Steuerpflichtigen verursacht, erheben würden. Da die Gesamtkosten der Steuerkontrolle möglicherweise niedriger sind, wenn die Steuerbehörden im Land des leistenden Unternehmens die Aufgabe der Kontrolle direkt erfüllen[407], würden sich (weitere) Kosteneinsparungen im Vergleich zum Registrierungsmodell ergeben, die eine (teilweise) Übernahme der Kosten durch die Steuerbehörden im Verbrauchsland möglich machen.

Die Kosten der Registrierung der steuerpflichtigen Unternehmen im Rahmen eines *TTP-Modells* sind zunächst vergleichbar mit denen eines Transfermodells. Darüber hinaus entstehen bei letzterem jedoch Kosten der Registrierung bzw. Zertifizierung der Intermediäre. Die Aufgabe der Einbehaltung und des Transfers der Umsatzsteuer kann nur einer von den Steuerbehörden als vertrauenswürdig befundenen Institution übertragen werden. Der Preis, den ein privater Intermediär für die Dienstleistung der Einbehaltung und des Transfers der Steuer verlangt, kann entweder durch die Steuerbehörden als Anteil des einbehaltenen Steuerbetrags oder durch die leistenden Unternehmen bezahlt werden. Im letzteren Fall werden die Unternehmen diese Kosten in die Preise für digitale Produkte überwälzen, falls es die Marktbedingungen zulassen[408].

---

406 Derzeit dürfte dies mit Sicherheit für die USA gelten. Die Belastung wäre hier besonders hoch, da die USA keine nationale allgemeine Umsatzsteuer implementiert haben und somit keine entsprechenden Dienste von Steuerbehörden anderer Länder in Anspruch nehmen würden.

407 Vgl. OECD/CONSUMPTION TAX TAG (2000), S. 26.

408 Eine höhere Belastung der Konsumenten entsteht allerdings nur, wenn im anderen Fall die Steuerbehörden ihre Kosten nicht in einen höheren Steuersatz überwälzen.

Ein direkter Vergleich eines TTP-Modells und eines Transfermodells unter Kostenaspekten ist kaum möglich, da die Effizienz der Steuererhebung und -abführung beider Ausgestaltungen nicht bekannt ist.

Da unter dem Aspekt der Wirtschaftlichkeit die volkswirtschaftlichen Gesamtkosten – und weniger die Kosten der einzelnen beteiligten Gruppen – bedeutend sind, sollte sich die steuerpolitische Diskussion verstärkt auf die Gesamtkosten konzentrieren, um eine volkswirtschaftlich vertretbare Lösung zu finden. Die Verteilung der Kosten ist von Bedeutung, da davon abhängt, wer letztlich durch die Kosten der Besteuerung belastet wird. Die Steuerpolitik muss entscheiden, wie die Kosten auf alle Beteiligten verteilt werden sollen. Insbesondere ist zu fragen, ob diejenigen Konsumenten, die digitale Dienstleistungen im grenzüberschreitenden Handel beziehen, auch mit den (höheren) Kosten des Besteuerungsverfahrens belastet werden sollten oder ob die Steuerbehörden, die einen Steueranspruch begründen, auch (teilweise) die Kosten übernehmen sollten, die bei den Steuerpflichtigen oder den TTPs anfallen.[409] Dabei ist zu berücksichtigen, dass eine Übernahme der Registrierungskosten die Chancen für eine möglichst große „freiwillige“ Erfüllung der Registrierungspflicht(en) verbessern könnten.

**Transparenz und Verständlichkeit der Besteuerung:** Aufgrund der Tatsache, dass Umsätze unter Anwendung eines Verbrauchslandprinzips gemäß der Regelungen des Bestimmungslandes besteuert werden müssen, bergen alle Modelle die Gefahr, komplex auf Kosten der Verständlichkeit zu sein und hohe Anforderungen an die leistenden Unternehmen zu stellen, sofern die materiellrechtlichen und verfahrenstechnischen Regelungen nicht international abgestimmt und vereinfacht werden. Dies bezieht sich insbesondere auf die Steuersätze, die Produktkategorisierung, die Ausnahmen von der Besteuerung und die Registrierungsregeln.[410] Da die Komplexität der Regelungen ihrerseits auch Auswirkungen auf die Bereitschaft zur freiwilligen Erfüllung der Verpflichtungen hat, sollten im Interesse der Sicherstellung der Gleichmäßigkeit der Besteuerung die Ziele Transparenz und Verständlichkeit mit Nachdruck verfolgt werden.

---

[409] Eine solche Übernahme der Kosten durch die Steuerbehörden und damit eine Finanzierung aus den allgemeinen Steuereinnahmen kann dann angebracht sein, wenn unterschiedliche Kostenbelastungen für die Erfüllung der Steuerpflicht ansonsten zu Verzerrungen führen würden. So könnten die Regelungen eines Registrierungsverfahrens die Wirkung zeigen, dass Unternehmen aus Drittstaaten mit höheren Erfüllungskosten belastet werden als inländische Anbieter.

[410] Vgl. OECD/CONSUMPTION TAX TAG (2000), S. 32ff.

**Flexibilität:** In der Vergangenheit hat sich gezeigt, dass Steuersysteme grundsätzlich an veränderte wirtschaftliche Rahmenbedingungen angepasst werden können; dabei wurde aber nicht immer ein effizienter Weg gewählt, sondern oftmals wurden nur unzulängliche Veränderungen des bestehenden Systems vorgenommen. So sind auch die betrachteten Modelle für ein internationales Umsatzsteuersystem prinzipiell geeignet, an veränderte Rahmenbedingungen angeglichen zu werden. Entwicklungen der technischen Rahmenbedingungen können zwar die Umsetzung einer Umsatzbesteuerung digitaler Produkte erleichtern, da Verfahren zur Identifikation des Besteuerungsortes oder des Steuerstatus des Leistungsempfängers einsetzbar werden. Es ist jedoch auch denkbar, dass zukünftige technische Entwicklungen die derzeitigen Schwierigkeiten in bestimmten Bereichen noch verstärken werden. Daher ist es kaum möglich, den Flexibilitätsbedarf abzuschätzen. In jedem Fall müsste gerade ein in Kürze einzuführendes Verfahren sehr offen und – für die Einbeziehung weiterer technischer Entwicklungen, die sich heute noch nicht konkretisieren lassen – anpassungsfähig gestaltet werden.

Über die bisher identifizierten Defizite und Schwierigkeiten hinaus hat der Konsensprozess innerhalb der EU zur Ausgestaltung des Registrierungsverfahrens gezeigt, dass Einschränkungen der nationalen steuerpolitischen Souveränität bzw. die (potentielle) Auslösung eines verstärkten Steuerwettbewerbs negative Wirkung auf die politische Durchsetzbarkeit konkreter Regelungen haben. Andererseits kann die Realisierung des Verbrauchslandprinzips in der internationalen Umsatzbesteuerung digitaler Produkte beeinträchtigt werden, wenn durch Verfolgung von Souveränitätszielen Harmonisierungen und somit die Realisierung eines transparenten und verständlichen Steuersys-tems verhindert werden.

Allen Modellen ist inhärent, dass die Durchsetzung der Steueransprüche nicht allein durch die Steuerbehörden der Verbrauchsländer sichergestellt werden kann. Insofern müssen Aufgaben, die in der traditionellen Umsatzbesteuerung souverän ausgeführt werden, nun international koordiniert vollzogen werden. Ein Registrierungsmodell scheint zwar die Aufgabe der gesamten Kontrolle der Besteuerung im Verbrauchsland zu belassen und daher besonders gut in die bestehende Systematik der Umsatzbesteuerung der EU zu passen, jedoch ist in der Praxis eine solche Kontrolle nicht wirksam umzusetzen.

Daher müssen sich bei der Einführung eines Umsatzsteuersystems für den elektronischen Handel möglichst viele Staaten kooperativ an einem Umsatzsteuersystem beteiligen. Als besondere Hürde für die Durchsetzbarkeit erweist sich dic Tatsache, dass auch solche Staaten in die Durchsetzung der Steuererhebung eingebunden werden müssen, die national kein System einer allgemeinen Umsatzsteuer installiert haben, jedoch Exportländer für digitale Produkte sind.

### 4. Zwischenfazit für eine Operationalisierung des Verbrauchslandprinzips

Im Folgenden wird zunächst dargestellt, inwieweit die internationale steuerpolitische Diskussion bereits die Basis geschaffen hat, um eine Umsatzbesteuerung digitaler Produkte gemäß dem Verbrauchslandprinzip in die Praxis umzusetzen. Dabei sind insgesamt vier Aspekte relevant: Die allgemeine Verankerung des Verbrauchslandprinzips, die einheitliche Charakterisierung digitaler Produkte, die Vereinfachung des Rechtsrahmens und die Durchsetzung der Steueransprüche. Anschließend werden, um einen Überblick über den Stand der internationalen Diskussion zu geben, die Positionen der Steuerpolitik, der Wirtschaft sowie der Wissenschaft zu den bisherigen Lösungsansätzen skizziert.

**Allgemeine Verankerung des Verbrauchslandprinzips:** Im Hinblick auf die Umsatzbesteuerung war das wesentliche Ergebnis der OECD-Konferenz in Ottawa im Jahre 1998 die internationale Einigung auf das im traditionellen grenzüberschreitenden Handel bereits verwirklichte Verbrauchslandprinzip auch für den elektronischen Handel. Damit wurde ein politischer Konsens darüber geschaffen, eine nicht diskriminierende und wettbewerbsneutrale Umsatzbesteuerung digitaler Produkte im internationalen Handel zu implementieren. Das Verbrauchslandprinzip ermöglicht eine klare Abgrenzung der internationalen Besteuerungsrechte, die sowohl Doppel- als auch Nichtbesteuerungen verhindert.

Sicherzustellen ist in dem weiteren Abstimmungsprozess, dass alle Staaten, die eine der Umsatzsteuer vergleichbare Verbrauchsteuer erheben, diesen Grundsatz anerkennen und in ihren nationalen Regelungen umsetzen. Aber auch Staaten - innerhalb und außerhalb der OECD -, die selbst keine allgemeine Verbrauchsteuer erheben, jedoch wesentlich am internationalen Handel mit digitalen Produkten beteiligt sind (Exporteure) oder in der Zukunft sein könnten[411], müssen die Verwirklichung des Verbrauchslandprinzips und die damit einhergehenden Notwendigkeiten im Rahmen der Erhebung der Umsatzsteuer aktiv mittragen. Unternehmen aus diesen Staaten sind, falls sie digitale Produkte in Länder mit Umsatzsteuersystemen exportieren, durch die Gesetze der Importländer ver-

---

[411] So ist davon auszugehen, dass neben den OECD-Mitgliedern Japan und Korea weitere asiatische Länder in bedeutendem Umfang am Handel mit digitalen Produkten teilnehmen werden.

pflichtet, Umsatzsteuer zu erheben. Da Exporteure nicht in jedem Fall einen Anreiz haben werden, solchen Verpflichtungen „freiwillig" nachzukommen, kann eine tatsächliche Durchsetzung nur unter Mithilfe der Herkunftsländer dieser Unternehmen realisiert werden. So ist es unumgänglich, dass neben den 28 Mitgliedern der OECD, die eine Umsatzsteuer verwirklicht haben, insbesondere auch die USA die Implementierung eines Verbrauchslandprinzips unterstützen, da sie als bedeutender Exporteur digitaler Produkte in einem erheblichen Maße in die spätere Umsetzung einbezogen sein werden[412].

Eine konsequente Umsetzung des Verbrauchslandprinzips als Kriterium zur internationalen Abgrenzung der Besteuerungsrechte ist nur gegeben, wenn dieses Prinzip für alle digitalen Leistungen an Privatpersonen gilt. Unter Einbeziehung der Konkretisierungen des EU-Richtlinienvorschlags zeigt sich jedoch, dass dort eine Ausnahmeregelung vom Verbrauchslandprinzip vorgesehen ist; Leistungen an Privatpersonen innerhalb der Gemeinschaft sollen im Herkunftsland des leistenden Unternehmens besteuert werden. Dabei werden Wettbewerbsverzerrungen in Kauf genommen (vgl. Kapitel 2.3.1, S. 109). Eine Besteuerung solcher Leistungen innerhalb der EU nach dem Ursprungslandprinzip kann ohne Verzerrungen nur implementiert werden, wenn innergemeinschaftlich allgemein ein Ursprungslandprinzip mit harmonisierten Steuersätzen eingeführt würde.[413]

**Einheitliche Charakterisierung digitaler Produkte:** Zwar besteht, festgehalten in den Taxation Framework Conditions der OECD, ein internationaler Konsens darüber, digitale Produkte im Rahmen der Umsatzbesteuerung nicht als Güter zu behandeln; darauf basierend verbleiben jedoch zwei Möglichkeiten einer Einordnung: als Dienstleistungen (services) oder als immaterielle Güter (intangible property).

Im weiteren Verlauf der Konkretisierung eines Umsatzsteuersystems für digitale Produkte ist sicherzustellen, dass alle Länder, insbesondere diejenigen, die in ihren Umsatzsteuerregelungen sowohl Dienstleistungen als auch intangibles

---

[412] Vgl. CHAN, Clayton W. (2000), S. 254.

[413] Bereits im Jahre 1987 wurde von der EG-Kommission die Einführung des so genannten „Gemeinsamer-Markt-Prinzips" vorgeschlagen, um auf die Vollendung des Binnenmarktes zu reagieren. Um Wettbewerbsverzerrungen bei Direktkäufen durch Privatpersonen zu vermeiden, müssten dabei die Steuersätze harmonisiert werden. Importe aus Drittländern könnten dennoch innerhalb der EU gemäß dem Verbrauchslandprinzip besteuert werden, ohne Wettbewerbsverzerrungen zu induzieren.

berücksichtigen, eine klare Einordnung[414] vornehmen und Verzerrungen durch Nicht- oder Doppelbesteuerungen[415] vermieden werden. Dabei sollte berücksichtigt werden, dass die Erfüllung der Steuerpflicht im internationalen elektronischen Handel durch variierende Einordnungen nicht zusätzlich erschwert wird.[416]

Die Vorschläge zur Einordnung digitaler Produkte im EU-Richtlinienvorschlag zeigen, dass innerhalb Europas (nach h. M.) nur die Einordnung als Dienstleistung in Frage kommt. Da jedoch in den bisherigen Regelungen nicht alle Dienstleistungen einheitlichen Bestimmungen zum Ort der Besteuerung unterliegen, müssen weitere Konkretisierungen vorgenommen werden. Eine Fortführung der bestehenden Systematik der Ortsregelung würde eine einzelne Aufzählung aller elektronisch erbrachten Leistungsarten voraussetzen. Das heißt, es wird nur für diejenigen digitalen Produkte eine Ortsregelung entsprechend der angestrebten Verteilung der Besteuerungsrechte geschaffen, die explizit genannt werden. Angesichts der noch bevorstehenden Marktentwicklung digitaler Produkte und deren Heterogenität werden auf diese Weise Interpretationsspielräume und folglich Regelungslücken geschaffen. Um dies zu vermeiden, müssen auch die materiell-rechtlichen Regelungen im EU-Richtlinienvorschlag so gestaltet werden, dass alle möglichen digitalen Dienstleistungen erfasst sind – indem beispielsweise, wie von der EETG vorgeschlagen, ausdrücklich alle elektronisch erbrachten Dienstleistungen aufgenommen werden (vgl. Kapitel 2.3.1). Allerdings würde die Aufnahme einer Leistungsgruppe „elektronisch erbrachte Dienstleistungen" die bisherige Systematik, in der einzelne Vorschriften stets auf eine konkrete Leistungsart bezogen werden, durchbrechen. Eine konsequente Lösung kann daher nur in einer vollständigen Überarbeitung der Ortsregelungen für Dienstleistungen liegen, die auch aufgrund der Komplexität dieser Regelungen geboten ist. An dieser Stelle ist daran zu erinnern, dass weiterhin eine grundsätzliche Überarbeitung des Mehrwertsteuersystems in der EU aussteht.

---

414 Diese bestehende Regelungslücke hat die OECD erkannt und weitere Abstimmungen in Folge der Konferenz in Ottawa in Aussicht gestellt. Die Veröffentlichung der Working Party vom Februar 2001 liefert allerdings keine neuen detaillierteren Abgrenzungen.

415 Nichtbesteuerungen können auftreten, wenn die nationalen Gesetze nicht sicherstellen, dass tatsächlich alle digitalen Produkte berücksichtigt sind. Werden dagegen einige digitale Produkte in einem Land als Dienstleistungen und in einem anderen als intangible eingeordnet, so ist sicherzustellen, dass abweichende Ortsregelungen nicht zu Doppelbesteuerungen führen.

416 In der Praxis können sich Abgrenzungsschwierigkeiten bei Produkten ergeben, die zu einem Teil aus einer physischen und ansonsten aus einer digitalen Leistung bestehen. Dies könnte bspw. die Lieferung von Computerhardware sein, zu der die notwendige Software über das Internet bezogen werden kann, vgl. MAßBAUM, Michael (2000), S. 744.

**Vereinfachung des Rechtsrahmens:** Um die Last der Unternehmen bei der Erfüllung der Steuerpflicht zu minimieren und damit gleichzeitig die Bereitschaft zur freiwilligen Erfüllung der Steuerpflichten zu maximieren sowie den staatlichen Kontrollaufwand in Grenzen zu halten, sollten die zu beachtenden Besteuerungsregeln möglichst einfach sein. Neben einer klaren Abgrenzung der digitalen Dienstleistungen beeinflussen insbesondere die Anforderungen an die Dokumentation und Rechnungsstellung sowie die Zahl der Steuersätze die Komplexität der Umsatzsteuererhebung.

Gilt für jedes an einem internationalen Umsatzsteuersystem beteiligte Land mindestens ein nationaler Steuersatz, so erhöht dies die Komplexität der Steuerberechnung und damit auch die Belastung der Steuerpflichtigen. Insbesondere sollten daher im Bereich des elektronischen Handels keine abgestuften Steuersätzen[417] innerhalb eines Landes eingeführt werden. Etwaige Verzerrungen zwischen digitalen und physischen Gütern müssen dann durch eine Angleichung der nationalen Steuersätze vermieden werden. Die Notwendigkeit einer solchen Vereinfachung besteht zumindest solange, wie den Unternehmen keine Datenbank zur Steuerberechnung zur Verfügung gestellt wird, die stets den aktuellen Stand aller nationalen Regelungen und insbesondere der Steuersätze berücksichtigt. Eine solche Datenbank müsste in eine automatisierte Steuererhebung integriert werden können und würde so den Unternehmen die Verantwortung für die Ermittlung des korrekten Ansatzes zur Steuerberechnung abnehmen.

Der EU-Richtlinienvorschlag sieht beispielsweise vor, dass auf digitale Dienstleistungen der jeweilige Normalsteuersatz des Verbrauchslandes zu erheben ist. Dies bedeutet, dass innerhalb der EU 11 verschiedene Steuersätze zwischen 15 und 25 % gelten[418]. Sowohl in der internationalen steuerpolitischen Diskussion als auch in der kritischen Diskussion des EU-Vorschlags wird von wissenschaftlicher Seite[419] und auch von Seiten der Wirtschaft[420] ein einheitlicher Steuersatz auf digitale Dienstleistungen gefordert. Dies würde nicht nur die Erfüllung

---

[417] Im traditionellen Handel sollen nach einer Übergangsfrist innerhalb der EU maximal drei Mehrwertsteuersätze pro Mitgliedsland erhoben werden können. Die Mitgliedstaaten müssen einen Normalsteuersatz von mindestens 15 % anwenden und können darüber hinaus zwei ermäßigte Sätze von mindestens 5 % einführen. Vgl. BIRKENFELD, Wolfram (2001), S. 64. Derzeit wenden bspw. Luxemburg und Italien darüber hinaus einen stark ermäßigten Steuersatz und einen Zwischensatz an, vgl. EUROPÄISCHE KOMMISSION (2001).

[418] Vgl. EUROPÄISCHE KOMMISSION (2001), S. 2.

[419] Vgl. WIDMANN, Werner (2001), S. 16.

[420] Vgl. EUROPEAN INFORMATION AND COMMUNICATIONS TECHNOLOGY INDUSTRY ASSOCIATION/ EICTA (2000), S. 2.

der Steuerpflicht für Unternehmen aus Drittländern erleichtern, sondern auch die verbleibenden Wettbewerbsverzerrungen innerhalb der EU bei Leistungen an Privatpersonen vermeiden. Allerdings zeigen sich dann Verzerrungen im Inland, wenn dieser einheitliche Steuersatz für digitale Produkte vom nationalen Normalsteuersatz abweicht.

Außer durch die Transaktionskosten der Erfüllung der Steuerpflicht und die Vermeidung von Wettbewerbsverzerrungen kann die Forderung eines einheitlichen Steuersatzes auch mittels der ansonsten auftretenden Probleme bei der Angabe von Bruttopreisen begründet werden. Gilt für jedes Verbrauchsland, in das ein Händler potentiell liefert, ein spezieller nationaler Steuersatz, so müssen die Händler entweder ebenso viele Bruttopreise angeben oder sie können zunächst nur Nettopreise ausweisen. Eine Angabe verschiedener Bruttopreise kann aber wettbewerbsverzerrend wirken, auch wenn die Preisunterschiede allein auf Steuersatzvariationen zurückzuführen sind[421]. Ausgeweitet werden diese Verzerrungen, wenn einige Länder Nettopreisangaben ermöglichen und andere, wie Deutschland, nur Bruttopreisangaben zulassen.[422] Dann würde eine Situation auftreten, bei der die Konsumenten für ihre Kaufentscheidungen Netto- mit Bruttopreisen vergleichen müssen. Europäische Händler könnten zwar aufgrund der Ausnahme vom Verbrauchslandprinzip innerhalb der EU Bruttopreise unter Verwendung der inländischen Steuersätze angeben, im Falle von Leistungen in Drittstaaten entspräche dieser Preis jedoch nicht den tatsächlichen Marktbedingungen, wenn die Leistungen steuerfrei exportiert werden können, da im Importland keine Umsatzsteuer zu erheben ist. Eine Aufhebung der Ausnahmeregelung innerhalb der EU würde auch dort – unter bestehender Angabepflicht der Bruttopreise – die Angabe mehrerer Preise notwendig machen. Eine allgemeine Ausweisung von Nettopreisen dagegen bewirkt, dass die Konsumenten vor der Kaufentscheidung nicht den Endpreis des Produkts angezeigt bekommen. Diese drohende Intransparenz lässt sich auch nicht dadurch rechtfertigen, dass eine solche Situation aufgrund der Erhebung von Einfuhrumsatzsteuer schon im internationalen Handel mit physischen Gütern besteht.[423]

---

[421] Vgl. OECD/CONSUMPTION TAX TAG (2000), S. 33.

[422] Vgl. SELLING, Heinz-Jürgen (1998), S. 157.

[423] Während des Kaufs physischer Güter bei einem E-Commerce-Händler z. B. in den USA wird der Konsument darauf hingewiesen, dass der Endpreis von der jeweiligen Zoll- und Steuerbelastung abhängt.

**Durchsetzung der Steueransprüche:** Maßnahmen zur Verbesserung der Kontrollmöglichkeiten der Steuerbehörden im Rahmen der Betriebsprüfung und Steuerfahndung werden bereits umgesetzt. Damit haben die Steuerbehörden auf die veränderten technischen Rahmenbedingungen reagiert. Diese Ansätze sind allerdings nicht geeignet, Steueransprüche im Rahmen des internationalen elektronischen Handels durchzusetzen. Da multinationale Abkommen zur administrativen Zusammenarbeit im Bereich der Umsatzsteuer zurzeit nicht bestehen, könnte die Durchsetzung von Steueransprüchen in Drittländern nicht realisiert werden.

Obwohl bereits seit einigen Jahren eine breite steuerpolitische Diskussion - insbesondere innerhalb der OECD und der EU - geführt wird, ist bisher kein klarer internationaler Konsens über ein Verfahren zur Erhebung der Umsatzsteuer erkennbar. Insbesondere zeigen sich in den Diskussionen innerhalb der OECD unterschiedliche Auffassungen zwischen den Vertretern der Steuerbehörden und den beteiligten Vertretern der Wirtschaft. Dies erklärt sich daraus, dass die zu verfolgenden Ziele unterschiedlich stark gewichtet werden. So heben die Vertreter der Wirtschaft das Postulat der Effizienz und damit die Notwendigkeit von einfachen und klaren Verfahren hervor, während die Steuerbehörden den Fokus auf eine (schnelle) Realisierung von Steueransprüchen legen. Die Diskussion zeigt auch, dass zurzeit kein unter allen Kriterien als befriedigend anzusehendes Modell implementiert werden könnte.

Daher basiert die aktuelle Empfehlung der OECD Working Party auf dem Aspekt der kurzfristigen Praktikabilität eines Modells zur Besteuerung und sieht vor, dass[424]

- in der *kurzen Frist ein Registrierungsmodell*, das bestimmte Bedingungen an ein einfaches Registrierungsverfahren[425] erfüllen muss, eingeführt werden sollte, während

[424] Vgl. OECD (2001), S. 7f.

[425] Als ein Weg, die Belastungen durch die Registrierung zu reduzieren, wird die Einführung von Umsatzschwellen betrachtet. Dadurch würden kleine und mittlere Unternehmen und solche, die nur sehr geringe Umsätze in eine Jurisdiktion tätigen, von der Umsatzsteuerpflicht ausgenommen. Ein anderer Ansatz ist die Einführung von Besteuerungsschwellen, die einzelne Umsätze bis zu dieser Schwelle von der Besteuerung ausnehmen. Begründet wird dieser Vorschlag damit, dass gerade bei geringwertigen Produkten die zur Umsatzsteuerberechnung notwendigen Informationen nicht vorliegen werden. Vgl. OECD/CONSUMPTION TAX TAG (2000), S. 13.

- in der *langen Frist ein technologiebasiertes Modell* favorisiert wird, weil es die größten Potentiale einer Verbesserung der Praktikabilität der Umsatzsteuererhebung eröffnen würde.

Gerade wenn in der kurzen Frist ein anderes Modell realisiert werden soll, als es langfristig effizient erscheint, besteht jedoch die Gefahr, dass Zielverletzungen in Kauf genommen werden, um bereits heute ein Verfahren implementieren zu können. Zumindest sollte, falls die Realisierung eines Lösungsansatzes in der kurzen Frist angestrebt wird[426], von Anfang an der langfristige Lösungsansatz als Leitbild erkennbar sein und verfolgt werden, so dass Anreize für die Unternehmen gesetzt werden, das Geschäftsumfeld klar darauf auszurichten.[427]

Die bloße Hoffnung der Steuerpolitik auf eine technologiebasierte Lösung allein erscheint als langfristiger Ansatz allerdings sehr optimistisch und zu wenig konkret. Offenbar werden Chancen in der Verbreitung von smart card-basierten Lösungen bzw. in der Einführung von digitalen Zertifikaten gesehen. Vertreter der Wirtschaft weisen jedoch darauf hin, dass von technischen Entwicklungen allenfalls eine Unterstützung von automatisierten Modellen zur Steuererhebung ausgehen könnte[428]. Unter den Rahmenbedingungen des elektronischen Handels ist es jedoch notwendig, dass die gesamte Abwicklung der Steuererhebung in die elektronischen Geschäftstransaktionen integriert wird (vgl. Kapitel 8). Das heißt, die Steuererhebung für digitale Produkte kann in jedem Fall nur in einem technikbasierten (automatisierten) Verfahren erfolgen, andernfalls würden sich Hemmnisse für den elektronischen Handel ergeben, da sich die Transaktionskosten für digitale Umsätze erhöhen würden.

Innerhalb der EU zeigt sich eine eindeutige Ausrichtung auf ein Registrierungsmodell, wobei eine schnelle Implementierung angestrebt wird[429]. Dies erscheint allerdings weniger das Ergebnis eines Auswahlprozesses zwischen verschiedenen Optionen zu sein, als vielmehr die Konsequenz aus der angestrebten Weiterführung der bisherigen Regelungen und Mechanismen. Da die EU und die Mitgliedstaaten in den internationalen Entscheidungsprozess der OECD

---

426 Die Technology TAG äußert bspw. große Bedenken gegen ein Registrierungsmodell, da sie durch die Kostenbelastung der Unternehmen Hemmnisse für die Entwicklung des elektronischen Handels erwartet. Aus technologischer Perspektive wird der beste Ansatz in einem Hybridmodell aus *tax at source and transfer* und *Trusted Third Party* gesehen. Vgl. OECD/TECHNOLOGY TAG (2000), S. 7ff.

427 Vgl. OECD/TECHNOLOGY TAG (2000), S. 15.

428 Vgl. OECD (2001), S. 17.

429 Ursprünglich sollte der Richtlinienvorschlag zum 01.01.2001 umgesetzt werden.

eingebunden sind, müssen die Auswirkungen eines einseitigen und nicht abgestimmten Vorgehens beachtet werden.[430] Entweder wird damit auch auf internationaler Ebene der Verwirklichung eines Registrierungsmodells der Weg bereitet oder es müssten in der Zukunft von der EU Anpassungen an ein anderes internationales Modell erfolgen. Verlässt die EU den bisher verfolgten Ansatz, „dass auf Grund der grenzüberschreitenden und weltweiten Betätigung der Unternehmen nur von allen Staaten gemeinsam entwickelte und damit auch weltweit akzeptierte Grundsätze für die Besteuerung des elektronischen Handels sinnvoll sind“, so ist davon auszugehen, „dass die Grundsätze des Richtlinienvorschlags (...) in den Drittstaaten nicht anerkannt werden“[431]. Es wurde in dieser Studie eingehend dargelegt, dass Regelungen zur Umsatzbesteuerung des elektronischen Handels auf eine internationale Kooperation und insbesondere eine Unterstützung durch die USA angewiesen sind, wenn sie wirksam sein sollen. Doch hat die EU bislang derartigen Erwägungen zumindest offiziell nicht Rechnung getragen.

Die Wirtschaft begrüßt aufgrund der bestehenden Wettbewerbsverzerrungen die Bemühungen um die Einführung von umsatzsteuerlichen Regelungen für digitale Produkte. So befürwortet auch GLOBAL BUSINESS DIALOGUE ON ELECTRONIC COMMERCE/GBDE den Richtlinienvorschlag der EU, da dieser in erster Linie Wettbewerbsverzerrungen abbauen wolle. Da Probleme bei der Durchsetzung der Maßnahmen gesehen werden und die GBDE erkennt, dass auch weiterhin einige Verzerrungen bestehen bleiben, wird eine Fortsetzung der Arbeiten auf Ebene der OECD gefordert, auch um die EU bei der Erarbeitung international akzeptierter Regelungen zu unterstützen.[432] Klarer formuliert die EICTA ihre Kritik an dem europäischen Weg; solange keine unterstützenden Maßnahmen der praktischen Umsetzung und Durchsetzung der Regelungen eingeführt würden, berge der Ansatz das Risiko, dass dennoch Wettbewerbsverzerrungen erhalten bleiben, Steueransprüche nicht realisiert werden, der E-Com-

---

430 So hat der damalige stellvertretende us-amerikanische Finanzminister die Bemühungen der Europäischen Kommission am 7. Juni 2000 in einer Stellungnahme kritisiert. Angesichts des bisherigen geringen Umfangs der relevanten Umsätze im E-Commerce seien die Maßnahmen nicht angebracht. Vgl. DEPARTMENT OF THE TREASURY (2000). Allgemein bezieht sich die Kritik am Vorgehen der EU darauf, dass diese nicht die Ergebnisse des internationalen Entscheidungsprozesses abgewaretet hat. So wurde zum Zeitpunkt der Erstellung des EU-Richtlinienvorschlags innerhalb der OECD noch darüber diskutiert, wie der Verbrauchsort im Rahmen der Umsatzbesteuerung digitaler Produkte konkretisiert werden soll. Vgl. WEINER, Joann Martens (2001), S. 280.

431 HEDEL, Wolfgang (2001), S. 168.

432 Vgl. GLOBAL BUSINESS DIALOGUE ON ELECTRONIC COMMERCE/GBDE (2000).

merce behindert und die Entwicklung von internationalen Lösungsansätzen erschwert oder gar verhindert wird.[433]

Die europäische wissenschaftliche Literatur diskutiert fast ausschließlich den EU-Richtlinienvorschlag, ohne die alternativen Ansätze der OECD einzubeziehen. Die dabei von den meisten Autoren geäußerte Kritik ist vor allem materiellrechtlicher Natur. Technische Rahmenbedingungen einer Umsatzbesteuerung digitaler Produkte, so wie sie auch die Technology TAG analysiert hat, werden nicht detailliert betrachtet. Dennoch bezweifeln auch allein unter dieser formalen Perspektive die meisten Autoren aufgrund der absehbaren Umsetzungs- und Kontrollprobleme, dass ein dem EU-Vorschlag entsprechender Lösungsansatz umsetzbar wäre.[434] ARNDT/FETZER gehen sogar davon aus, dass eine dem Richtlinienentwurf entsprechende gesetzliche Regelung verfassungswidrig wäre.[435]

---

433 Vgl. EUROPEAN INFORMATION AND COMMUNICATIONS TECHNOLOGY INDUSTRY ASSOCIATION/ EICTA (2000).

434 Vgl. zur kritischen Bewertung z. B. BOEHME-NEßLER, Volker (2001b), KÖHLER, Markus/ ARNDT, Hans-Wolfgang (2000), S. 89ff. und MAßBAUM, Michael (2000).

435 Vgl. ARNDT, Hans-Wolfgang/FETZER, Thomas (2000), S. 2551. Im Gegensatz zu der allgemein kritischen Bewertung sehen SCHINDHELM/REIß weniger Probleme in einer Umsetzung des EU Richtlinienvorschlags und vertrauen auf eine weitgehend freiwillige Erfüllung der Steuerpflichten. Eine zügige Umsetzung einer Änderung der umsatzsteuerlichen Regelungen sei notwendig, da ansonsten den Staaten enorme Steuerausfälle drohen würden. Da bessere Alternativen zum Richtlinienvorschlag unter diesem Zeitdruck nicht ersichtlich seien, wird die Umsetzung des Vorschlags befürwortet. Vgl. SCHINDHELM, Sandra/REIß Wolfram (2000), S. 762f.

## C. Verfahren zur Bestimmung des Besteuerungsortes

### 1. Einleitung

Bereits die Analyse der Kommunikation über das Internet hat gezeigt, dass die potentielle Anonymität eine zuverlässige Übermittlung von Informationen verhindern kann. Im Rahmen des elektronischen Handels können diese Risiken noch bedeutender werden, da Geschäftstransaktionen i. d. R. auf Vertrauen basieren und zuverlässig sein müssen. Die Diskussion der Modelle zur Erhebung der Umsatzsteuer hat verdeutlicht, dass auch hier Anonymität und mangelnde Integrität von Daten problematisch sind, da sie eine korrekte Steuererhebung verhindern können. In den folgenden Kapiteln werden mögliche technische Verfahren untersucht, die eine zuverlässige[436] Bestimmung des Besteuerungsortes ermöglichen sollen. Das heißt, die im vorhergehenden Abschnitt getroffene Annahme, dass eine Bestimmung des Besteuerungsortes während einer Handelstransaktion technisch möglich sei, wird nun in Frage gestellt. Dabei ist es nicht das Ziel, die Anonymität einer Person aufzuheben, sondern es ist zu klären, ob die zur Umsatzsteuererhebung notwendigen Informationen ermittelt und den leistenden Unternehmen im Rahmen einer E-Commerce-Transaktion zur Verfügung stehen oder gestellt werden können. In erster Linie sind dies Angaben über das Verbrauchsland – Wohnsitzstaat des Konsumenten oder ein Ersatzindikator dafür – und den Steuerstatus des Leistungsempfängers.

Zur Vorbereitung der Prüfung der Brauchbarkeit verschiedener Verfahren zur Bestimmung des Besteuerungsortes bei den leistenden Unternehmen (in den Kapiteln 4 bis 6) werden in Kapitel 3 die für eine Beurteilung anzuwendenden Kriterien abgeleitet. Im folgenden Kapitel 2 wird zunächst der Verbrauchsort konkretisiert.

### 2. Konkretisierung des Verbrauchsortes und Ansatzpunkte zu seiner Bestimmung

Durch die internationale Einigung auf das Verbrauchslandprinzip ist bereits determiniert, dass der Ort der Besteuerung der Ort des Verbrauchs ist. Dies ist gleichzeitig das Kriterium zur internationalen Abgrenzung der Besteuerungs-

[436] Daher werden im Rahmen dieser Betrachtung Ansatzpunkte wie die eigene Adressangabe des Kunden oder die Sprache des digitalen Produktes nicht berücksichtigt. Diese können allenfalls dahingehend geprüft werden, ob sie als vorübergehende Kompromisslösungen für eine Verbrauchslandbesteuerung dienen können. Vgl. dazu die Ausführungen im Dritten Teil dieser Studie.

rechte. Das Recht, einen Steueranspruch geltend zu machen, liegt bei dem Staat, in dessen Jurisdiktion der Verbrauchsort liegt. Für den internationalen Handel mit digitalen Dienstleistungen muss daher eine Konkretisierung des Verbrauchsortes gesucht werden, mit der das Verbrauchslandprinzip in die Praxis umgesetzt werden kann. Erst basierend auf einer solchen Präzisierung kann untersucht werden, welche technischen Verfahren zur Bestimmung des Verbrauchsortes geeignet sind.

Eine Präzisierung des Verbrauchsortes in der wörtlichen Bedeutung als der Ort, an dem eine Dienstleistung jeweils genutzt wird, würde eine Bestimmung dieses Orts durch das leistende Unternehmen in der Praxis nicht ermöglichen, da dieses prinzipiell nicht über die entsprechenden Informationen verfügt. Es muss daher eine Konkretisierung für den Verbrauchsort gefunden werden, die als Ort des Verbrauchs gelten kann und gleichzeitig praktikabel ist.

Sozusagen als erste Annäherung an den Ort des Verbrauchs kann der *Ort des Aufenthalts* des Konsumenten zum Zeitpunkt der Kauftransaktion angesehen werden. Dies würde der Handhabung im traditionellen Handel entsprechen. Unter den Bedingungen des elektronischen Geschäftsverkehrs erweist sich allerdings die Bestimmung dieses Ortes als wesentlich schwieriger. Möglicherweise werden – zumindest im Bereich des Mobilfunks – in der Zukunft technische Verfahren anwendbar sein, die eine Bestimmung dieses Ortes zulassen. So gibt es in der Tat Bemühungen, so genannte lokationsspezifische Dienste für Mobilfunknutzer anzubieten, die die Praktikabilität einer Ermittlung des aktuellen Ortes des Nutzers voraussetzen. Eine Verwendung einer solchen Definition scheint allerdings nicht generell brauchbar, wenn entsprechende Verfahren nur begrenzt einsetzbar sind und sich nur auf den Bereich des Mobilfunks beschränken würden.

Als eine Variation der beschriebenen Option kann der *Ort des Host*, also des Empfangssystems der digitalen Produkte, angesehen werden.[437] Dies würde bedeuten, dass „Dienstleistungen an dem Ort erbracht werden, an dem sie tatsächlich an den Empfänger dadurch bewirkt werden, dass sie ihm zur Verwendung zugänglich gemacht werden“[438]. Auch wenn diese Präzisierung des Verbrauchsortes dem tatsächlichen Ort der Konsumenten zur Zeit der Trans-

---

437 Vgl. KÖTHENBÜRGER, Marko/RAHMANN, Bernd (1999), S. 78 und REIß, Wolfram (1998/1999), S. 409f.

438 REIß, Wolfram (1998/1999), S. 409.

aktion in vielen Fällen entsprechen würde[439], kann auch die praktische Bestimmbarkeit dieses Ortes bei Handelstransaktionen mit digitalen Produkten nicht gewährleistet werden. Darüber hinaus bestünde bei unterstellter technischer Umsetzbarkeit ein hohes Potential der bewussten Verlagerung des Besteuerungsortes, entweder mittels der Wahl des Providers oder durch die Verlagerung von Hosts durch Provider selbst.[440]

Als zwar weniger genaue aber praktikable Konkretisierungsmöglichkeit bietet sich der *Wohnsitz bzw. gewöhnliche Aufenthaltsort* des Leistungsempfängers an. Damit würde eine relativ klare Abgrenzung für den Verbrauchsort vorliegen.[441] Allerdings ist auch hier noch zu untersuchen, wie dieser Ort im Rahmen des elektronischen Handels festgestellt werden kann. Eine direkte Ermittlung wird durch die Angabe einer Adresse des Leistungsempfängers ermöglicht. Da eine Adressangabe jedoch im Rahmen von Umsätzen mit digitalen Produkten nicht zwingend zur Abwicklung der Transaktion notwendig ist, können die Daten nur als freiwillige Angabe von den Kunden erfragt werden. Eine Verpflichtung zur Angabe bzw. Abfrage von Adressdaten würde dem Ziel, das Wachstum des E-Commerce nicht zu behindern, widersprechen, da Kunden häufig Transaktionen abbrechen, wenn mehr als die notwendigen Informationen angegeben werden sollen[442]. Unabhängig davon ist eine freiwillige Adressangabe nicht ausreichend zuverlässig, da bei digitalen Produkten ein kontrollierendes Element fehlt, das die Korrektheit einer Adressangabe aufdeckt (physische Lieferung an den oder Erbringung am angegebenen Ort). Vielmehr kann der Kunde im elektronischen Handel Transaktionen weitgehend anonym mit dem Händler durchführen[443]. Vorteilhaft an der Verwendung des Wohnsitzes als Verbrauchsort ist, dass eine Verlagerung des Besteuerungsortes dann, wenn eine technische Bestimmung praktikabel ist, kaum anzunehmen ist. So ist eine Verlagerung des Wohnsitzes rein aus (umsatz-)steuerlichen Gesichtspunkten sehr unwahrscheinlich.

---

439 Unter der Annahme, dass digitale Produkte (wie Informationen aus Datenbanken oder Software) an dem Ort, an dem sich die Empfangshardware zum Zeitpunkt der Transaktion befindet, genutzt werden. Zunehmende Mobilität der Internetnutzung führt jedoch dazu, dass der Ort des physischen Empfangs und der Ort der Nutzung verschieden sein können.

440 Vgl. KÖTHENBÜRGER, Marko/RAHMANN, Bernd (1999), S. 78.

441 Dennoch ist bei der Umsetzung dieses Kriteriums darauf zu achten, dass Begriffe wie *usual place of residence* oder *domicile* in den verschiedenen Rechtsordnungen mit unterschiedlichen Inhalten belegt sind, vgl. KORF, Ralph (2001), S. 371.

442 Vgl. OECD/TECHNOLOGY TAG (2000), S. 13.

443 Vgl. Erster Teil, Abschnitt B.

Wie im folgenden Kapitel 4 dargestellt wird, ist die einzige derzeit erkennbare technische Möglichkeit, Angaben zum Wohnsitz eines Leistungsempfängers zuverlässig festzustellen[444] der Einsatz elektronischer Signaturen.[445] Da deren Verwendbarkeit im elektronischen Handel jedoch kurzfristig nicht absehbar ist, müssen alternative Anknüpfungspunkten betrachtet werden.

Kann der Sitz des Leistungsempfängers nicht direkt (zuverlässig) festgestellt werden und soll dennoch an der grundsätzlichen Konkretisierung des Verbrauchsortes als Wohnsitz des Leistungsempfängers festgehalten werden, so kann als eine Art Second best-Lösung untersucht werden, ob es einen Ersatzindikator gibt, der als Sitz des Leis-tungsempfängers angesehen werden kann. In der aktuellen Diskussion wird als ein solcher Indikator häufig die Verwendung von Ortsinformationen aus Kreditkartennummern angesehen. Dies beruht wahrscheinlich weniger auf der Tatsache, dass diese Daten besonders geeignet sind, als vielmehr darauf, dass Kreditkartendaten (neben technischen Protokolldaten) im Rahmen vieler E-Commerce-Transaktionen durch den Leistungsempfänger übermittelt werden. Um die Kreditkarteninformationen als Indikator für den Sitz des Leistungsempfängers verwenden zu können, muss zunächst geprüft werden, ob aus den vorliegenden Daten stets eine Ortsinformationen abzulesen ist, ob diese Information für den in Betracht stehenden Zweck nutzbar ist und unter welchen Bedingungen die Information zur Verfügung steht. Darüber hinaus muss die grundsätzliche Frage gestellt werden, ob die Verwendung dieses Ersatzindikators für den betrachteten Zweck als geeignet angesehen werden kann. Das entscheidende Kriterium dafür ist die sachliche Nähe der Ortsinformation des Ersatzindikators zum eigentlichen Indikator.

Als ein weiterer Ersatzindikator, der sich aus den technischen Rahmenbedingungen des elektronischen Handels ergibt, wird in der steuerpolitischen Diskussion immer wieder der aus einer IP-Adresse ableitbare Ort angesehen[446]. In Kapitel 4 wird differenziert geprüft, ob sich aus den IP-Adressen geeignete Informati-

---

444 Dabei würde die Angabe eines Kennzeichens für den Wohnsitzstaat als Information ausreichen.

445 Die Technology TAG der OECD warnt davor, den Verbrauchsort als Wohnsitz (place of residence) zu definieren, da außer digitalen Signaturen keine andere Technologie absehbar ist, die diesen Ort im Electronic Commerce zuverlässig bestimmen könnte. Dagegen böten zukünftige technologische Entwicklungen eher Lösungen, die den Ort des Verbrauchs im Sinne des Ortes, an dem sich der Konsument zum Zeitpunkt der Transaktion (consumer´s location) befindet, bestimmen könnten. Würde sich die Steuerpolitik heute auf den Wohnsitz als Abgrenzungskriterium festlegen, so würde sie damit mögliche technische Optionen der Zukunft nicht nutzen können, vgl. OECD/TECHNOLOGY TAG (2000), S. 7 und S. 48ff.

446 Vgl. KREIENBAUM, Martin (1998/1999), S. 431-434.

onen ableiten lassen und inwieweit das Ergebnis eine logische Verknüpfung zum Verbrauchsort hat. In der Literatur wird nicht geklärt, welche spezielle Konkretisierung des Verbrauchsortes dieser Indikator - Wohnsitz oder Ort zur Zeit der Transaktion - ersetzen soll. Für eine klare internationale Abgrenzung und die Bewertung der Anwendbarkeit zukünftiger technischer Entwicklungen ist dies allerdings unerlässlich[447].

### 3. Beurteilungskriterien

Dem derzeitigen Stand der Diskussion entsprechend wird im Folgenden angenommen, dass als Besteuerungsort der Wohnsitz des Leistungsempfängers gelten soll. Die Verfahren sind somit daraufhin zu prüfen, ob sie eine Information über den Wohnsitzstaat oder einen geeigneten Ersatzindikator dafür liefern können. Die Brauchbarkeit der Verfahren im Rahmen des Electronic Commerce soll jeweils durch die folgenden Beurteilungskriterien überprüft werden.

**Praktikabilität**: Da das Verfahren in den Ablauf einer Geschäftstransaktion des Electronic Commerce integriert werden muss, ist zu untersuchen, ob das Bestimmungsverfahren unter diesen Rahmenbedingungen einsetzbar ist. Insbesondere bedeutet dies, dass die Information zur Bestimmung des Besteuerungsortes bei jeder Verkaufstransaktion verfügbar sein muss. Bedeutende Verlängerungen der Abwicklungsdauer einer Transaktion und Belastungen mit hohen Kosten pro Transaktion würden das Wachstum des E-Commerce vermutlich hemmen, da dadurch die wesentlichen Vorteile, nämlich die geringen Transaktionskosten, verringert würden. Darüber hinaus ist zu untersuchen, ob dieses Verfahren bereits kurzfristig einsetzbar ist bzw. welche Vorleistungen für eine Anwendbarkeit von Seiten der Politik, der Wirtschaft und/oder der Käufer erbracht werden müssen.

**Validität**: Zur Gewährleistung einer korrekten Besteuerung muss überprüft werden, ob der Besteuerungsort, der sich durch Anwendung eines bestimmten Verfahrens ergibt, zuverlässig mit dem tatsächlichen Wohnort des Leistungsempfängers übereinstimmt und ob eine dahingehende Kontrolle durch das leistende Unternehmen notwendig und praktikabel ist.

---

447 Der Unterschied zeigt sich in dem folgenden Beispiel: Ein Tourist aus einem Staat A, der in einem Staat B ein digitales Produkt erwirbt (mobil), würde gemäß dem Ort zur Zeit der Transaktion in Staat B Umsatzsteuer zahlen müssen, gemäß des Wohnsitzes jedoch in seinem Wohnsitzstaat A.

**Umgehungspotential**: Aus der Einführung einer allgemeinen Umsatzbesteuerung auf digitale Produkte werden sich Anreize ergeben, bestehende Möglichkeiten zur Steuerumgehung zu nutzen. Daher ist zu ermitteln, welches Potential ein Verfahren für den Leistungsempfänger bietet, die Bestimmung des Besteuerungsortes bewusst zu beeinflussen, um eine Besteuerung zu vermeiden oder zumindest die Steuerlast zu reduzieren. Darüber hinaus ist es bedeutend, inwieweit das leistende Unternehmen solche Maßnahmen feststellen kann.

**Kontrollmöglichkeiten**: Da die Realisierung der Steueransprüche bzw. die Gewährleistung der Gleichmäßigkeit der Besteuerung durch Kontrollmechanismen der Steuerbehörden abgesichert werden muss, ist zu untersuchen, welche Ansatzpunkte der Kontrolle das Instrument gewährt.

**Steuerungspotential**: Ist das Instrument nach den derzeitigen Sachverhalten nicht (optimal) einsetzbar, so ist zu fragen, ob durch Maßnahmen der (Steuer-) Politik die Wirkung des Instruments verbessert werden kann bzw. welches Maß an Steuerung notwendig ist, um das Instrument für den betrachteten Zweck anwendbar zu gestalten.

Als Ergebnis der Überlegungen zur Konkretisierung des Verbrauchsortes hat sich in der internationalen Diskussion der Wohnsitz oder der gewöhnliche Aufenthaltsort des Konsumenten als Indikator zur Bestimmung des Vebrauchsortes etabliert[448]. Deshalb wird im Folgenden zunächst die Praktikabilität der Verwendung elektronischer Signaturen als direkter Ansatz zur Bestimmung des Wohnsitzlandes und im Anschluss daran – da elektronische Signaturen im Electronic Commerce kurzfristig nicht im erforderlichen Ausmaß verfügbar sein werden – die Anwendbarkeit der Ersatzindikatoren untersucht.[449]

---

448 Vgl. KOMMISSION DER EUROPÄISCHEN GEMEINSCHAFTEN (2000b), S. 27f. und OECD (2001), S. 10ff. Abweichend davon sieht der EU-Vorschlag bei Dienstleistungen, die von einem EU-Unternehmen an Privatpersonen innerhalb der EU geleistet werden, vor, dass der Verbrauchsort am Ort des leistenden Unternehmens liegt (siehe auch Zweiter Teil, Kapitel B, Abschnitt 2.3).

449 Darüber hinaus sieht die Working Party vor, dass zur Bestimmung des Besteuerungsortes nicht nur ein Indikator genutzt wird, sondern stets eine Verifikation zwischen mehreren stattfindet. Da die Verfügbarkeit mehrerer Ortsindikatoren, die untereinander vergleichbar sind, nicht wahrscheinlich ist, ist dieser Ansatz kaum praktikabel. Vgl. OECD/CONSUMPTION TAX TAG (2000), S. 14. Dort heißt es: „multiple tests are (...) likely to result in less, rather than in greater certainty for suppliers“.

# 4. Bestimmung des Besteuerungsortes mittels elektronischer Signaturen

## *4.1 Elektronische Signaturen und elektronischer Handel*

### *4.1.1 Voraussetzungen für die Anwendung im elektronischen Handel*

Im Rahmen des elektronischen Handels ergeben sich Risiken sowohl für die Händler als auch für die Käufer aufgrund der Unsicherheiten über die Identität der Transaktionspartner. Für die Händler besteht ein Risiko insbesondere darin, dass Kunden unter falscher Identität auftreten und Zahlungsforderungen nicht eingelöst werden können - z. B. bei missbräuchlicher Nutzung einer Kreditkarte – oder Rückforderungen auftreten. Die Kunden haben dagegen keine Sicherheit darüber, mit wem sie eine Transaktion durchführen.

Elektronische Signaturen können, wie gezeigt wurde[450], derartige Unsicherheiten in der elektronischen Kommunikation und somit auch in der Geschäftsabwicklung über das Internet minimieren. Anwendungen digitaler Signaturen erfolgen heute nahezu ausschließlich in geschlossenen Anwenderkreisen, wie Unternehmen, Behörden oder Verbänden.[451] Dort werden elektronische Signaturen z. B. zur eindeutigen Bestimmung der Identität von (Geschäfts-)Kunden oder Mitarbeitern in der elektronischen Kommunikation eingesetzt. Da der gesamte E-Commerce ein breites Spektrum an Geschäftsformen abdeckt, zeigen sich auch sehr unterschiedliche Ansprüche an das durch Signaturverfahren zu realisierende Sicherheitsniveau. Dieser Anspruch wird in erster Linie durch den Wert der abgeschlossenen Handelstransaktionen bzw. der versendeten Daten bestimmt. Ist der Wert der Transaktionen im Durchschnitt relativ hoch, so kann, um ein aus Händlersicht angemessen hohes Sicherheitsniveau und eine entsprechende Beweiskraft zu erreichen, die Verwendung von (kartenbasierten) PKI-Verfahren erforderlich sein, die nach heutigem Stand der Technik das höchste Sicherheits-

---

450 Vgl. Erster Teil, Abschnitt B, Kapitel 5.

451 Eine Anwendung in geschlossenen Nutzerkreisen bedeutet auch, dass die Nutzerzahl in allen Realisierungen überschaubar ist. Als Beispiel für eine sehr große Nutzerzahl wird in Niedersachsen eine PKI in einer Behördenanwendung errichtet, die 12.000 Anwender umfasst. Diese Zahl ist jedoch noch nicht mit den für den elektronischen Handel zu erwartenden Anwendern vergleichbar.

niveau realisieren[452]. Systeme, die ein hohes Sicherheitsniveau garantieren, sind aufgrund der technischen Komplexität allerdings gleichzeitig mit relativ hohen Kosten[453] verbunden. Grundsätzlich stehen für Anwendungen im E-Commerce aber auch Verfahren zur Verfügung, die zwar nicht die gleiche Sicherheit gewährleisten, jedoch einen geringeren Aufwand und niedrigere Kosten sowohl bei Händlern als auch den Käufern verursachen. Solche Verfahren eignen sich insbesondere „für kurzlebige Geschäftsbeziehungen (...), in denen sofort bezahlt wird oder in denen die Partner bereit sind, gewisse rechtliche Risiken einzugehen“[454]. Eine solche Situation könnte dann gegeben sein, wenn sich zukünftig elektronisches Geld etabliert[455] und vermehrt digitale Produkte mit geringen Preisen, z. B. aus dem Bereich Multimedia, gehandelt werden.

Die Vielseitigkeit des E-Commerce zeigt sich nicht nur in unterschiedlichen Werten der Geschäftstransaktionen, sondern auch in variierenden Formen der Geschäftsabwicklung. So muss bei der Betrachtung von elektronischen Signaturen im E-Commerce die zunehmende mobile Nutzung des Internet berücksichtigt werden. Verfahren elektronischer Signaturen müssen sich in solche Nutzungsformen adäquat integrieren lassen. Noch ist insoweit eine technische Lösung mit einem vergleichbaren Sicherheitsniveau nicht verfügbar und ein Standard für Signaturen in mobilen Anwendungen nicht vorhanden[456].

Eine breite, internationale Nutzung elektronischer Signaturen im E-Commerce ist nur als „offener Einsatz“, der die Verwendung einer Signaturinfrastruktur in verschiedenen Anwendungen ermöglicht, vorstellbar. Voraussetzung dafür ist die Interoperabilität verschiedener Signaturkomponenten und Public Key Infra-

---

452 Dieses hohe Sicherheitsniveau wird u. a. dadurch erreicht, dass an Trust Center – also die Umgebung, in der die Schlüsselpaare erzeugt werden – und an die einzelnen Signaturkomponenten hohe Anforderungen gestellt werden. Eine vermehrter Einsatz elektronischer Signaturen im Rahmen des E-Commerce und somit auch durch private Nutzer erfordert jedoch darüber hinaus eine sichere Einsatzumgebung für die elektronischen Signaturen. Gerade im Bereich der technischen Sicherheit beim Endanwender (bspw. der private PC) werden daher Brüche im Sicherheitsniveau befürchtet, vgl. OCHEL, David/WEISSMANN, Oliver (2001), S. 46.

453 So sind Zertifikate, die unter einer aufwendigen Sicherheitsinfrastruktur erstellt werden, teurer als „einfache“ Zertifikate. Kartenbasierte Systeme sind schon allein aufgrund der Kosten für Chipkarten und der notwendigen Kartenlesegeräte wesentlich teurer.

454 ROßNAGEL, Alexander (1999), S. 266.

455 Eine Abwicklung von Zahlungstransaktionen mittels elektronischem Geld würde für die Händler bereits das Risiko der Verkaufstransaktion reduzieren, da kein Erfüllungsrisiko der Zahlung besteht.

456 Vgl. GNEITING, Stefan (2000), S. 28.

strukturen.[457] Derzeit befinden sich international eine Vielzahl verschiedener, untereinander nicht kompatibler Verfahren im Einsatz. Dies gilt auch allein für die Kategorie der PKI-Systeme, da bisher weder alle Systemkomponenten standardisiert sind[458] noch die Zertifikate untereinander anerkannt werden können.[459] Da E-Commerce-Händler und Konsumenten i. d. R. nicht einer identischen PKI angehören werden, ist es notwendig, dass Zertifikate von Trust Centern untereinander anerkannt werden, wenn sie einem festgelegten Sicherheitsniveau entsprechen.[460] Hier zeigt sich – neben der grundsätzlichen Ausrichtung auf ein Signaturmodell – eine der wesentlichen Herausforderungen, die sich für die Errichtung einer Signaturinfrastruktur für den elektronischen Handel stellen. Eine offene und damit für möglichst viele Transaktionen im elektronischen Handel anwendbare Signaturinfrastruktur ist daher kurzfristig sowohl technisch als auch organisatorisch nicht zu realisieren.

### *4.1.2 Rahmenbedingungen und Potential*

Weder in sicherheitstechnischer noch in organisatorischer Hinsicht bestehen für die Verwendung elektronischer Signaturen im elektronischen Handel verpflichtende gesetzliche Rahmenbedingungen. So regelt auch die europäische Richtlinie zu elektronischen Signaturen nur solche Signaturen, die mit einer direkten Rechtswirkung verbunden sind, das heißt Anwendungen, bei denen eine vorgeschriebene Schriftform durch die elektronische Form substituiert werden kann. Da die meisten Transaktionen im E-Commerce Kaufverträge darstellen, die nicht an eine Schriftform gebunden sind, gelten hier nicht die Restriktionen der Signaturgesetzgebung. Die Wahl des Signaturverfahrens und damit auch die Wahl des Sicherheitsniveaus bleibt den Beteiligten am elektronischen Geschäftsverkehr überlassen. Dennoch gehen auch von Regelungen, wie der Signatur-Richtlinie der EU, und insbesondere von internationalen Initiativen, z. B. der von UNCITRAL[461], Wirkungen auf Anwendungen im elektronischen Handel

---

457 Vgl. REIMER, Helmut (2001), S. 23.

458 Vgl. BMWI/BMI/BSI (Hrsg.) (2000).

459 Selbst zwischen den in Deutschland z. B. von den Bundesländern oder Kommunen auf Basis des Signaturgesetzes eingeführten kartenbasierten PKI-Systemen konnte trotz bestehender Bemühungen noch keine Interoperabilität realisiert werden.

460 Vgl. OCHEL, David/WEISSMANN, Oliver (2001), S. 48.

461 Die Initiative der UNCITRAL ist direkt auf die Anwendung elektronischer Signaturen im internationalen Handel ausgerichtet. Vgl. UNITED NATIONS COMMISSION ON INTERNATIONAL TRADE LAW/Working Group on Electronic Commerce (2001).

aus, da die allgemeine Diskussion über Signaturverfahren stark auf Verfahren von PKI konzentriert wird.[462] Außerdem zeigt sich in der Praxis der Einsatz von PKI-Verfahren – neben Anwendungen innerhalb und zwischen Unternehmen – zunächst in solchen Einsatzfeldern, die in den Regelungsbereich der EU-Richtlinie fallen[463]. Wird dort eine breite Akzeptanz für den Einsatz von Zertifikaten zur Schaffung von Identität bewirkt, so könnte dies einen positiven Einfluss auf den Einsatz von PKI-Verfahren im elektronischen Handel haben.

Für welche Transaktionen des elektronischen Handels in der Zukunft elektronische Signaturen verwendet werden und welche Qualität dort zum Einsatz kommen wird, ist derzeit kaum absehbar. Entscheidend bestimmt wird das Potential davon, ob eine Interoperabilität von Verfahren realisiert werden kann. Erst dann ist es möglich, dass ein Kunde eine identische Signaturinfrastruktur (Software, Chipkarte, Kartenlesegerät) für verschiedene E-Commerce-Transaktionen einsetzt (offene Systeme). Müsste ein Kunde für jeden Händler eine gesonderte Signaturinfrastruktur verwenden, so wird dies wahrscheinlich aufgrund der Komplexität für den Anwender eine breite Nutzung - zumindest kartenbasierter Verfahren – verhindern und den Einsatz auf Transaktionen mit hohen Sicherheitsanforderungen beschränken.

Gleichzeitig bedeutet Interoperabilität, dass nicht jeder Händler seinen Kunden ein Signaturverfahren entsprechend seiner speziellen Daten-, Sicherheits- und Kostenpräferenzen zur Verfügung stellen muss. Können Signaturen nahezu ubiquitär eingesetzt werden, so würde erst dadurch eine effiziente Verwendung auch bei Kauftransaktionen mit geringem Betrag ermöglicht. Es müsste sich in diesem Fall über den Markt ein allgemein anerkanntes Sicherheitsniveau, auch unter dem Aspekt der damit verbundenen Kosten, herausbilden.

Neben der Interoperabilität als technischer Voraussetzung wird die Verwendung elektronischer Signaturen darüber hinaus durch Netzwerkeffekte bestimmt. Wie bei der Diffusion von E-Geld bedingen sich Akzeptanz auf Seite der An-

---

462 Allerdings werden PKI-Verfahren insbesondere aufgrund des organisatorischen Aufwands und der damit verbundenen Kosten nicht als bester Lösungsansatz für den elektronischen Handel angesehen. Zumal eine Sicherheitsinfrastruktur gemäß EU-Richtlinie für die meisten Anwendungen im E-Commerce überdimensioniert wäre. Daher wird von OCHEL/WEISSMANN ein alternatives, weniger aufwendiges Modell – das so genannte Broker-Modell – vorgeschlagen, obwohl sie derzeit keine Durchsetzungsmöglichkeit alternativer Modelle sehen, vgl. OCHEL, David/ WEISSMANN, Oliver (2001), S. 50.

463 Dies zeigen die zahlreichen Projekte des E-Government, die einerseits die Kommunikation zwischen Bürgern und Verwaltung, andererseits die verwaltungsinterne Kommunikation betreffen.

wender und von den Händlern geschaffene Anwendungsmöglichkeiten gegenseitig. Ebenso stellt sich auch hier das Problem, durch wen die hohen Anfangsinvestitionen[464] getätigt werden sollen. Eine Bereitschaft der Kunden, in eine Signaturinfrastruktur zu investieren, ist unwahrscheinlich, da sich der Nutzen in Form der Nichtabstreitbarkeit von Transaktionen insbesondere auf der Seite der Händler zeigt. Ohne eine Finanzierung durch diejenigen, die den Nutzen haben werden, scheint Akzeptanz bei den Anwendern nicht erreichbar[465].

Ein Bereich, der sowohl durch potentiell hohe Transaktionsbeträge als auch durch sensible Kundendaten gekennzeichnet ist, ist der von Finanzdienstleistungen. Aktuelle Entwicklungen zeigen, dass in diesem Bereich elektronische Signaturen zur Verbesserung der Sicherheit eingeführt werden[466]. Werden diese Systeme gleichzeitig als interoperable Signaturverfahren konzipiert, so könnten von deren Nutzung im Rahmen von Online-Banking oder Online-Brokerage positive externe Effekte ausgehen, die dann auch eine Anwendung in anderen Bereichen ermöglichen.[467]

In der aktuellen Diskussion zu den Signaturverfahren herrscht Einigkeit darüber, dass langfristig betrachtet PKI-Verfahren ein hohes Potential aufweisen[468]. Auch Vertreter der REGULIERUNGSBEHÖRDE FÜR TELEKOMMUNIKATION UND POST prognostizieren, dass es eine internationale Konvergenz hin zu hardwarebasierten asymmetrischen Signaturverfahren geben wird. Allein damit ist jedoch noch keine internationale Interoperabilität realisiert. Initiativen, die u. a. eine internationale Interoperabilität von PKI-Systemen vorantreiben wollen, bestehen jedoch mittlerweile. Allerdings ist davon auszugehen, dass eine solche Entwicklung noch mehrere Jahre beanspruchen wird. Dabei ist zu beachten, dass die

---

464 Ist Interoperabilität gegeben, so wären die Investitionen in die Signaturinfrastruktur – wie insbesondere Zertifikate und Kartenlesegeräte – einmalig und müssten durch den „Erstausstatter" finanziert werden, wenn die Konsumenten nicht bereit sind, selbst für eine Signaturinfrastruktur zu bezahlen. Für alle weiteren Anwendungen entstünden nur variable Kosten.

465 Vgl. o.V. (2001), Digitale Signatur mit Hindernissen. Dies bezieht sich sowohl auf Anwendungen im E-Government als auch im elektronischen Handel.

466 So wird in Deutschland vom Zentralen Kreditausschuss der deutschen Kreditwirtschaft mit dem HBCI-Verfahren ein chipkartenbasiertes asymmetrisches Signaturverfahren gemäß Signatur-Richtlinie entwickelt. Informationen zu HBCI werden u. a. von der Informationsplattform „Sicherheit im Internet" zur Verfügung gestellt. Diese sind abrufbar unter: http://www.sicherheit-im-internet.de.

467 Vgl. OECD/TECHNOLOGY TAG (2000), S. 35.

468 Vgl. z. B. OECD/TECHNOLOGY TAG (2000), S. 35, REIMER, Helmut (2001), S. 23 und STIEL, Hadi (2001), S. 58

Schaffung von Interoperabilität nicht lediglich eine technische Frage ist, sondern auch durch Wettbewerbsaspekte beeinflusst wird.

### *4.2 Aussagefähigkeit digitaler Zertifikate*

Aufgrund der allgemein prognostizierten Entwicklung hin zu PKI-Verfahren und der Untauglichkeit alternativer Signaturverfahren, wie Paßwörter oder Zahlenkombinationen, zur Bestimmung persönlicher Merkmale konzentriert sich die folgende Betrachtung auf PKI-Verfahren. Zur Ermittlung der Eignung solcher Verfahren, den Besteuerungsort zu bestimmen, müssen die in solchen Verfahren verwendeten Zertifikate[469] betrachtet werden. Da Empfänger von Zertifikaten (z. B. Händler) lediglich Zugriff auf die Daten in einem Zertifikat, jedoch nicht auf die bei den Zertifizierungsstellen gespeicherten Kundendaten haben, können zur Bestimmung des Wohnsitzstaates nur die in einem Zertifikat enthalten Daten verwendet werden.[470]

Die Implementierung von Zertifikaten basiert auf den Spezifikationen des Standards X.509 für Schlüsselzertifikate der INTERNATIONAL TELECOMMUNICATION UNION[471]. Darin wird definiert, welche Werte in welchen Formaten in einem Zertifikat enthalten sein müssen[472]. Die Verwendung von X.509-Zertifikaten in Internet-Anwendungen wird von der IETF in verschiedenen Dokumenten (RFCs und Internet Drafts) beschrieben[473]. Ziel dieser Spezifikationen ist es, eine Interoperabilität von PKI-Anwendungen i. S. einer universellen Lesbarkeit von Zertifikaten zu gewährleisten.

Die Daten von X.509-Zertifikaten sind nach Basisdaten (Basic Certificate Fields) und (optionalen) Erweiterungen (Extensions) zu unterscheiden. Die Basisdaten eines Zertifikats entsprechen im Wesentlichen den Muss-Angaben gemäß EU-Signaturrichtlinie[474] und enthalten somit neben dem Namen[475] des

---

469 Vgl. Erster Teil, Abschnitt B, Kapitel 5.3.

470 Die folgenden Ausführungen basieren z. T. auf Gesprächen mit Zertifizierungsstellen und der Regulierungsbehörde für Telekommunikation und Post.

471 Für allgemeine Informationen vgl. http://www.itu.int.

472 Vgl. die Beschreibung von Zertifikatsarten der D-TRUST GMBH, abrufbar unter: http://www.d-trust.de.

473 Insbesondere RFC 3039, Internet X.509 Public Key Infrastructure und Internet-Draft „An Internet Attribute Certificate" (draft-ietf-pkix-ac509prof-09.txt), abrufbar unter: http://www.ietf.org.

474 Auch die Spezifikation der qualifizierten elektronischen Zertifikate durch das *European Telecommunications Standards Institute* (ETSI) basiert auf X.509-Zeritifikaten, vgl. http://www.

Zertifikatebesitzers keine Adressangaben oder Kennzeichen für den Wohnsitzstaat. Anzugeben ist lediglich der Staat, in dem der Aussteller des Zertifikats niedergelassen ist. Für eine Verwendung dieser Information als Indikator für den Wohnsitzstaat des Zertifikatebesitzers besteht keine hinreichende Wahrscheinlichkeit für die Übereinstimmung dieser beiden Orte. Dies zeigt, dass der derzeitige Rechtsrahmen für elektronische Signaturen für Zwecke der Steuererhebung nicht geeignet ist, da die Verfügbarkeit der dafür benötigten Informationen darin nicht berührt wird.[476] Die optionalen Erweiterungsfelder eines Zertifikats bieten jedoch grundsätzlich die Möglichkeit, weitere, mit dem Zertifikatebesitzer verbundene Daten – wie Wohnsitzstaat oder auch den Steuerstatus bzw. eine Steuernummer – aufzunehmen. Sollen die Zertifikate weiterhin eine Interoperabilität unterstützen, so müssen auch diese Erweiterungsfelder den vorgegebenen Spezifikationen folgen. Dies würde eine internationale Abstimmung der Erstellung solcher (erweiterten) Zertifikate voraussetzen. Nur für geschlossene Nutzungen können die Erweiterungen individuell definiert werden.[477]

Darüber hinaus besteht die Möglichkeit, statt weitere Daten in zentrale Schlüsselzertifikate (Basic Certificate) aufzunehmen, diese in ein gesondertes Attributzertifikat zu schreiben. Attributzertifikate sind ebenfalls für den Standard X.509 definiert und beinhalten i. d. R. zusätzliche Merkmale (Attribute) des Zertfikatebesitzers, die zur Autorisierung eingesetzt werden. Vorteil solcher Attributzertifikate ist, dass diese flexibler zu erstellen sind, da sie auch von anderen Institutionen als den Zertifizierungsinstanzen für die Schlüsselzertifikate ausgestellt werden können[478], und dass sie bedarfsweise in Signaturvorgängen eingesetzt werden können. Gleichzeitig beeinträchtigen sie die Interoperabilität in geringerem Maße: Können Felder eines Attributzertifikats von einem Signatursystem nicht gelesen werden, so ist dadurch nicht die gesamte Funktionsfähigkeit der digitalen Signatur beeinträchtigt, da diese Daten ignoriert werden können. So ließen sich also theoretisch Nationalitätskennzeichen oder auch nationale Steuer-

---

etsi.org/sec/ts_101862v010200.doc. Die IETF definiert qualifizierte Zertifikate – wobei hier der Begriff weiter gefasst ist als durch die EU-Richtlinie – im RFC 3039 (vgl. FN 473).

475 Der Name muss innerhalb einer Zertifizierungsstelle eindeutig sein. Bei Namensgleichheit erfordert dies einen eindeutigen Zusatz. Aber auch dann ist für den Empfänger eines Zertifikats daraus keine eindeutige Identität abzuleiten.

476 Vgl. KÖHLER, Markus/ARNDT, Hans-Wolfgang (2000), S. 91.

477 Vgl. Internet Draft „Internet X.509 Public Key Infrastructure – Certificate and CRL Profile", Punkt 4.2, abrufbar unter: http://www.ietf.org.

478 Vgl. Internet-Draft „An Internet Attribute Certificate", Punkt 1, abrufbar unter: http://www.ietf.org.

nummern in ein Attributzertifikat aufnehmen, das dann eingesetzt wird, wenn eine entsprechende Identifizierung notwendig ist. Die Möglichkeit des bedarfsweisen Einsatzes scheint in diesem Zusammenhang vorteilhaft, da sich im Falle einer grundsätzlichen Weitergabe derartiger persönlicher Daten zur Identifizierung durch den Händler oder die Steuerbehörde ein Konflikt mit dem Schutz der Privatsphäre ergeben könnte.

Da ein Lösungsansatz für die Bestimmung des Besteuerungsortes im E-Commerce einen offenen Einsatz digitaler Signaturen erfordert, müssen standardisierte Zertifikate genutzt werden. Diese bieten, wie dargestellt, theoretisch bereits die Gelegenheit, neben dem Namen des Zertifikateinhabers weitere Personenmerkmale aufzunehmen[479]. Die Konfiguration eines erweiterten Zertifikats oder eines Attributzertifikats und die dazu notwendige internationale Abstimmung müssen durch eine entsprechende Nachfrage angestoßen werden. Initiator kann daher nur eine Institution sein, die ein Interesse an einer solchen Identifizierung hat. Vorrangig erscheinen daher die Steuerbehörden geeignet, bspw. die Ausstellung von Attributzertifikaten mit den zur Steuererhebung notwendigen Daten – zumal diese originär bei den Steuerbehörden vorliegen – in Zusammenarbeit mit Trust Centern zu initiieren.

Die steuerpolitische Diskussion zur Problematik der Bestimmung des Besteuerungsortes greift zwar häufig den Ansatzpunkt digitaler Signaturen auf und kommt zu dem Ergebnis, dass sich diese zur Identifikation der Transaktionspartner und grundsätzlich auch zur Bestimmung des Wohnsitzstaates eignen würden. Jedoch werden die technischen und organisatorischen Voraussetzungen, die dafür zunächst zu erfüllen wären, nicht im Einzelnen diskutiert. Dies erklärt, dass gegenwärtig von Seiten der Steuerpolitik keine Initiativen erkennbar sind, eine Verwendung elektronischer Signaturen zur Bestimmung des Besteuerungsortes zu ermöglichen, indem eine breite Anwendung von Zertifikaten in der Steuererhebung gefördert wird. Dabei könnte z. B. die Integration der europäischen Umsatzsteuer-Identifikationsnummern in elektronische Zertifikate ein effizienteres Verfahren der Umsatzsteuererhebung im innereuropäischen Handel oder die

479 Vgl. Internet-Draft „Internet X.509 Public Key Infrastructure – Certificate and CRL Profile", Punkt 4.2.1.7, abrufbar unter: http://www.ietf.org.

Verwendung elektronischer Signaturen durch Steuerpflichtige eine elektronische Abwicklung von Steuererklärungen ermöglichen.[480]

### *4.3 Sicherheitsniveau elektronischer Signaturen und Eignung zur Bestimmung des Besteuerungsortes*

Nachdem bereits die Voraussetzungen für eine Verwendung elektronischer Signaturen im E-Commerce und die technische Möglichkeit der Bestimmung des Besteuerungsortes in den vorgehenden Kapiteln diskutiert wurden, ist im Folgenden die Art der Integration in Transaktionen des E-Commerce zu betrachten.

Elektronische Signaturen gemäß EU-Richtlinie bewirken ein sehr hohes Sicherheitsniveau, weil zum einen hohe Anforderungen an die Zertifizierungsinstanzen gestellt werden und zum anderen die Signaturen in sicheren Signaturerstellungseinheiten zu erstellen sind. Darüber hinaus muss gewährleistet sein, dass die Gültigkeit jedes Zertifikats in einem öffentlichen Verzeichnisdienst geprüft werden kann. Soll dieses Maß an Zuverlässigkeit elektronischer Signaturen auch für die Bestimmung des Besteuerungsortes gelten, so müsste sowohl dieses Sicherheitsniveau zum internationalen Standard gemacht als auch die Prüfbarkeit der Zertifikate international ermöglicht werden[481].

Da jedoch die Anwendungen im E-Commerce nicht in den Regelungsbereich der EU-Richtlinie fallen und nicht alle Staaten eine vergleichbare Signaturgesetzgebung haben, wird die internationale Abstimmung des Sicherheitsniveaus „weniger durch nationale Gesetze bestimmt werden als durch die Normen, die sich in den Internet-Communities bilden"[482]. Da ein hohes Sicherheitsniveau, wie oben erläutert, hohe Kosten verursachen würde, erscheint eine internationale Einigung auf ein der EU-Regelung vergleichbares Sicherheitsniveau fraglich. Als Alternativen stehen sowohl PKI-Verfahren[483], die zwar nicht den höchsten Standards der EU-Richtlinie entsprechen, aber dadurch geringere Kosten verur-

---

480 So können bspw. in England Lohnsteuererklärungen elektronisch abgegeben werden, wobei der Staat zusätzliche Anreize setzt, damit die Bürger diese (effiziente) Weise nutzen, vgl. o.V. (2000), Noch ein weiter Weg zum E-Government, http://heise.de/newsticker/data/chr-04.09.00-000/.

481 Dies impliziert unter anderem, dass eine große Zahl an Zugriffen auf die Zertifikatsverzeichnisse möglich sein muss.

482 GEIS, IVO (2000), S. 674.

483 Wie das frei über das Internet verfügbare Verfahren *Pretty Good Privacy* (PGP).

sachen, als auch andere Signaturverfahren zur Verfügung.[484] Abweichungen von den hohen Sicherheitsstandards führen allerdings zu erweiterten Möglichkeiten der Manipulation von Signatureinheiten. Werden bspw. die Signaturerstellungsdaten statt auf einer Chipkarte als Software gespeichert, so sind diese Daten prinzipiell veränderbar bzw. können dupliziert werden. Grundsätzlich muss hier eine Nutzen-Kosten-Abwägung getroffen werden, wobei es problematisch erscheint, dass die Präferenzen der Steuerbehörden und der Händler in dieser Frage nicht übereinstimmen werden.

Neben der Einigung auf ein anerkanntes Sicherheitsniveau muss für eine Verwendung elektronischer Signaturen zur Bestimmung des Besteuerungsortes die Verwendung in allen umsatzsteuerpflichtigen Transaktionen sichergestellt werden. Daher ist zunächst zu betrachten, welche Anreize sich für die an einer Handelstransaktion Beteiligten – E-Commerce-Händler und Konsumenten – zei-gen. Auf Seite der Konsumenten ermöglicht der Einsatz von Händler-Zertifi-katen die Feststellung der Identität der Handelspartner. Missbräuchlichen Transaktionen im eigenen Namen könnten nur vermieden werden, wenn elektronische Signaturen in jeder Handelstransaktion eingesetzt werden und in jedem Fall die Identität überprüft wird. Somit ist der Nutzen, der sich für Privatpersonen aus dem Einsatz elektronischer Signaturen im Rahmen von Handelstransaktionen ergibt eher gering. Verbesserungen des Verbraucherschutzes sind bereits durch sichere Zahlungssysteme, die nicht zwangsweise auf Zertifikaten basieren müssen, zu erreichen, da auf diese Weise finanzielle Risiken und Möglichkeiten des Abschlusses von Verträgen in falschem Namen minimiert werden können.[485] Die Gewährleistung von Rechtssicherheit setzt für die Konsumenten im E-Commerce aufgrund der nicht vorhandenen Formvorschriften sicher nur in sehr wenigen Fällen einen Anreiz zur Verwendung.[486] Auch auf Seite der E-Commerce-Händler ist die Gewährleistung von Rechtssicherheit gegen die Kosten, die der Einsatz elektro-

---

484 Vgl. GEIS, Ivo (2000), S. 669.

485 Abgesehen von der Möglichkeit, einen Kauf auf Rechnung in falschem Namen durchzuführen. Dann müsste allerdings die Zustellung des Gutes durch einen Dritten abgefangen werden.

486 OCHEL/WEISSMANN merken darüber hinaus an, dass sich das Niveau des Verbraucherschutze durch die Verwendung elektronischer Signaturen verschlechtern könnte, wenn – wie gerade im Bereich privater Anwendungen zu vermuten ist – ein Missbrauchspotential in einer PKI besteht. Sicherheitslücken in einem System elektronischer Signaturen eröffnen ein hohes Potential an Missbrauch, da Signaturen dann in großer Zahl gefälscht werden können. Die Regelung der Beweislastumkehr bewirkt, dass ein Verbraucher im Falle eines Abstreitens einer Transaktion den Missbrauch der elektronischen Signatur beweisen muss. Vgl. OCHEL, David/WEISSMANN, Oliver (2001), S. 44ff. Darüber hinaus gewährt das Fernabsatzgesetz im Bereich der physischen Güter ein Widerrufsrecht von zwei Wochen, welches den Verbraucher auch vor Bestellungen in falschem Namen schützt.

nischer Signaturen mit einem dem Signaturgesetz entsprechenden Sicherheitsniveau verursacht, abzuwägen. Somit ist ein Einsatz für Umsätze mit digitalen Produkten, die im Allgemeinen einen geringen Wert haben und im Voraus bezahlt werden, nicht anzunehmen. Eine Verpflichtung der Händler, die Nationalität ihrer Kunden zwecks Erfüllung der Umsatzsteuerpflicht zu identifizieren, könnte zwar einen Anreiz setzen, entsprechende technische Verfahren zu implementieren. Jedoch ist aufgrund der internationalen Dimension des E-Commerce zu erwarten, dass sich Unternehmen aus Drittstaaten aufgrund der eingeschränkten Möglichkeiten, die Erfüllung einer Umsatzsteuerpflicht zu kontrollieren, dadurch wahrscheinlich nicht veranlasst sehen, elektronische Signaturen für alle Transaktionen zu fordern.[487]

Darüber hinaus scheint nach Angaben von Zertifizierungsunternehmen derzeit eine breite, offene Anwendung richtlinienkonformer elektronischer Signaturen im Rahmen des E-Commerce zur Identifizierung aller Kunden weder anvisiert noch technisch realisierbar zu sein. Dies bedeutet, dass die Kapazitäten einer Verifikation der Zertifikate für eine offene Anwendung nicht ausreichen.[488]

## *4.4 Gesamtbewertung*

**Praktikabilität**: Die Praktikabilität des Einsatzes elektronischer Signaturen zur Bestimmung des Besteuerungsortes muss, wie die obigen Betrachtungen gezeigt haben, getrennt nach technischen und organisatorischen Aspekten beurteilt werden. Die technische Praktikabilität der Verwendung elektronischer Signaturen zur Bestimmung des Besteuerungsortes ist grundsätzlich mittels Erweiterungen in Zertifikaten oder Erstellung von geeigneten *Attributzertifikaten* gegeben. Auch die notwendige PKI ließe sich verfahrenstechnisch in die Transaktionen des E-Commerce integrieren.

Organisatorisch ist die Praktikabilität eines globalen Einsatzes von PKI und somit der Verwendung zuverlässiger Zertifikate im E-Commerce derzeit nicht gegeben. Um dies zu ermöglichen, müsste sich zunächst aus der Vielzahl der Alternativen die Verwendung von PKI-Verfahren als allgemein anerkanntes Verfahren der Identifizierung im E-Commerce herausbilden. Eine weitere Vor-

---

[487] Zumindest solange die Notwendigkeit einer solchen Identifizierung nur auf den Steuergesetzen eines Drittstaates beruht. Würden auch die inländischen Steuergesetze dies erfordern, wäre eine Unterstützung durch die Händler wahrscheinlicher.

[488] Vgl. o.V. (2001), Digitale Unterschrift in der Sackgasse, http://www.heise.de/newsticker/data/ur-15.08.01-000/.

aussetzung ist der Aufbau einer internationalen, interoperablen PKI. Dies bezieht sich nicht nur auf die Komponenten der Signaturinfrastruktur, sondern insbesondere auch auf das Verfahren der Zertifikatsprüfung. Gerade im Bereich der Zertifikatsprüfung – sowohl aufgrund der Menge der Verifikationsanfragen als auch der gegenseitigen Anerkennung von Zertifikaten – zeigen sich derzeit gravierende Restriktionen, die eine umfassende Verwendung elektronischer Signaturen im elektronischen Handel verhindern.

Da die Schaffung dieser Voraussetzungen einer PKI hohe Kosten verursachen wird, sollten vor Einleitung entsprechender Maßnahmen alternative Optionen evaluiert werden. Auch wenn momentan noch nicht erkennbar ist, welche Modelle von Signaturverfahren und in welchen Anwendungen sich diese im Rahmen des E-Commerce etablieren werden, besteht zumindest in vielen Anwendungen ein Bedarf an Verfahren zur Identitätsfeststellung.

**Validität**: Die Qualität der Bestimmung des Besteuerungsortes über Zertifikate wird durch das realisierte Sicherheitsniveau bestimmt. Speziell die Zuverlässigkeit der Daten in Zertifikaten ist abhängig von der Prüfung der Datenangaben bei Ausstellung der Zertifikate und von der Möglichkeit der Ex post-Manipulation von Daten. Die Möglichkeiten der Manipulation werden in erster Linie durch die Art der Speicherung der Signaturdaten – auf einer Chipkarte oder als Software – bestimmt. Qualifizierte Zertifikate, die der EU-Richtlinie entsprechen, zeigen zwar, dass eine sehr hohe Zuverlässigkeit realisiert werden kann, jedoch ist nicht davon auszugehen, dass sich die dafür notwendigen Sicherheitsanforderungen an Zertifizierungsstellen auch für Anwendungen im E-Commerce international durchsetzen lassen. Darüber hinaus ist zu beachten, dass ein derartiges Sicherheitsniveau bisher nur in geschlossenen Anwendungen in Unternehmen oder Behörden realisiert wurde. Es bestehen Zweifel, ob sich dieses unter Einschluss privater Nutzer gewährleisten lässt[489]

**Umgehungspotential**: Auch das Ausmaß des Umgehungspotentials wird durch das realisierte Sicherheitsniveau beeinflusst. Sind die Daten der Zertifikate manipulierbar, so könnte dies zur Verfälschung des Besteuerungsortes und somit zur Umgehung der Umsatzbesteuerung im Verbrauchsland genutzt werden. Bei grundsätzlich „sicheren" Zertifikaten wird das Umgehungspotential dadurch bestimmt, ob Händler zur Durchführung einer Handelstransaktion stets ein Zertifikat einfordern werden. Denn wenn Kunden kein Zertifikat vorlegen, so muss der Händler die Berechnung der Umsatzsteuer auf Basis alternativer Informatio-

---

[489] Vgl. OCHEL, David/WEISSMANN, Oliver (2001), S. 44ff.

nen durchführen. Möglicherweise öffnet sich hier eine Lücke in der tatsächlichen Umsatzbesteuerung gemäß Verbrauchsort (Wohnsitzstaat), die auf Seiten der Konsumenten wiederum Anreize setzen kann, keine Zertifikate im E-Commerce zu verwenden. Gerade in der Phase des Aufbaus einer PKI kann jedoch von den Händlern nicht erwartet werden, Transaktionen abzulehnen, wenn kein Zertifikat vorgewiesen wird.

**Kontrollmöglichkeiten**: Prinzipiell ist es möglich, die Nachprüfbarkeit von Zertifikaten, wie es die EU-Richtlinie vorgibt, auch über die Gültigkeit eines Zertifikats hinaus aufrecht zu erhalten. Auch hier ist allerdings in Frage zu stellen, ob sich dies international etablieren wird. Voraussetzung dafür, dass Dritte (Steuerbehörden) überhaupt ex post die Umsatzsteuererhebung kontrollieren können, ist, dass jeder Händler die umsatzsteuerpflichtigen Transaktionen inklusive der Zertifikate als Basis der Steuerberechnung protokolliert und archiviert.

**Steuerungspotential**: In den vorangehenden Betrachtungen wurden die Ansatzpunkte einer Steuerung durch die Steuerpolitik bereits aufgezeigt. Problematisch ist die Steuerung der Verwendung von elektronischen Signaturen im E-Commerce, da die Steuerpolitik auf solche Anwendungen Einfluss nehmen müsste, die nicht im eigenen Transaktionsbereich liegen. Es ist nicht die Kommunikation zwischen Steuerpflichtigen und Steuerverwaltung zu beeinflussen, sondern die von Konsumenten zu Händlern. Eine direkte Regulierung im Sinne von Vorgaben für die Verwendung einer bestimmten Art von elektronischen Signaturen ist daher, insbesondere im internationalen Kontext, nicht möglich. Ansatzpunkt kann vielmehr zunächst nur eine internationale Abstimmung zwischen den Steuerbehörden unter Einbeziehung der E-Commerce-Unternehmen sein. In diesem Rahmen müssen dann Konzepte zur Förderung des Einsatzes von PKI-Verfahren und zur Etablierung einer zuverlässigen Infrastruktur erarbeitet werden. Dabei kann auf den Arbeiten der OECD aufgebaut werden.

## 5. Bestimmung des Besteuerungsortes mittels der IP-Adresse

### *5.1 Grundsätzliche Aussagefähigkeit von IP-Adressen*

IP-Adressen werden häufig als erster logischer Ansatzpunkt zur Identifizierung im Internet angesehen, da sie zur Adressierung der Kommunikationspartner - also auch der Beteiligten einer steuerpflichtigen Transaktion - dienen und daher im Verlauf jeder Kommunikation ausgetauscht werden.[490] Dabei ist jedoch zu

[490] Vgl. FETZER, Thomas (2000), S. 238.

beachten, dass es sich bei der IP-Adresse um eine Form der Adressierung von technischen Systemen handelt, im Fall der Steuererhebung jedoch eine Identifizierung des Wohnsitzstaates von Personen notwendig ist. Eine IP-Adresse ist eine eindeutige nummerische Kennung eines physischen Endsystems innerhalb von IP-Anwendungen[491]. Da diese Adressen nach organisatorischen und nicht nach geographischen Gesichtspunkten vergeben werden - wie gezeigt wurde, gilt dies grundsätzlich sowohl für Adressen der IP-Version 4 als auch der Version 6 -, sind sie originär nicht zur Ortsbestimmung konzipiert. Im Folgenden wird dennoch untersucht, ob und inwieweit von einer IP-Adresse auf die Lokalität des dazu gehörenden physischen Endsystems geschlossen werden kann.

Da für die Kommunikation im Internet geographische Anknüpfungspunkte und Entfernungen keine Bedeutung für die technische Praktikabilität haben, liefern IP-Adressen an sich keine Auskunft über eine nationale Zugehörigkeit eines Host. I. d. R. werden in den Aufzeichnungen einer IP-Transaktion (Log-files in den Web-Servern der Händler) die IP-Adressen von Anfragen festgehalten. Darüber hinaus ist es möglich, gleichzeitig die zugehörenden Domain-Namen zu protokollieren. Wie gezeigt, können aus einem Domain-Namen zwar möglicherweise bereits Rückschlüsse auf den Verwalter eines Netzwerkes gezogen werden, jedoch ist über den Domain-Namen bzw. die TLD nicht der Ort des Endsystems zu ermitteln. Über Datenbanken der Registrierungsstellen kann zwar bei Kenntnis des Domain-Namens ein „Besitzer“ einer Domain exakt ermittelt werden, jedoch bezieht sich diese Zuordnung nur auf eine SLD.[492] Das heißt, da in vielen Fällen einer privaten Internetnutzung der Zugang zum Internet über eine Einwahl bei einem ISP stattfindet, kann über eine solche Abfrage (einer dynamischen IP-Adresse) nur der Name und der Sitz des Providers ermittelt werden. Eine geographische Verknüpfung zum Internetnutzer kann sich in der Praxis dennoch indirekt dadurch ergeben, dass oftmals ein lokaler Provider (der dann die dynamischen IP-Adressen vergibt) als Zugangsinstanz zum Internet genutzt wird. Prinzipiell besteht jedoch die Möglichkeit, den Provider für den Internetzugang ortsunabhängig zu wählen.

Ist zu einer IP-Adresse kein Nameserver-Eintrag vorhanden, kann nicht automatisch zu einer IP-Adresse ein Domain-Name protokolliert werden. In solchen

---

491 Die Struktur von IP-Adressen und die Adressierung im Internet wurden grundlegend im Ersten Teil, Abschnitt B, Kapitel 3 dargestellt.

492 Für das im Beispiel verwendete Endsystem mit der Domain *meinpc.chemie.uni-mainz.de* kann folglich nur der Besitzer der SLD *uni-mainz.de* festgestellt werden. Eine weitergehende Bestimmung von subdomains müsste dann über den Verantwortlichen der SLD erfolgen.

Fällen ist eine IP-Adresse i. d. R. nicht weiter aufzulösen. Grundsätzlich kann über eine reverse Abfrage (reverse DNS-Lookup) – entgegen der eigentlichen Funktion des DNS – einer IP-Adresse der vollständige Domain-Name zugeordnet werden. Eine Abfrage der Beispiel-Adresse *134.93.194.123* (vgl. Tabelle 2, Seite 20) würde dann die Antwort *meinpc.chemie.uni-mainz.de* generieren. Auch hier enthält das Ergebnis allerdings keine Information darüber, wo sich dieser Host des Netzwerks der Universität-Mainz geographisch befindet.[493]

Die in der Vergangenheit von Seiten der Politik und der Steuerverwaltungen an das neue Internet-Protokoll (IPv6) geknüpften Hoffnungen haben sich – nach derzeitigem Kenntnisstand – im Verlauf der technischen Realisierung nicht erfüllt. Während der Entwicklung von IPv6 wurde anfangs zwar die Möglichkeit diskutiert, die Adressen nach geographischen Prinzipien zu verteilen, später wurde dies jedoch wieder aufgegeben.[494] Darüber hinaus ist auch für die Vergabe der neuen IP-Adressen keine direkte Verknüpfung mit einer Person vorgesehen, wie dies etwa bei der Vergabe von Telefonnummern geschieht. Zwar können einzelne Provider – dies gilt auch heute unter Verwendung von IPv4 – jede verwendete IP-Adresse zwecks Abrechnung der Gebühren einer Person zuordnen[495]. Eine solche Zuordnung ist jedoch weder öffentlich verfügbar noch in jedem Anwendungsfall gegeben[496].

Die Struktur der IPv6-Adressen ist stark hierarchisch aufgebaut[497], ihre Basis ist allerdings nicht geographisch sondern rein organisatorisch und orientiert sich an den Verbindungswegen des Routing.[498] Abgeleitet kann die in Tabelle 1 dar-

---

493 Alternativ kann eine IP-Adresse in den whois-Servern der Registrierungsstellen abgefragt werden. Diese würden bspw. bei Abfrage der Adresse *134.93.194.123* (vgl. Tabelle 2, Seite 19) angegeben, dass der Adressbereich 134.93.0.0 - 134.93.255.255 zur (Sub-)Domain *uni-mainz* gehört.

494 Vgl. DITTLER, Hans Peter (1998), S. 41. In dieser Adressarchitektur zeigt sich dennoch ein Vorteil gegenüber IPv4. Dort wurden die Adressen in verschieden großen Blöcken ohne weitere Kriterien an Unternehmen oder Organisationen vergeben. Dies führte zum einen zu Problemen beim Routing und vergeudete zum anderen letztlich Adressraum, vgl. ebenda, S. 1 u. S. 35f.

495 Auch unter Verwendung der neuen IP-Adressen hat eine solche Zuordnung jedoch nur solange Bestand, wie der Internetnutzer Zugangsdienste über den gleichen Provider in Anspruch nimmt. Eine IP-Adresse ist insofern nicht „fest“ einem Endgerät und insbesondere nicht einer Person zugeordnet.

496 Vergibt ein Netzwerkbetreiber, z. B. ein Unternehmen oder eine Universität, IP-Adressen, so wird i. d. R. keine feste Zuordnung zu einer Person vorgenommen, da diese weder technisch relevant ist noch über einen längeren Zeitraum konstant sein muss.

497 Vgl. Erster Teil, Abschnitt B, Kapitel 3.3.1.

498 Vgl. DITTLER, Hans Peter (1998), S. 42.

gestellte öffentliche Struktur einer providerbasierten IPv6-Adresse auch als eine geographische Hierarchie angesehen werden, da ausgehend von multinationalen Organisationen wie RIPE (TLA) eine Hierarchie bis zu den (lokalen) Providern (NLA) aufgebaut wird. Die Hierarchie innerhalb der nächsten Hierarchieebene (SLA), beispielsweise in einem Firmennetzwerk, muss allerdings nicht mit dieser geographischen Hierarchie der Adressvergabe übereinstimmen. Dies bedeutet, die Lokalität eines Netzwerkes und insbesondere dessen physischen Endsystemen müssen nicht der Lokalität des Providers entsprechen. Ist, wie im Rahmen der Bestimmung des Besteuerungsortes, nur eine nationale Zuordnung von Interesse, so stimmen die Lokalitäten überein, wenn ein Endkunde (und das physische Endsystem) in Land A seine IP-Adresse über einen ebenfalls in Land A ansässigen Provider bezieht. Insgesamt zeigt sich somit, dass die Adressen der Version 6 vergleichbare Ansatzpunkte zur Bestimmung des Ortes eines Endsystems liefern wie die Adressen der Version 4. „Zufällig" zutreffende Ortsbestimmungen sind folglich auch hier möglich, wenn Internetnutzer und Provider im gleichen Land ansässig sind. Diese Übereinstimmung und somit auch eine mittels IP-Adressen zu erzielende korrekte „Bestimmungsquote" wird sich wahrscheinlich in der Zukunft im Zuge einer fortschreitenden Deregulierung im Bereich der Telekommunikation insbesondere im Rahmen des europäischen Binnenmarktes verringern.[499] Jedenfalls kann eine Übereinstimmung für Zwecke der Steuererhebung nicht vorausgesetzt werden.

Bislang zeigen sich in der Literatur keine klaren Aussagen, über die Auswirkungen der neuen Eigenschaften des IPv6 auf eine Identifizierung der Transaktionspartner. Auch in Expertengesprächen der Verfasserin konnten keine detaillierteren Ergebnisse gewonnen werden.[500] Jedoch sind alle Vorstellungen von Verzeichnissen, die eine feste Zuordnung von IP-Adresse zu Endnutzern (und deren Lokalität) bilden, durch die nun erkennbare Ausgestaltung der Adressen der Version 6 eindeutig zu verwerfen.[501] Auch aus den in IPv6 integrierten

---

499 Vgl. OECD/Technology TAG (2000), S. 30.

500 Dabei ist anzumerken, dass die Zusammenhänge zwischen den technischen Rahmenbedingungen des Internet und dem steuerpolitischen Regelungsbedarf trotz seiner besonderen Bedeutung im Allgemeinen nur sehr oberflächlich diskutiert werden (eine Ausnahmen sind die Arbeiten der Technology TAG der OECD). In der technischen Literatur werden wiederum – da es dort nicht von Interesse ist – Fragestellungen wie die Möglichkeit der Lokalisierung von Nutzern im Rahmen von steuerlichen Erhebungsverfahren nicht diskutiert.

501 Darüber hinaus ist derzeit unklar, ob bzw. wann tatsächlich Adressen der Version 6 von Providern an private Anwender vergeben werden, statt dynamisch zugeteilte IP-Adressen zu verwenden.

Hardwareadressen[502] – abgesehen davon, dass diese nur eine Option zur Konfiguration darstellen – können Informationen zum Ort des Endnutzers nicht abgeleitet werden. Vertreter der IPv6 Working Group der IETF gehen davon aus, dass viele Endsysteme in der Zukunft zwei Arten von IP-Adressen haben werden: eine eindeutige/dauerhafte, die z. B. mittels einer festen Hardwareadresse konfiguriert wird, und eine temporäre. Dies würde es ermöglichen, über den Grad der Anonymität – vergleichbar der Entscheidung über die Unterdrückung einer Telefonnummer – von Fall zu Fall zu entscheiden.[503]

### *5.2 Auswirkungen von Proxy-Servern und Firewall-Systemen*

Die Ausführungen im vorangehenden Kapitel basieren auf der Annahme, dass ein Host im direkten Datenaustausch mit dem Internet steht und somit seine „eigene" IP-Adresse zur Kommunikation verwendet. Dies entspricht jedoch nicht dem Regelfall, da sowohl Bemühungen zur Verringerung des Datenverkehrs in den Netzen als auch Sicherheitsanforderungen für Daten und Systeme andere Netzwerkstrukturen hervorbringen. Sicherheitsbemühungen können sich auf verschiedene Ebenen beziehen: die Sicherung übertragener Daten, die Sicherung der Echtheit der Kommunikationspartner, die Sicherung gespeicherter Daten sowie des Systems oder die Sicherung der Privatsphäre.[504] Die ersten beiden Formen können durch Verwendung von Verschlüsselungstechniken und elektronischen Signaturen erreicht werden. Eine Sicherung der Privatsphäre wird durch so genannte Proxy-Server ermöglicht.

Proxy-Server stellen stellvertretend für ein anderes End-System Internet-Verbindungen her und können je nach Konfiguration verschiedene Funktionen erfüllen. Reine Cache-Proxies speichern häufig nachgefragte Web-Seiten ab, um sie im Falle einer wiederholten Anfrage schneller liefern zu können und auf diese Weise die Netzbelastung zu reduzieren. Darüber hinaus erfüllen Proxies vielfach gleichzeitig eine Sicherheitsfunktion (Firewall-Funktion), indem sie für bestimmte Dienste den eigentlichen Absender nach Außen abschirmen und nur die IP-Adresse des Proxy-Servers weitergeben[505]. I. d. R. lassen Anfragen, die über

---

[502] Vgl. FN 497.

[503] Vgl. DEERING, Steve/HINDEN, Bob (1999).

[504] Ein umfassender Überblick über die Sicherheitsrisiken und –anforderungen des Internet wird von der Informationsplattform „Sicherheit im Internet" geboten, vgl. http://www.sicherheit-im-internet.de.

[505] Vgl. HORN, Torsten (1999), S. 35.

einen Proxy laufen, somit keine geographische Bestimmung des End-Systems eines Nutzers zu, da dessen IP-Adresse nicht bekannt ist. In vielen Fällen wäre allerdings auch dabei eine geographische Bestimmung der Proxy-Adresse zufällig korrekt, wenn („lokale“) Proxy-Server des Netzwerkbetreibers (z. B. eine Universität) eingesetzt würden. Grundsätzlich kann jedoch jeder frei zugängliche Proxy – unabhängig von dessen „Standort“ – genutzt werden.

Unternehmen organisieren ihre Netzwerkinfrastruktur aus Sicherheitsgründen häufig so, dass zunächst ein alle Unternehmensteile umfassendes privates Netz aufgebaut wird und dieses nur über ein Firewall-System mit dem Internet kommunizieren kann. Diese Organisationsform dient nicht der Anonymisierung, sondern der weitgehenden Daten- und Systemsicherheit in Netzwerken. Soll ein Datenaustausch mit einem Host im Internet stattfinden, wird dazu immer die öffentliche IP-Adresse des privaten Netzes (der Firewall) verwendet. Es spielt keine Rolle, ob die einzelnen Teilnehmer des privaten Netzes selbst offizielle oder private IP-Adressen[506] benutzen. Multinationale Unternehmen können eine solche Netzwerkstruktur so aufbauen, dass nur über eine Firewall in einem Land der Zugang zum Internet geschaffen wird. Eine nationale Zuordnung einzelner Host ist für den Empfänger von Daten im Internet dann nicht möglich.

Eine verstärkte Inanspruchnahme von Flatrates durch Privatnutzer führt dazu, dass immer mehr Rechner mit von sich aus nicht geschützten Betriebssystemen längere Zeit über das Internet erreichbar und auf diese Weise einem Sicherheitsrisiko ausgesetzt sind. Dieses erhöhte Sicherheitsrisiko könnte (oder sollte) in der Zukunft den Einsatz von Proxies oder die Implementation von Firewall-Systemen als Sicherheitsvorkehrungen verstärken.

Die Notwendigkeit des Aufbaus einer Sicherheitsarchitektur gilt gleichermaßen bei Verwendung der neuen Protokollvariante IPv6. Die Vergrösserung der Anzahl von Adressen und die Verbesserung des Routingverfahrens beeinflussen nicht die Bedeutung von privaten Netzwerken, Proxies und Firewall-Systemen[507]. Somit bleiben Identifizierungsprobleme aufgrund dieser Netzarchitekturen auch unter dem Einsatz von IPv6 weiter bestehen.

---

506 Aufgrund der Knappheit offizieller IP-Adressen werden häufig private verwendet.

507 Vgl. CARPENTER, Brian (1999).

### *5.3 Anonymisierung*

Personenbezogene Daten - soweit diese in der Transaktion angegeben werden - und Hinweise auf „Spuren" von Nutzern im Internet können auf Web-Servern automatisch protokolliert (Log-Dateien) und durch Aufarbeitung mittels spezieller Software zu Kundenprofilen im Rahmen von Marketing-Konzepten genutzt werden.[508] Solche Konzepte verbergen sich hinter Stichworten wie automatisierte Individualität, One-to-One-Marketing oder Relationship-Marketing. Dabei kann z. B. analysiert werden, welche Web-Seiten wann, wie oft und wie lange benutzt wurden, welche Suchmaschinen befragt wurden, welche Informationen abgerufen wurden oder wo sich der Internetnutzer befindet (dabei bestehen die gleichen Probleme der Ortsbestimmung, wie sie oben beschrieben wurden, eine hohe Fehlerquote wird hier jedoch akzeptiert)[509]. Genutzt werden können solche Informationen bspw. für zielgruppengerechte Werbeeinblendungen oder Produktangebote[510]. Zunächst sind diese Informationen zwar pseudonym, jedoch ist eine Zuordnung zu einer Person möglich, wenn bei einem erfolgten Einkauf persönliche Daten angegeben werden müssen. In den USA gibt es darüber hinaus Entwicklungen, die es ermöglichen sollen, derartige Kundenprofile zwischen E-Commerce-Unternehmen auszutauschen[511]

Solche Praktiken lösen bei vielen (potentiellen) Nutzern des Internet bzw. Kunden des Electronic Commerce Bedenken aus[512], so dass entweder Käufe über das Internet vermieden werden[513] oder ein verstärktes Bedürfnis nach Datenschutz ausgelöst wird. Dabei ist Anonymität als eine strenge Form von Daten-

---

508 Vgl. KÖHNTOPP, Marit/KÖHNTOPP, Kristian (2000), S. 250ff. Die Autoren stellen ausführlich dar, an welchen Stellen während einer Internettransaktion Daten anfallen.

509 Vgl. HORN, Torsten (1999), S. 184.

510 Vgl. ebenda, S. 207.

511 Vgl. o.V. (2000), Austausch von Kundenprofilen für den E-Commerce, http://www.heise.de/newsticker/data/hob-08.12.00-000/.

512 Vgl. o.V. (2000), e-Shops suchen Ausweg aus der Vertrauensfalle, Net-Business v. 16.12.2000, S. 3.

513 Vgl. o.V. (2000), Angst frisst den e-commerce: Strategien gegen Datenhysterie, Net-Business v. 16.12.2000, S. 1.

schutz anzusehen[514]. Entsprechende Dienste im Internet oder Produkte sind bereits verfügbar.[515].

Wie bedeutend das Ziel der Sicherung der Privatsphäre und des Datenschutzes ist, zeigt sich auch in der politischen Positionierung. So fördert das BUNDESWIRTSCHAFTSMINISTERIUM die Entwicklung eines Anonymisierungsdienstes[516], der in dem Projekt AN.ON an der TU Dresden[517] entwickelt wird. Dieser Dienst verwendet mehrere Anonymisierer gleichzeitig, über die eine verschlüsselte Kommunikation stattfindet. Da in dieser Ausgestaltung ein Anonymisierungsdienst nicht nur eine IP-Adresse bzw. nicht eine feststehende Menge an Adressen nutzt, wäre für einen Empfänger die Verwendung eines Anonymisierungsdienstes kaum zu erkennen. In Peer-to-peer-Strukturen werden u. U. so viele verschiedene IP-Adressen verwendet, wie es Nutzer des Dienstes gibt. Dies führt dazu, dass bei hinreichend vielen Anwendern einzelne Internetverbindungen nicht mehr zu verfolgen sind. Die zusätzliche Verschlüsselung der Daten bewirkt, dass darüber hinaus die Kommunikation nicht durch Dritte mitgelesen werden kann[518] und dass auch Provider keinen Zugriff auf die Informationen haben.

Diese angestrebte Wirkung geht weit über die von den meisten derzeit verfügbaren Anonymisieren, die z. B. zumindest den Anbietern der Anonymisierungsdienste einen Zugriff auf die Daten ermöglichen, hinaus[519]. So ist es das Ziel des BUNDESWIRTSCHAFTSMINISTERIUMS, mit einem solchen Projekt insbesondere Hemmnisse für den elektronischen Handel abzubauen, die sich aus unzureichendem Datenschutz ergeben. Die an dem Projekt beteiligten Datenschützer des LANDESZENTRUMS FÜR DATENSCHUTZ Schleswig-Holstein fordern, dass das im Teledienstdatenschutzgesetz garantierte Recht auf Anonymität auch effektiv umgesetzt werden kann.[520] Auch in der IETF wird das Problem, der automatischen Datenspuren während einer Kommunikation im Internet gesehen und nach

---

514 Vgl. CHOI, Soon-Yong/STAHL, Dale O./WHINSTON, Andrew B. (1997), S. 47.

515 Vgl. o.V. (2000), Anonymer Surfen, in: c't 22/2000. Unternehmen wie Safeweb.com oder Anonymizer.com werben mit der Befriedigung eben dieses Bedürfnisses: „The best way to stay private online", vgl. http://www.anonymizer.com/services/paidSurf.shtml oder „Our mission ist nothing less than safeguarding each individual's privacy and security on the internet", vgl. http://fugu.safeweb.com/webpage/manifesto.php3.

516 Vgl. BUNDESMINISTERIUM FÜR WIRTSCHAFT UND TECHNOLOGIE (2001).

517 Informationen zum Projekt AN.ON sind abrufbar unter: http://anon.inf.tu-dresden.de.

518 Vgl. INFORMATIONSDIENST WISSENSCHAFT, Pressemitteilung v. 12.04.2001.

519 Vgl. INFORMATIONSDIENST WISSENSCHAFT, Pressemitteilung v. 01.03.2001.

520 Vgl. SCHULZKI-HADDOUTI, Christiane (2001).

Möglichkeiten gesucht, wie dies unter IPv6 direkt auf Protokollebene verhindert werden kann.[521]

Im Kontext einer Bestimmung des Besteuerungsortes mittels IP-Adressen ist es bedeutend, ob ein Händler die Nutzung eines Anonymisierungsdienstes bzw. eine darauf basierende unkorrekte Ortsbestimmung erkennen kann. Grundsätzlich müssten dazu die IP-Adressen von allen Anonymisierungsdiensten bekannt sein, was auf internationaler Ebene kaum möglich sein wird. Im Falle einer dem AN.ON-Projekt vergleichbaren Funktionsweise wäre eine Feststellung nicht möglich, da statt einer eigenen IP-Adresse des Dienstes die IP-Adressen der einzelnen Nutzer des Dienstes verwendet werden sollen. Somit erscheint es allein aufgrund dieser voraussichtlichen Entwicklungen im Bereich der Anonymisierung nicht ratsam, ein Bestimmungsverfahren zu nutzen, das an den IP-Adressen ansetzt.[522]

### *5.4 Ergebnis einer Ortsbestimmung mittels IP-Adressen*

Der Weg, den Datenpakete durch das Internet zurücklegen, kann prinzipiell über spezielle Programme – die die in den vorhergehenden Kapiteln dargestellten Möglichkeiten nutzen – nachvollzogen werden. Die IP-Adresse eines empfangenen Datenpakets kann damit zurückverfolgt und der Ort, von dem aus die Daten gesendet wurden, lokalisiert werden. Diese Verfahren werden beispielsweise

---

521 Vgl. o.V. (2001), IETF will Netzüberwachung erschweren, http://www.heise.de/newsticker/data/jk-28.02.01-008/. An der Harvard Universität wurde eine Forschungsgruppe (NymIP-RG) gegründet, die es sich zum Ziel gesetzt hat, mehr Anonymität und Pseudonymität auf Protokollebene zu erreichen. Die Überlegungen richten sich auf eine Generation von IP-Adressen nach IPv6, vgl. http://nymip.souceforge.net.

522 FETZER nennt zwei Voraussetzungen für die Anknüpfung an den IP-Adressen: Erstens müssten IP-Adressen (Version 6) eingeführt werden, die jedem an das Internet angeschlossenen Rechner eine eindeutige IP-Adresse fest zuweisen. Zweitens müsste die Adressvergabe so geregelt werden, dass bei jeder Vergabe einer IP-Adresse eine Identitätsprüfung durchgeführt wird. Den Finanzbehörden solle das Recht eingeräumt werden, auf diese Daten im Rahmen der steuerlichen Kontrolle zuzugreifen. Vgl. FETZER, Thomas (2000), S. 250. Abgesehen davon, dass FETZER die Betrachtung auf die Steuerkontrolle beschränkt, ohne dass das Problem der Bestimmung des Besteuerungsortes durch die Händler gelöst ist, wird hier deutlich, dass diese Voraussetzungen durch die neue Protokollversion nicht geschaffen werden können. Die zweite Bedingung – die über die Bestimmung eines geographischen Indikators hinaus geht – kann nicht geschaffen werden, da eine IP-Adresse ein physisches End-System, das im Internet über das IP-Protokoll kommunizieren soll, definiert und nicht unmittelbar einer Person zugeordnet ist. Die Einsetzbarkeit von Proxy-Servern und Anonymisierungsdiensten macht die Frage einer möglichen Zuordnung von IP-Adressen zu Personen zweitrangig, da im Falle der Verwendung eines Anonymisierungsdienstes die „wahre“ IP-Adresse eines Käufers nicht festzustellen ist.

bereits von solchen Unternehmen eingesetzt, die Produkte über das Internet handeln und gleichzeitig Exportbeschränkungen[523] unterliegen. Angaben zum Erfolg solcher Verfahren liegen allerdings nicht vor. Die Hersteller der Programme geben eine Zuverlässigkeit von bis zu 96 % an, die allerdings allgemein in Frage gestellt wird[524]. Ende letzten Jahres hat der „Fall Yahoo"[525] eine Diskussion über das Potential solcher geographischer Bestimmungen von Internetnutzern anhand der IP-Adressen ausgelöst. Experten, die im Rahmen des gerichtlichen Verfahrens zu der technischen Machbarkeit befragt wurden, gehen für Frankreich derzeit von einer korrekten Bestimmung anhand der IP-Adresse in 80% der Fälle aus[526]. Dabei ist zu beachten, dass dies keine Zahl ist, die sich aus einer Wahrscheinlichkeitsbetrachtung ergibt, sondern sie basiert auf den derzeitigen Nutzungsgewohnheiten (z. B. Verträge mit inländischen Providern) der französischen Internetnutzer.[527] Allgemein nehmen Experten an, dass heute zwischen 20 und 40 % der Internetnutzer auf diesem Wege nicht korrekt geographisch lokalisierbar sind[528].

Prinzipiell ist der Erfolg einer Ortsbestimmung von den in den vorhergehenden Kapiteln dargestellten Netzstrukturen abhängig. So ist eine korrekte Bestimmung in Netzen, die nur einen Zugangspunkt zum Internet haben – wie die von multinationalen Unternehmen – nicht sicherzustellen. Hinzu kommt, dass Ortsbestimmungen über die IP-Adresse auch in allen Fällen, in denen Proxy-Server oder Anonymisierer eingeschaltet werden, nicht den wirklichen Ausgangsort eines Datenpakets angeben können. Gerade hier ergeben sich bei Einführung einer Umsatzbesteuerung gemäß dem Verbrauchslandprinzip und einer Ortsbestimmung mittels der IP-Adresse Möglichkeiten, eine korrekte Besteuerung zu umgehen. Es ist davon auszugehen, dass die Anwendung von Anonymisierern oder Proxy-Servern durch die Hersteller dann stark vereinfacht würde, um ein erhöhtes Nutzerpotential auszuschöpfen.

---

523 In den USA unterliegen bspw. kryptographische Produkte einer Exportbeschränkung.

524 Vgl. OECD/TECHNOLOGY TAG, S. 29.

525 In diesem Fall hat ein französisches Gericht den amerikanischen Betreiber des Internet-Portals Yahoo verpflichtet, in den USA bestimmte Inhalte für französische Nutzer zu „sperren", vgl. o.V. (2000), Yahoo muß Nazi-Auktion für Franzosen sperren, FAZ v. 22.11.2000, S. 32 und RÖTZER, Florian (2000b).

526 Vgl. LAURIE, Ben (2000).

527 Ein Vertreter der Internet-Provider bewertet den zu erwartenden „Erfolg" einer solchen geographischen Bestimmung wie folgt: „Wenn man technisch arm ist, sind einem bestimmte Seiten von Yahoo nicht mehr zugänglich, wer technisch mehr Wissen besitze, könne ohne weiteres die Filter überwinden", vgl. RÖTZER, Florian (2000b).

528 Vgl. RÖTZER, Florian (2000a).

Software zur Bestimmung des Ausgangsortes eines Datenpakets unter Verwendung von IP-Adressen der neuen Generation ist noch nicht entwickelt, deshalb ist heute nicht sichergestellt, dass solche Bestimmungsverfahren auch nach einer Umstellung auf IPv6 zur Verfügung stehen.

### *5.5 Gesamtbewertung*

**Praktikabilität**: Vordergründig erscheint eine Ortsbestimmung über die IP-Adresse als ein praktikables Verfahren, da aufgrund der Verwendung des Internet-Protokolls bei der Kommunikation im elektronischen Handel immer eine IP-Adresse übermittelt wird und selbst eine zusätzliche Datenbankabfrage zur Bestimmung der Lokalität eines Netzwerkes als eine Funktionalität in die Abwicklung einer Verkaufstransaktion implementiert werden könnte. Dabei ließe sich wahrscheinlich auch eine schnelle Abfrage, die die gesamte Transaktion nicht wesentlich verzögert, während jeder Kauftransaktion realisieren. Grundsätzlich sind dafür notwendige Verfahren bereits heute – zumindest für die Protokoll-Version 4 – verfügbar. Diese Praktikabilität bezieht sich jedoch ausschließlich auf die technische Durchführbarkeit und nicht auf die Verwendbarkeit als Verfahren im Rahmen einer Steuererhebung. Im Hinblick darauf ist in Frage zu stellen, ob mittels der IP-Adressen überhaupt ein für die Erhebung der Umsatzsteuer geeigneter Ort bestimmt werden könnte. Da allenfalls die *Lokalität eines physischen Endsystems* ermittelt werden kann, besteht keine direkte Verbindung zum (Wohn-)Ort des Internetnutzers, so dass eine Eignung der IP-Adresse als Ersatzindikator für den Wohnsitzstaat eines Leistungsempfängers anzuzweifeln ist.

**Validität**: Wie dargestellt, wird unter den gegebenen Nutzungsgewohnheiten eine korrekte Bestimmungsquote mittels IP-Adressen zwischen 60 und 80 % angenommen. Für die Zukunft muss davon ausgegangen werden, dass sich diese Quote aufgrund steigender Sicherheits- und Anonymitätsanforderungen weiter verschlechtern wird. Im Falle des Einsatzes von Proxy-Servern oder Firewall-Systemen kann ein leistendes Unternehmen nicht zuverlässig feststellen, ob der ermittelte Ort dem Kunden zuzurechnen ist oder einen Proxy-Server oder einen Anonymisierungsdienst bestimmt. *Anonymisierungsdienste*, die die IP-Adressen aller Anwender einbeziehen, vermeiden gerade die Zuordnung der IP-Adressen zu einzelnen Benutzern.[529]. Darüber hinaus ist auch im Falle von Network Address Translation in Intranets eine korrekte Bestimmung des Besteuerungsortes nicht gesichert. Die dargestellten Anwendungsbeispiele haben zwar gezeigt, dass eine Ortsbestimmung mittels IP-Adressen nicht völlig unmöglich ist, jedoch ist diese Bestimmung sehr unzuverlässig und es besteht ein großes Umgehungspotential[530], das für Zwecke der Steuererhebung als zu hoch angesehen werden muss.

**Umgehungspotential**: Die dargestellten Verfahren zur Errichtung von Sicherheitsarchitekturen und zur Anonymisierung bieten bereits zahlreiche Möglichkeiten, eine korrekte Lokalisierung zu verhindern und so eine Besteuerung nach den Regeln des Wohnsitzstaates zu umgehen. Problematisch ist, dass dabei eine bewusste *Steuervermeidung* nicht von einer Maßnahme zur Sicherung von Netzwerken oder dem Schutz persönlicher Daten abzugrenzen sein wird. Neben solch technischen Möglichkeiten kann prinzipiell ein Internetzugang oder eine Mailbox in einem nichtbesteuernden Drittland eingerichtet werden. Es ist davon auszugehen, dass sich Erfahrungen mit derartigen Verfahren zur Steuerumgehung durch die Kommunikationsmöglichkeiten des Internet schnell verbreiten würden[531]. Insbesondere würde die Verwendung der IP-Adressen zulassen, dass diejenigen Internetnutzer, die über eine hohe technische Kompetenz verfügen, eine korrekte Ortsbestimmung und somit auch eine korrekte Umsatzbesteuerung umgehen können.

**Kontrollmöglichkeiten**: Wird die IP-Adresse des Absenders einem Ort zugeordnet, so ist nicht kontrollierbar, ob das Ergebnis in dem Sinne richtig ist, dass der Ort desjenigen Endsystems bestimmt wird, welches der Empfänger eines digitalen Produkts benutzt. Die Kontrollprobleme, die sich für das zur Steuererhebung verpflichtete Unternehmen zeigen, würden gleichermaßen für die Steuerbehörde gelten. Selbst Zugriffsmöglichkeiten der Finanzverwaltungen auf die Daten von Providern – wobei dies in einem internationalen Kontext kaum erreichbar scheint – könnten die Kontrollmöglichkeiten dann nicht verbessern, wenn Anonymisierungsdienste eingesetzt werden.

---

529 Allein aus diesem Grund sind alle weiteren Überlegungen bezüglich des Potentials einer festen Zuordnung von IP-Adressen zu Personen für die Bestimmung des Besteuerungsortes nicht zielführend (vgl. FN 522).

530 Dabei ist zu betonen, dass eine solche Umgehung einer korrekten Ortsbestimmung nicht automatisch eine bewusste Steuervermeidung oder –reduzierung darstellt.

531 Ähnliches konnte in den entsprechenden Newsgroups bereits in den Diskussionen zur geographischen Lokalisierung im Anschluss an das „Yahoo-Urteil“ verfolgt werden.

**Steuerungspotential**: Möglichkeiten einer wirksamen Beeinflussung, die das Verfahren in einem höheren Maße den im Rahmen einer Steuererhebung zu stellenden Anforderungen anpassen, sind nicht zu erkennen. So ist eine Steuerung auf der Nutzerseite, die einen Einsatz z. B. von Proxy-Servern oder Anonymisierungsdiensten verbietet oder auf bestimmte Nutzungen einschränkt, weder praktikabel noch - aufgrund der bestehenden Sicherheitsprobleme - sinnvoll. Auch eine Steuerung auf der Anbieterseite in dem Sinne, dass nur Kunden akzeptiert werden dürfen, die ihre „echte" geographische Identität angeben, ist nicht praktikabel, da das leistende Unternehmen eine „verschleierte Identität" nicht erkennen kann.

Als Zusammenfassung der bisherigen Ergebnisse ist festzuhalten, dass IP-Adressen weder in der Version 4 noch nach dem jetzigen Stand der Untersuchung in der Version 6 als ein geeigneter Ansatz zur Bestimmung eines Besteuerungsortes im elektronischen Handel angesehen werden können. Aufgrund der Tatsache, dass eine bewusste oder unbewusste Umgehung einer „korrekten" Ortsbestimmung nicht sicher zu erkennen ist, kann eine Ortsbestimmung mittels IP-Adressen auch nicht als ein Verfahren unter anderen eingesetzt werden. Eine gleichmäßige steuerliche Belastung der materiell Steuerpflichtigen kann auf diesem Wege somit keinesfalls gewährleistet werden.

## 6. Bestimmung des Besteuerungsortes über den Zahlungsstrom

### *6.1 Einordnung in den Kontext der Umsatzbesteuerung*

Die Verwendung von Informationen aus dem Zahlungsstrom während einer E-Commerce-Transaktion wird als ein möglicher Weg betrachtet, den Besteuerungsort in der Praxis zu bestimmen. Dabei soll diese Ortsinformation als ein Ersatzindikator für den Wohnsitzstaat eines Konsumenten angesehen werden. Hoffnungen in die Verwendung dieses Ersatzindikators setzt sowohl die EU als auch die OECD.

Die EU diskutiert in ihrem Richtlinienvorschlag nicht die praktische Umsetzung des Registrierungsmodells, so dass auch nicht auf einzelne Verfahren der technischen Ortsbestimmung eingegangen wird. Es wird lediglich darauf hingewiesen, dass „ein überprüfbares Kriterium verfügbar sein muss, das als ausreichender Ersatzindikator für den Ort des Verbrauchs dienen kann"[532]. Die „beste Lösung" bestünde dabei in der Angabe einer überprüfbaren Rechnungsanschrift

[532] KOMMISSION DER EUROPÄISCHEN GEMEINSCHAFTEN (2000b), S. 9.

für die Kreditkarte, wobei Probleme durch den möglichen Einsatz anderer Zahlungssysteme bereits gesehen werden. Die Untersuchungen der OECD Technology TAG konzentrieren sich weitgehend auf Zahlungen mit Kreditkarten, da diese gerade in den USA eine dominierende Bedeutung unter den Zahlungsverfahren haben. Sollen diese Untersuchungen auch auf europäische Verhältnisse übertragen werden, müssen diese Dominanz der Kreditkartenzahlungen in Frage gestellt und alternative Zahlungsverfahren in die Betrachtungen einbezogen werden.

In der wissenschaftlichen Diskussion findet das Thema der Ortsbestimmung durch Einschaltung von Zahlungsintermediären keinen breiten Raum. Zahlungsverfahren werden entweder allgemein im Rahmen des E-Commerce betrachtet oder knapp unter dem Aspekt der (negativen) Auswirkungen auf die Umsatzsteuererhebung[533] behandelt. Auch die Diskussion des EU-Richtlinienvorschlags geht kaum auf diesen Punkt ein, vielmehr werden die materiell-rechtlichen Aspekte erörtert. Ausgehend von einem Vorschlag von Mitarbeitern des Bundesfinanzministeriums[534] wurde im Vorfeld des Richtlinienvorschlags eine (zahlungs-)transaktionsbezogene Abzugssteuer diskutiert[535].

Im Folgenden werden Zahlungstransaktionen per Kreditkarte und Zahlungsvorgänge durch Einsatz von elektronischem Geld getrennt voneinander daraufhin untersucht, ob während einer Zahlungstransaktionen Informationen übermittelt werden, die es entweder dem Händler oder dem Zahlungsintermediär ermöglichen, den Verbrauchsort i. S. des Wohnsitzstaates des Kunden zu ermitteln. Dennoch muss für die Umsatzbesteuerung digitaler Produkte das gesamte Zahlungsumfeld beachtet werden. Ermöglicht nur eines von mehreren möglichen Zahlungsverfahren eine derartige Verifikation, können dadurch Besteuerungslücken entstehen.

Die Argumentationen in den Kapiteln 6.2 und 6.3 gründen auf der Annahme, dass die Umsatzsteuer durch die Händler berechnet, einbehalten und abgeführt wird. Die Fragestellung ist daher, ob den Händlern die zur Kalkulation der Steuer notwendigen Informationen über den Zahlungsstrom zur Verfügung gestellt werden können. Neben der Untersuchung von Zahlungen mittels Kreditkarte betrachtet diese Studie in Kapitel 6.3 auch den Einsatz von elektronischem Geld, da dieses – wie die einführenden Erläuterungen im Ersten Teil der Studie

---

533 Vgl. BLEUEL, Jens/STEWEN, Marcus (1998), S. 109.

534 Vgl. DITTMAR, Frank/SELLING, Heinz-Jürgen (1998).

535 Vgl. KORF, Ralph/SOVINZ, Stefan (1999b), S. 372ff. und GEURTS, Matthias (1998), S. 301ff.

gezeigt haben[536] – in der Zukunft möglicherweise eine größere Bedeutung haben werden. Im Kapitel 6.4 wird dagegen die Möglichkeit betrachtet, die Zahlungsintermediäre als Trusted Third Party einzusetzen. Dann würde die Umsatzsteuer von diesen einbehalten und abgeführt.

## *6.2 Bestimmung des Besteuerungsortes beim Einsatz von Kreditkarten*

### *6.2.1 Vorbemerkungen*

Bei der Untersuchung von Kreditkartenzahlungen muss zwischen unverschlüsselten Übermittlungsverfahren und gesicherten Standards wie SET unterschieden werden. Auch wenn zurzeit SET oder vergleichbare Standards noch nicht in der Mehrzahl der Transaktionen angewendet werden, berücksichtigen die folgenden Betrachtungen auch die Verwendung verschlüsselter Verfahren. Sowohl die Kreditkartennutzer als auch die Kreditkartengesellschaften haben ein Interesse an sicheren Verfahren. Gerade die Emittenten von Kreditkarten werden deshalb aufgrund der Verluste durch Kreditkartenbetrug in der Vergangenheit entweder eine breitere Verwendung von Sicherheitstechniken wie SET oder alternative Verfahren wie Einmal-Kreditkarten fördern[537].

### *6.2.2 Anknüpfungspunkte bei den Händlern*

Als erster Anknüpfungspunkt bietet sich für den Händler die vom Kunden übermittelte Kreditkartennummer an. Die unterschiedliche Länge von Kreditkartennummern verschiedener Kartenemittenten zeigt bereits an, dass es kein einheitliches Nummernsystem gibt. Jedoch enthält jede Kreditkartennummer eine Identifikationsnummer (BIN) für den Kartenemittenten. Theoretisch besteht die Möglichkeit, aus einer Datenbank den Emittenten einer Karte und dessen Unternehmenssitz zu identifizieren. Eine Verwendung des dabei ermittelten Landes als Ersatzindikator für den Wohnsitzstaat des Konsumenten bietet sich aus mehreren Gründen nicht an.

Die von der INTERNATIONAL STANDARD ORGANISATION (ISO) geführte Datenbank erfasst nicht alle Kartenemittenten, da der Eintrag nur freiwillig erfolgt. Darüber hinaus bedeutet die Angabe des Landes des Kartenemittenten nicht unbedingt das Land, in dem der Kunde seine Kreditkarte beantragt/erhalten hat.

---

536 Vgl. Erster Teil, Abschnitt C, Kapitel 2.

537 Vgl. Erster Teil, Abschnitt C, Kapitel 2.5.2.

In einigen Fällen sind lediglich die Zentralen der Kreditkartengesellschaften erfasst.[538] Eine Verbindung zum Wohnsitzstaat des Konsumenten könnte dann nicht hergestellt werden. Die Verwendung dieses Ersatz-indikators kann grundsätzlich nur dann als geeignet betrachtet werden, wenn in einem hinreichenden Maß davon auszugehen ist, dass der Kartenemittent im Wohnsitzstaat des Kartenbesitzers ansässig ist. Neben allen Fällen von Umzügen ohne anschließende Änderung der Bankverbindung und Kartenausgaben in Grenzgebieten widersprechen grenzüberschreitende Ausgaben von Kreditkarten unter einer einheitlichen BIN dieser Annahme.[539]

Eine Nutzung der BIN zur Bestimmung des Wohnsitzstaates des Konsumenten könnte darüber hinaus die Gefahr beinhalten, dass dadurch ein Anreiz gesetzt wird, verstärkt Kreditkarten in Niedrigsteuerländern – unter der Verwendung einer dieses Land kennzeichnenden BIN – zu emittieren[540].

Der Einsatz von verschlüsselten Standards wie SET schließt die Nutzung der Kreditkartennummer durch die Händler für Besteuerungszwecke von vornherein aus, da die Daten dem Händler nur in nicht lesbarer Form vorliegen und erst von dem Gateway des Kartenemittenten entschlüsselt werden. Bei Verwendung von Einweg-Kredikarten wird – soweit derzeit erkennbar – keine BIN verwendet, die einer Nationalität zugeordnet werden kann, sondern ein Kennzeichen für „disposable“[541]. Aufgrund der Unsicherheiten in der Verwendung derartiger Informationen und eines voraussichtlich verstärkten Einsatzes von Verschlüsselungen ist eine Nutzung der Kreditkartennummer für die hier relevante Problemstellung als ungeeignet zu bewerten.

Neben der Kreditkartennummer muss ein Kunde bei Kreditkartenzahlungen über das Internet (vergleichbar den Telefon- oder Mail-order-Verfahren) i. d. R. die Nummer und die Gültigkeit der Kreditkarte angeben. Vor Durchführung einer Zahlungstransaktion wird dann eine Online-Verifikation durchgeführt, bei der in erster Linie die Zuordnung einer Kreditkartennummer zur angegebenen Gültigkeit überprüft wird.[542] Weitere persönliche Daten des Karteninhabers können in einem erweiterten Verfahren verifiziert werden, dies wird allerdings nicht in allen Fällen durchgeführt, da die Transaktion dadurch verlängert wird. Als

---

538 Vgl. OECD/TECHNOLOGY TAG (2000), S. 45f.

539 Vgl. OECD/TECHNOLOGY TAG (2000), S. 46.

540 Vgl. EUROPÄISCHER WIRTSCHAFTS- UND SOZIALAUSSCHUSS (2000), Punkt 3.6.3.1.

541 Vgl. OECD/Technology TAG (2000), S. 47.

542 Vgl. PICHLER, Rufus (1998), S. 3235.

Anknüpfungspunkt zur Ermittlung des Wohnsitzstaates des Konsumenten im Rahmen des E-Commerce ist dieses Prüfverfahren nicht zweckmäßig.

### *6.2.3 Anknüpfungspunkte bei den Kreditkartenemittenten und Banken*

Kreditkartenemittenten speichern für Abrechnungszwecke eine Rechnungsadresse der Kartenbesitzer, die theoretisch als Ersatzindikator des Wohnsitzstaates genutzt werden könnte. Diese persönlichen Daten der Kartenbesitzer sind allerdings – derzeit – für Zahlungsempfänger (E-Commerce-Händler) nicht zugänglich[543]. Die Kartenemittenten können derartige Daten nicht vollständig an Dritte weitergeben, da sie zum einen das Vertrauen der Kunden darin aufrecht erhalten müssen, dass persönliche Kundendaten geschützt werden, und da zum anderen in vielen Staaten eine Weitergabe gesetzlich verboten ist. Daher ist es ausgeschlossen, dass Kreditkartengesellschaften diese Informationen den Händlern zur Verfügung stellen. Allerdings wäre es wohl auch unter Aspekten des Datenschutzes vertretbar, wenn die Kreditkartenunternehmen lediglich ein Nationalitätskennzeichen auf Basis der Rechnungsadresse weitergeben würden, demgemäß die E-Commerce-Händler die Umsatzsteuer erheben könnten.

Darüber hinaus wäre es auch denkbar, dass die bei den Kartenemittenten oder Banken vorliegenden Kundeninformationen genutzt werden, um lediglich eine beim Händler durch den Kunden angegebene Adresse zu verifizieren. Ein solches Verfahren würde voraussetzen, dass die Händler von jedem Kunden, auch wenn die Transaktion als solche keiner Adressangabe bedarf, eine (Wohnsitz-)Adresse abfragen. Als Ergebnis einer Verifikation könnte dann eine Meldung über die Übereinstimmung oder Nichtübereinstimmung der beiden Adressen zur Verfügung gestellt werden. Nutzbar ist eine solche Verifikation allerdings nur, wenn tatsächlich vergleichbare Adressen vorliegen. Eine reine Überprüfung des Länderkennzeichens dürfte dabei viele Fehlermeldungen, die sich bei Prüfung der kompletten Adressen des Wohnsitzes und der Rechnungsstellung ergeben würden, ausschließen.

Ein so genanntes „Address Verification System" (AVS)[544] wird in Nordamerika von Kreditkartengesellschaften angeboten, um Versandhändlern mehr Zuverlässigkeit bei der Verwendung von Kreditkarten im Mail-/Telephon-order-

---

543 Vgl. OECD/TECHNOLOGY TAG (2000), S. 41.

544 Vgl. ebenda, S. 43.

Verfahren zu ermöglichen. Dabei werden Teile der vom Kunden angegebenen Lieferadresse mit der Rechnungsadresse der Kreditkarte verglichen, ohne dass der Händler einen direkten Zugriff auf die bei den Kreditkartenemittenten gespeicherten Daten hat. Die Art der abzufragenden Daten unterscheidet sich je nach System, wobei das Verfahren grundsätzlich nicht darauf ausgerichtet ist, spezielle Informationen, wie den Wohnsitzstaat, zu liefern. Die Idee dieses Verfahrens ist, zu überprüfen, ob der Nutzer der Kreditkarte persönliche Daten des Kartenbesitzers kennt. Wenn dies so ist, ist mit hoher Wahrscheinlichkeit davon auszugehen, dass der Kartenbesitzer selbst die Transaktion durchführt und kein Betrug vorliegt. Die Ausrichtung des Verfahrens auf den Versandhandel bringt es auch mit sich, dass die einzelnen Systeme national ausgerichtet sind und eine internationale Verifikation in der derzeitigen Ausprägung nicht ermöglichen. Auch die heute bereits praktizierte grenzüberschreitende Ausgabe von Kreditkarten[545], die eine grenzüberschreitende Überprüfung erzwingen würde, ist in diesen Verfahren nicht berücksichtigt.

Zur Nutzung eines Verifikationsverfahrens im elektronischen Handel müsste die Datenbasis international ausgeweitet werden und das Verfahren an die speziellen Bedürfnisse – insbesondere Verifikation des Wohnsitzstaates – angepasst werden. Eine derartige Ausdehnung des Verfahrens auf den E-Commerce durch die Kreditkartenunternehmen ist allerdings nicht geplant, da sich das Verfahren im elektronischen Handel als nicht effektiv erwiesen hat. Stattdessen werden andere Verfahren – wie SET oder Einweg-Kreditkarten – entwickelt, um die Risiken der Kreditkartennutzung über das Internet zu reduzieren.

Als einzig praktikabler und erfolgversprechender Ansatzpunkt bei den Kreditkartenemittenten erscheint somit die Weitergabe des Nationalitätskennzeichens der Rechnungsadresse einer Kreditkarte an die E-Commerce-Händler. Ob und inwiefern dies im Wege einer Verifikation von Kreditkartendaten bzw. im Rahmen von SET-Transaktionen oder von Zahlungen über Einmal-Kreditkarten praktisch realisiert werden könnte, muss unter Einbeziehung der Kreditkartenemittenten evaluiert werden. Zumindest scheint eine solche „Serviceleistung" der Kreditkartenemittenten grundsätzlich denkbar.

---

545 Vgl. GEURTS, Matthias (1998), S. 301.

### *6.3 Bestimmung des Besteuerungsortes beim Einsatz von elektronischem Geld*

Um die Chancen zur Bestimmung des Wohnsitzstaates und somit des Besteuerungsortes bei Verwendung von elektronischem Geld zu untersuchen, muss zwischen Systemen, die an ein personalisiertes Konto gebundenen sind, und anonymen Systemen unterschieden werden. Dabei kann diese Betrachtung nur auf dem jetzigen Stand der Technik beruhen, der keinesfalls die zukünftigen Rahmenbedingungen wiedergeben muss. Da sich gerade der Markt für elektronisches Geld noch stark entwickelt, werden im folgenden primär Aussagen zu den bereits dargestellten[546] potentiellen Merkmalen elektronischen Geldes, wie Anonymität oder Währungsungebundenheit, gemacht. Einzelne Erscheinungsformen elektronischen Geldes werden nur beispielhaft aufgeführt, um u. a. zu verdeutlichen, dass es bereits technische Umsetzungen auf dem Markt gibt. Da für Anwendungen im globalen Electronic Commerce theoretisch auch der Markt für elektronisches Geld international – bzw. aufgrund des europäischen Binnenmarktes zumindest europaweit – ist, kann hier keine umfassende Marktbetrachtung einbezogen werden.

**Anonymität**: Anonyme Verfahren, wie sie im eCash-System zumindest technisch verwirklicht oder mittels der Prepaid-Karten auf einfache Weise realisiert werden, haben zur Folge, dass eine Bestimmung von persönlichen Daten des Konsumenten und somit auch des Wohnsitzstaates nicht möglich ist. Weder werden entsprechende Daten an den Händler übertragen, noch liegen diese bei den E-Geld-Instituten vor. Händler, die Zahlungstransaktionen mit anonymen Zahlungsverfahren akzeptieren, haben damit keine Möglichkeit, über den Zahlungsstrom den Besteuerungsort zu bestimmen oder zu verifizieren.

**Währungsungebundenheit**: Ist ein E-Geld-System an eine nationale Währung gebunden, vergleichbar mit der Notierung eines Kreditkartenkontos in einer bestimmten Währung, so könnte die Währung als Hinweis auf die Nationalität des Konsumenten angesehen werden. Auch wenn die bereits praktizierten Verfahren des elektronischen Geldes tatsächlich an eine nationale Währung gebunden sind, kann dies nicht als ein auch für die Zukunft geltendes Merkmal angesehen werden. Es ist sowohl technisch denkbar, Mehrwährungssysteme anzubieten, als auch praktisch möglich, E-Geld in Fremdwährung zu erwerben. Zum einen ist das Geld mittels des elektronischen Handels mobiler, so dass auch Konten in Drittländern eingerichtet werden können, zum anderen besteht kein Hinde-

---

[546] Vgl. Erster Teil, Abschnitt C, Kapitel 2.

rungsgrund, auch kontoungebundenes E-Geld, z. B. Prepaid-Karten in Dollarnotierung, über das Internet zu erwerben.

**Transaktionsketten**: Ist ein Verfahren elektronischen Geldes so ausgestaltet, dass eine direkte Weitergabe von E-Geld-Einheiten möglich ist, so können Transaktionsketten ohne zwingende Zwischenschaltung einer E-Geld-Institution gebildet werden[547]. E-Geld lässt sich dann praktisch wie Bargeld verwenden. Dies ist kosteneffizient und einfach in der Handhabung[548]. Dadurch könnte eventuell eine stärkere Verbreitung von elektronischem Geld bewirkt werden.[549]

Diese Merkmale elektronischen Geldes zeigen, dass im Falle einer Bestimmung des Besteuerungsortes über den Zahlungsstrom erhebliche Probleme auftreten können. Eine verstärkte Nutzung anonymer Verfahren könnte eine Ortsbestimmung sogar verhindern. Eine Weitergabe von Daten der E-Geld-Institute an die E-Commerce-Händler scheidet schon aufgrund datenschutzrechtlicher Regelungen oder der Tatsache, dass keine Kundendaten verfügbar sind (kontoungebundene Verfahren) aus.

### *6.4 Abzugsverfahren bei Abwicklung der Zahlungstransaktion*

Neben einer Nutzung der Datenbasis der Kreditkartenunternehmen in Form einer Serviceleistung an den Händler – wie in Kapitel 6.2.3 beschrieben – wurde im Rahmen der steuerpolitischen Diskussion von Vertretern der deutschen Finanzverwaltung auch ein Abzugsverfahren der Umsatzsteuer bei der Abwicklung der Zahlungstransaktion durch die Banken bzw. E-Geld-Institute in Erwägung gezogen[550]. Da diese Idee in der anschließenden Diskussion nahezu einstimmig als ungeeignet angesehen wurde und mittlerweile nicht mehr verfolgt wird[551], werden das Verfahren und die Kritik hier nur kurz skizziert, um die Untersuchungen der Zahlungsseite zu vervollständigen.

Der Vorschlag sieht vor, dass die Umsatzsteuer statt durch die Händler durch die an der Transaktion beteiligten Zahlungsintermediäre einbehalten wird. Dabei

---

547 In der Diktion der EZB ist dies ein „offener E-Geld-Kreislauf“.

548 Vgl. DEUTSCHE BANK RESEARCH (2001), S. 6.

549 Vgl. EUROPÄISCHE ZENTRALBANK (2000), S. 56 und DEPARTMENT OF THE TREASURY (1996), S. 16.

550 Vgl. DITTMAR, Frank/SELLING, Heinz-Jürgen (1998).

551 Vgl. KÖHLER, Markus/ARNDT, Hans-Wolfgang (2000), S. 56ff., KORF, Ralph (2001), S. 371 sowie EUROPÄISCHER WIRTSCHAFTS- UND SOZIALAUSSCHUSS (2000), Punkt 3.6.3.1.

werden sowohl Kreditkartenzahlungen als auch Zahlungen mit E-Geld in die Betrachtung einbezogen. In den Fällen, in denen kein Intermediär an der Abwicklung der Zahlungstransaktion beteiligt ist, soll die Umsatzsteuer direkt auf das vorausbezahlte E-Geld-Guthaben erhoben werden.[552] Grundsätzlich geht dieser Vorschlag von zahlreichen Annahmen aus, die so nicht gegeben sind oder nicht für die Zukunft unterstellt werden können[553].

Als wesentliche Kritikpunkte, die ein derartiges Verfahren als nicht praktikabel erscheinen lassen, sind zu nennen:

- Die bei Kreditkartenzahlungen vom Händler übermittelten Daten zur Abwicklung einer Zahlungstransaktion ermöglichen es den Kreditkartenunternehmen nicht, zwischen elektronischen und traditionellen Käufen zu unterscheiden. Ist jedoch unter den derzeitigen Rahmenbedingungen eine Umsatzsteuererhebung allein für die elektronischen Umsätze damit nicht praktikabel, so kommt es zu Doppelbesteuerungen bei traditioneller Distribution[554] oder es müssten alle über Kreditkarte gezahlten Umsätze in die Abzugsbesteuerung einbezogen werden.[555]
- Forderungen zur Rückzahlung von Umsatzsteuerbelastungen sind aufgrund der genannten Unsicherheiten wahrscheinlich[556]. Da die Zahlungsintermediäre jedoch keine Möglichkeit der Prüfung haben, ist eine Abwicklung von Rückzahlungsforderungen kaum praktikabel.
- Einige Ausprägungen von E-Geld sind, wie dargestellt, sowohl im traditionellen als auch im elektronischen Handel einsetzbar (vgl. ZKA Geldkarte). Auch hier können Doppelbesteuerungen auftreten, wenn eine Unterscheidung

---

552 Um die Möglichkeit eines Abzugs der Umsatzsteuer auch bei Verwendung von E-Geld zu gewährleisten, wurde vorgeschlagen, anonyme Verfahren, die eine Bildung von Transaktionsketten ermöglichen, zu verhindern, vgl. DITTMAR, Frank/SELLING, Heinz-Jürgen (1998), S. 88ff. Von der Europäischen Kommission wird dazu in Betracht gezogen, eine Angabe eines Wohnsitzkennzeichens auch bei Verwendung anonymer Zahlungsverfahren vorzuschreiben, vgl. KOMMISSION DER EUROPÄISCHEN GEMEINSCHAFTEN (2000b), S. 9f.

553 So gehen DITTMAR/SELLING davon aus, dass SET der dominierende Standard für Kreditkartenzahlungen sein wird, dass kartenbasierte E-Geld-Verfahren keine internationale Bedeutung haben werden und dass E-Geld-Einheiten i. d. R. direkt an die ausgebende Institution zurückgegeben werden müssen. Vgl. DITTMAR, Frank/SELLING, Heinz-Jürgen (1998), S. 88ff.

554 Vgl. GEURTS, Matthias (1998), S. 302.

555 Hinzu kommt, dass sich die Zahlungsintermediäre auf die Angaben der Händler zur Erhebung der Umsatzsteuer verlassen müssen. Die Haftungsrisiken für die korrekte Steuererhebung sind dann kaum eindeutig zu verteilen.

556 Vgl. GEURTS, Matthias (1998), S. 302.

nach der Art des Kaufs in der Praxis nicht sichergestellt werden kann. Ermöglichen Systeme darüber hinaus Zahlungen zwischen Privatpersonen, so müssten auch nicht umsatzsteuerpflichtige Transaktionen abgegrenzt werden können.

- Der Zahlungsempfänger von E-Geld muss dieses nicht zwingend nach Erhalt beim E-Geld-Emittenten eintauschen, wenn das spezielle Verfahren eine Weitergabe an Dritte ermöglicht. Wird jedoch der Emittent nicht in die Abwicklung der Transaktion involviert, kann die Umsatzsteuer nicht einbehalten werden.
- Anonyme Formen von E-Geld verhindern sowohl beim Händler als auch bei den E-Geld-Instituten eine Bestimmung des Besteuerungsortes und damit die Möglichkeit einer Steuererhebung.
- Verfahrenstechnisch bedingt eine Abzugssteuer eine Echtzeit-Integration der Steuerberechnung durch die Zahlungsintermediäre in die gesamte Transaktion, da den Käufern vor „Freigabe" der Zahlung der Bruttopreis und somit der endgültige Zahlungsbetrag mitgeteilt werden muss. Die Implementation eines solchen Systems würde einige Zeit in Anspruch nehmen, da eine derartige Softwareumgebung bisher nicht entwickelt ist, und hohe Kosten im Finanzsektor verursachen würde[557].

## *6.5 Gesamtbewertung*

**Praktikabilität**: Die vorausgehenden Analysen haben gezeigt, dass unter den derzeitigen Rahmenbedingungen eine grundsätzliche Bestimmung des Besteuerungsortes über den Zahlungsstrom nicht praktikabel ist. Auch wenn eine Einbeziehung der Kreditkartenunternehmen in Form einer Angabe des Staates der Rechnungsanschrift einer Kreditkarte oder einer Verifikation des Wohnsitzstaates prinzipiell denkbar wäre, kann dies *keine Gesamtlösung* bieten.[558] Gleichzeitig würde die Implementation einer entsprechenden Infrastruktur vermutlich erhebliche Kosten im Finanzsektor verursachen. Ist die Möglichkeit der Identifizierung des Besteuerungsortes und somit die Besteuerung selbst von der Wahl

---

[557] Vgl. HARLEY, Gary (1999), S. 11.

[558] In den USA wird die Möglichkeit der Bestimmung eines Besteuerungsortes während einer Online-Transaktion weniger pessimistisch gesehen als in Europa, da Zahlungen i. d. R. mittels Kreditkarten geleistet werden und dabei auch eine Adresse des Kunden abgefragt wird. Eine Nutzung von anonymen E-Geld-Systemen wird jedoch als potentielles Problem der Zukunft erkannt. Vgl. HARDESTY, David (2001b).

des Zahlungsmittels abhängig, so ergeben sich daraus *Verzerrungen* zwischen den Zahlungsverfahren, die eventuell Substitutionen hin zu elektronischem Geld auslösen werden. Wie dargestellt, ist der zurzeit geringe Einsatz von elektronischem Geld weniger Folge eines Mangels an technischen Lösungen als einer unzureichenden Akzeptanz sowohl bei Händlern als auch bei Konsumenten. Diese Bewertung könnte dann insbesondere zum Vorteil von *anonymen Zahlungsverfahren* verändert werden, wenn sich zeigt, dass bei Verwendung von anonymem E-Geld eine Bestimmung des Besteuerungsortes über den Zahlungsstrom nicht möglich ist.

Auch wenn die zukünftige Entwicklung des Zahlungsmittelumfeldes des elektronischen Handels derzeit nicht bestimmbar ist, sollte bei der Implementation von Besteuerungsvefahren nicht der Status quo als Grundlage herangezogen werden. Zumindest sind eine verstärkte Nutzung von E-Geld und eine Gewährleistung von Anonymität als mögliche Entwicklung in die Überlegungen einzubeziehen. Die Einführung einer Abzugssteuer kann somit nicht als Lösungsansatz betrachtet werden.

**Validität**: Wie dargestellt, könnte über den Kreditkartenemittenten, bei Einrichtung entsprechender Verfahren, entweder ein dem Händler bereits vorliegendes Länderkennzeichen (Adresse) verifiziert oder ein Nationalitätskennzeichen der Rechnungsadresse der Kreditkarte durch den Kreditkartenemittenten an den E-Commerce-Händler übermittelt werden. Es gibt keinerlei Hinweise darauf, in welchem Ausmaß eine Übereinstimmung zwischen dem Wohnsitzstaat des Konsumenten[559] und dem Staat der Rechnungsadresse zu erwarten ist. Eine Nichtübereinstimmung muss jedoch im Falle der Verifikation nicht darauf beruhen, dass der Wohnsitzstaat nicht korrekt angegeben wurde. Dies bedeutet, dass durch eine derartige Verifikation der Händler weder den Besteuerungsort eindeutig bestimmen kann noch den Grund einer eventuellen Nichtübereinstimmung kennt. Wird das von Kreditkartenemittenten angegebene Nationalitätskennzeichen verwendet, so müsste dieser Ort ohne weitere Prüfung als Besteuerungsort angesehen werden. Vermutlich wird allerdings die Rechnungsadresse einer Kreditkarte in den meisten Fällen dem Wohnsitz(staat) des Kartenbesitzers entsprechen.

Bedeutend für die Bewertung der Bestimmung des Besteuerungsortes über die Zahlungsintermediäre ist jedoch die Möglichkeit, dass ein verstärkter Einsatz elektronischen Geldes aufgrund dessen spezifischer Merkmale dazu führen wür-

[559] Unter der Voraussetzung, dass der Konsument den Wohnsitzstaat bei einer Abfrage durch den Händler korrekt angibt.

de, dass sich die Anzahl der Fälle, in denen der Besteuerungsort nicht bestimmt werden kann, erhöht.

**Umgehungspotential**: Eine Umgehung der Bestimmung bzw. der Verifizierung des Besteuerungsortes ergibt sich bereits im Rahmen der Auswahl der Zahlungsverfahren, indem verstärkt anonymes E-Geld genutzt werden könnte[560]. In den Fällen, in denen die Angaben der Konsumenten durch die Verifikation nicht bestätigt werden, muss der Händler entscheiden, ob er die Transaktion nicht weiter durchführt oder ob er gemäß der Kundenangaben besteuert. Letzteres könnte eine korrekte Umsatzsteuererhebung verhindern.

**Kontrollmöglichkeiten**: In den Fällen, in denen eine Bestimmung des Besteuerungsortes durch die Angaben der Zahlungsintermediäre erfolgt, wäre diese später nur dann kontrollierbar, wenn eine zuverlässige Aufzeichnung über diesen Vorgang erstellt wird. Eine derartige Infrastruktur steht jedoch gegenwärtig nicht zur Verfügung.[561] Grundsätzlich würden solche Serviceleistungen von Zahlungsintermediären zwar in einigen Fällen eine Bestimmung des Besteuerungsortes ermöglichen, jedoch nicht die Kontrollproblematik der Steuerbehörden reduzieren. Im Rahmen der Nutzung von E-Geld sind nicht kontobasierte Verfahren hinsichtlich ihrer Kontrollierbarkeit mit Barzahlungen vergleichbar, da keine Aufzeichnungen über die Beteiligten der Zahlungstransaktionen vorliegen[562].

**Steuerungspotential**: Geeignete Maßnahmen, die mit einem akzeptablen Aufwand eine Verbesserung der Bestimmungsmöglichkeiten über den Zahlungsstrom bewirken, sind nicht erkennbar. Selbst für eine Integration der Kreditkartenzahlungen in die Steuererhebung müsste zumindest die Struktur der Zahlungsabwicklung im Bankensystem in weiten Teilen geändert und eine Infrastruktur zur Adressverifikation geschaffen werden. Eine effektive und effiziente Problemlösung ist somit nicht zu erreichen. Im Bereich des E-Geldes könnte ein völliger Ausschluss der Bestimmbarkeit eines Besteuerungsortes nur verhindert werden, wenn die Nutzung anonymer Verfahren oder die Möglichkeit von Transaktionsketten ausgeschlossen würde. Jedoch liegt für eine Regulierung der

---

[560] Wobei derartige Zahlungsverfahren durch die E-Commerce-Händler angeboten werden müssen. Eine bloße Nachfrage auf Seite der Nutzer ist nicht ausreichend.

[561] In den Kontrollmöglichkeiten wurden vermutlich die Vorteile einer Abzugssteuer gesehen, da die Zahl der Kreditkartenemittenten überschaubar ist und vermutet wurde, dass Kreditkartengesellschaften und Konsumenten i. d. R. im gleichen Land ansässig sind, so dass die Steuerabführung im Verbrauchsland stattfinden würde. Unter Einbeziehung elektronischen Geldes und der Möglichkeit von grenzüberschreitenden Kreditkartenausgaben würde auch dieser Vorteil entfallen.

[562] Vgl. DEPARTMENT OF THE TREASURY (1996), S. 37.

Ausgabe von E-Geld bereits eine Richtlinie der EU vor, die bis April 2002 in nationales Recht umzusetzen ist. Dabei wird jedoch nur eine Harmonisierung des Rechtsrahmens angestrebt, der die finanzielle Integrität von E-Geld-Instituten gewährleistet und eine eingeschränkte Einbeziehung von E-Geld-Instituten in die Bankenaufsicht ermöglicht[563]. Durch die Gewährleistung, dass nur „sichere, effiziente E-Geld-Systeme und solide Emittenten auf dem Markt sind“[564], soll das Vertrauen der Konsumenten in E-Geld erhöht werden. Eine Beeinflussung der technischen Ausgestaltungen wird mit dieser Richtlinie nicht vorgenommen. Darüber hinausgehende Eingriffe können allein aus steuerpolitischen Motiven nicht befürwortet werden. Die weitere Entwicklung von elektronischem Geld muss dem Markt und somit primär den Präferenzen von Händlern und Konsumenten überlassen werden.

## 7. Weitere Ansatzpunkte und Entwicklungsperspektiven

Teilweise werden auch ohne steuerliche Notwendigkeit im elektronischen Handel die Konsumenten lokalisiert, um eine geographisch differenzierte Distribution zu ermöglichen oder die Einhaltung von Exportbeschränkungen zu gewährleisten. Dabei zeigt sich, dass in den Fällen, in denen ein hohes Maß an Zuverlässigkeit erlangt werden muss – so ist der Zugang zu Glücksspielen über das Internet in Australien gesetzlich auf australische Staatsbürger beschränkt – ein sehr anspruchsvoller Registrierungsprozess durchgeführt wird, der kaum für den E-Commerce als geeignet angesehen werden kann. So erfordert der Zugang zu einem solchen Internet-Casino eine Identifizierung u. a. mittels Daten des Personalausweises oder Führerscheins und Angaben zu Bankkonten. Ohne derartig strikte Verfahren ist ein zufriedenstellendes Maß an Zuverlässigkeit einer Ortsbestimmung nicht zu erreichen.[565]

Als ein potentieller zukünftiger Ansatzpunkt zur Bestimmung des Besteuerungsortes werden die technischen Möglichkeiten zur Lokalisierung von Mobilfunkgeräten bzw. mobilen Zugangsgeräten zum Internet wie PDAs diskutiert. Für die Zukunft wird erwartet, dass in zunehmenden Maße Zugänge zum Internet über solche mobilen Formen realisiert werden. Dabei ist jedoch zu unterscheiden zwischen Techniken, die einen Zugang zum Internet für nicht selbst internetfähige Systeme bieten, wie die WAP-Technologie für GSM und GPRS

---

563 Vgl. EUROPÄISCHE GEMEINSCHAFTEN, Richtlinie 2000/46/EG.

564 EUROPÄISCHE ZENTRALBANK (2000), S. 63f.

565 Vgl. OECD/TECHNOLOGY TAG (2000), S. 34.

Mobilfunksysteme, und internetfähigen mobilen Sys-temen, wie UMTS und wireless LANs.

Erstere ermöglichen den Zugang zum Internet über ein Gateway, das eine IP-Verbindung herstellt (vgl. Erster Teil, Abschnitt B). Da für den Zugang zum Internet i. d. R. immer das gleiche Gateway verwendet wird, wird in Erwägung gezogen, aus der dabei verwendeten IP-Adresse des Providers Rückschlüsse auf den Ort des Nutzers zu ziehen.[566] Ohne die Eignung dieser Information zur Steuererhebung weiter zu diskutieren, ist festzustellen, dass WAP im Bereich des E-Commerce nicht die Technologie der Zukunft sein wird, da für E-Commerce-Transaktionen höhere Bandbreiten und schnellere Übertragungen benötigt werden.

Eine andere Entwicklung sind so genannte lokationsbasierte Dienste für Mobilfunknutzer. Dabei werden die von Mobilfunkgeräten übertragenen Informationen der aktuellen Mobilfunkzelle oder Ortsbestimmungen über GPS als Grundlage für spezielle ortsgebundene Dienste, wie Straßenpläne oder Touristeninformationen, genutzt. Ob und inwieweit derartige Techniken einen Ansatzpunkt zur Bestimmung des Besteuerungsortes im E-Commerce mit digitalen Produkten liefern können, wird in erster Linie davon abhängen, in welchem Ausmaß Mobilfunknetze (einschließlich des direkt internetfähigen UMTS) zum Handel mit digitalen Produkten genutzt werden und welche Bedeutung Lokationsbestimmungen erreichen werden. So wird bisher noch kontrovers diskutiert, ob eine Einwilligung der Nutzer zur Lokalisierung notwendig sein soll. Es scheint zumindest absehbar, dass der Nutzer aus Gründen des Datenschutzes die Übermittlung der zur Lokalisierung notwendigen Daten unterbinden kann.[567]

Direkte mobile Internetzugänge sowohl über UMTS als auch innerhalb von wireless LANs nutzen die dargestellten Internetprotokolle. Somit sind die Möglichkeiten der Ortsbestimmung identisch mit denen, die für die Nutzung der IP-Adressen in Kapitel 5 dargestellt wurden.

---

[566] Vgl. ebenda, S. 32.

[567] Vgl. DEUTSCHER MULTIMEDIA VERBAND (2001).

## 8. Zwischenfazit: Verfügbarkeit technischer Verfahren zur Bestimmung des Besteuerungsortes

Die Ausführungen zur Konkretisierung des Verbrauchsortes (vgl. Kapitel 2) haben verdeutlicht, dass allein eine Einigung auf das Verbrauchslandprinzip noch keine eindeutige internationale Abgrenzung der Besteuerungsrechte zulässt. In der internationalen Diskussion hat sich aus Gründen der Praktikabilität ein Konsens für den Wohnsitzstaat des Konsumenten zu Bestimmung des Verbrauchsortes gebildet.[568] Im weiteren Verlauf der Implementation ist sicherzustellen, dass diese Konkretisierung im Rahmen von materiell-rechtlichen Umsetzungen in den nationalen Umsatzsteuerregelungen mit einer einheitlichen Bedeutung belegt wird[569].

Im Rahmen des elektronischen Handels kann die Konkretisierung des Verbrauchsortes jedoch nicht ohne Berücksichtigung der technischen Möglichkeiten zur Bestimmung dieses Ortes erfolgen. So ist sicherzustellen, dass – falls verfügbar – ein technisches Verfahren zur Bestimmung des Besteuerungsortes oder andernfalls die Verwendung von Ersatzindikatoren auch tatsächlich den Wohnsitzstaat identifizieren. Wenn eine Implementierung von materiell-rechtlichen Regelungen vor der allgemeinen Verfügbarkeit technisch zuverlässiger Verfahren erfolgen soll, sind die dazu verwendbaren Ersatz-indikatoren (vgl. folgender Dritter Teil, Abschnitt B) in Hinsicht auf die Eindeutigkeit des festgestellten Besteuerungsortes zu überprüfen.

Im Bereich der verfahrenstechnischen Umsetzung einer Umsatzbesteuerung im Verbrauchsland hat sich die technische Abwicklung der Bestimmung des Besteuerungsortes als herausragende Aufgabe erwiesen, da die Lösung dieses Problems die Voraussetzung für eine wirksame Einführung sämtlicher Modelle zur Erhebung der Umsatzsteuer gemäß dem Verbrauchslandprinzip ist. Daher haben gerade Restriktionen in diesem Bereich folgenschwere Auswirkungen auf die zeitliche und organisatorische Umsetzung eines praktikablen Erhebungsverfahrens.

Über die Frage der grundsätzlichen technischen Praktikabilität und der Verfügbarkeit eines Verfahrens hinaus muss dessen Einsetzbarkeit im Rahmen des E-Commerce betrachtet werden. Ein brauchbares Verfahren muss in die von E-Commerce-Unternehmen verwendeten Systeme zur Abwicklung von Ver-

---

568 Vgl. EUROPEAN E-BUSINESS TAX GROUP/EETG (2001), S. 2, KOMMISSION DER EUROPÄISCHEN GEMEINSCHAFTEN (2000b), S. 16f. und OECD (2001), S. 12f.

569 Vgl. FN 441.

kaufstransaktionen integriert werden. Ein wesentliches Merkmal von Online-Verkaufstransaktionen für digitale Produkte ist, dass i. d. R. keine manuelle Unterstützung der Transaktion notwendig ist und dass ein erworbenes Produkt unmittelbar nach der Zahlungstransaktion zur Verfügung steht. Die Erhebung der Umsatzsteuer muss daher zum einen voll automatisch und zum anderen in Echtzeit abgewickelt werden können.[570] Abbildung 9 zeigt den (wünschenswerten) Ablauf einer Umsatzsteuererhebung innerhalb einer Online-Verkaufstransaktion.

Insbesondere müssen notwendige Verifikationen von Kundendaten, wie die Prüfung einer elektronischen Signatur oder einer Steuernummer[571], in Echtzeit erfolgen, so dass die Gesamttransaktion nicht wesentlich verzögert wird. Um dies zu gewährleisten, bedarf es jedoch nicht nur einer entsprechenden Anpassung der Unternehmenssysteme der Händler, auch die Verifikationsverfahren für die steuerrelevanten Daten müssen z. B. bei den Trust Centern oder den Steuerverwaltungen an diese Bedingungen angepasst werden. Diese Prüfverfahren müssen so ausgebaut werden, dass das notwendige Datenvolumen (gleichzeitiger Zugriff auf die entsprechenden Datenbanken) zuverlässig verarbeitet werden kann. Eine vollständig automatisierte Abwicklung auch der Steuererhebung bedeutet, dass ebenfalls eine automatisierte „Entscheidung“ darüber definiert werden muss, wie das System in den Fällen zu verfahren hat, in denen eine Verifikation von Kundenangaben zu abweichenden Ergebnissen führt.[572] Dabei ist es von der Zuverlässigkeit der Bestimmungsverfahren abhängig, welche Entscheidung den Händlern zuzumuten ist.[573]

---

570 Vgl. OECD/CONSUMPTION TAX TAG (2000), S. 18ff.

571 Eine gesonderte Prüfung von Steuernummern ist nur notwendig, wenn diese nicht in Zertifikate integriert werden, sondern, wie es die EU-Kommission plant, für diese ein spezielles Online-Verifikationsverfahren erstellt wird.

572 Auch wenn viele Unternehmen mittlerweile zahlreiche Geschäftsvorgänge automatisieren, hat es sich bisher als sehr schwierig erwiesen, auch die Erhebung von Umsatzsteuer – insbesondere in multinational tätigen Unternehmen – darin einzubeziehen. Zu den technischen Entwicklungen im Bereich der automatisierten Steuererhebung und einer Darstellung eines konkreten Produkts vgl. HARDESTY, David (2001a).

573 Im Falle der Verwendung elektronischer Signaturen innerhalb einer anspruchsvollen Sicherheitsinfrastruktur wäre es für den Händler zumutbar, in Fällen eines negativen Verifikationsergebnisses die Transaktion abzubrechen. Ist das Verfahren als solches jedoch unzuverlässig, wäre ein Abbruch jeder aus steuerlicher Sicht zweifelhaften Transaktion ein Geschäftsrisiko für den Händler.

**Abbildung 9:** Umsatzbesteuerung während einer Online-Verkaufstransaktion

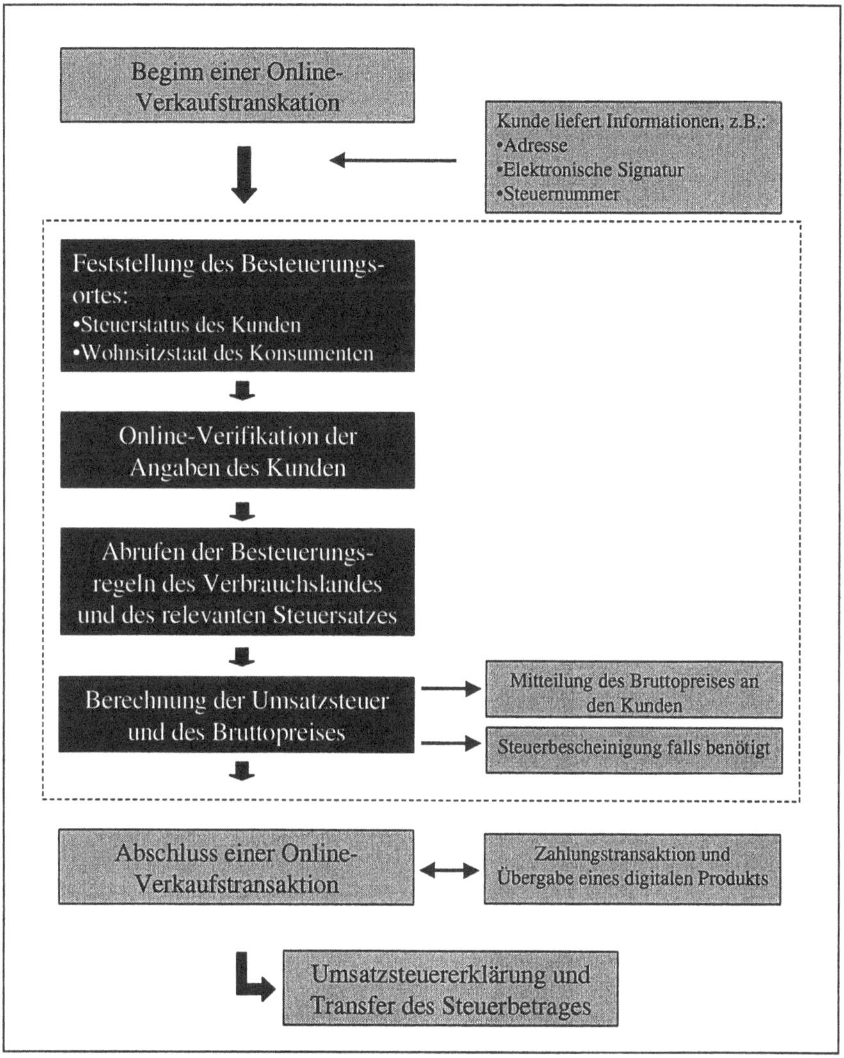


Quelle: In Anlehnung an OECD/CONSUMPTION TAX TAG (2000), S. 20f.

Auch wenn sich die Analysen in dieser Studie weitgehend auf den elektronischen Handel mit digitalen Produkten konzentrieren, ist an dieser Stelle zu berücksichtigen, dass in der Praxis viele Händler sowohl physische als auch digitale Produkte über das Internet anbieten werden. Deshalb muss zusätzlich gewährleistet sein, dass die Systeme die Erhebung bzw. Nichterhebung[574] von Umsatzsteuer entsprechend der Distributionsart vornehmen können.

Eine automatisierte Umsatzbesteuerung, die auch die Erklärung und Abführung der Steuer an die Steuerbehörden der Verbrauchsländer einschließt[575] - sofern dies von Seiten der Finanzverwaltungen angestrebt wird -, bedarf der Errichtung einer geeigneten internationalen Infrastruktur, die eine Kompatibilität der Systeme der Händler und der Steuerbehörden gewährleistet.[576] Da die Daten bei den Händlern in vielen verschiedenen Datenformaten vorliegen, muss eine allgemeine Datenverwendbarkeit realisiert werden. Dies könnte durch einen systemunabhängigen Standard wie XML ermöglicht werden.[577] Daneben ist die Sicherheit der übermittelten Daten durch verschlüsselten Datentransport und die Sicherheit der Systeme der Finanzverwaltungen durch einen kontrollierten Zugriff sicherzustellen.[578]

Wird eine solche automatisierte Steuererhebung und -abführung in Verbindung mit elektronischen Signaturen mit den in Kapitel 2.4.2, S. 118 erläuterten Protokollen zur Dokumentation der steuerrelevanten Geschäftsaktivitäten verbunden, so könnte gleichzeitig eine verlässliche Basis für die Steuerkontrolle geschaffen

---

574 In den Fällen, in denen Einfuhrumsatzsteuer erhoben wird.

575 Für multinational operierende Unternehmen würde dies die Erfüllung der Steuerpflichten erleichtern.

576 Neben dem technischen Problem der Kompatibilität, also der Lesbarkeit übermittelter Daten, ist auch die Schwierigkeit der Erfüllung unterschiedlicher Erklärungspflichten zu erwähnen. Zwar können vielfältige Dokumentationsanforderungen grundsätzlich durch automatisierte Verfahren einfacher erfüllt werden, jedoch werden damit dennoch hohe Anforderungen an die Komplexität derartiger Systeme gestellt. Vereinfachungen im Sinne von Harmonisierungen der Anforderungen würden Komplikationen verringern und die Kosten durch komplexe Sys-teme eingrenzen. Dies scheint auch deshalb angebracht, da nachträgliche Korrekturen von Erklärungen oder Dokumentationen im internationalen E-Commerce sehr aufwendig sein werden.

577 XML ist ein Standard für die Beschreibung von Datenformaten. Dies ermöglicht einen Datenaustausch auch zwischen Applikationen, die ansonsten nicht kompatibel wären- wie die von E-Commerce-Händlern und Finanzverwaltungen. Ein wesentlicher Vorteil ist, dass zur Erreichung dieser Kompatibilität nicht die Datenformate in den Geschäftssystemen der Händler selbst standardisiert werden müssen.

578 Die Technology TAG der OECD skizziert die technische Realisierung eines Verfahrens zur Abgabe von Online-Steuererklärungen der irischen Steuerbehörde unter Verwendung von elektronischen Signaturen, vgl. OECD/TECHNOLOGY TAG (2000), S. 68f.

werden. Auch dann wird zwar noch ein Potential zur Umgehung von Steuerpflichten bestehen bleiben, dieses wäre jedoch in jedem Fall mit einem strafbaren Verhalten verbunden.[579] Die Realisierung einer derartigen Unterstützung der Steuerkontrolle bedarf allerdings noch verstärkter Entwicklungsarbeit. Diese muss auch aktiv von den Steuerbehörden durch Zusammenarbeit mit den Entwicklern solcher Systeme unterstützt werden. Es ist allerdings zu bezweifeln, dass sich ein einheitlicher Standard[580] i. S. eines einheitlichen Steuererhebungs- und auch Buchführungsprotokolls für E-Commerce-Unternehmen bildet[581], der eine automatisierte und einheitliche Erklärung und Abführung der Umsatzsteuer realisiert. Für die Steuerbehörden bedeutet dies, dass ihrerseits Bemühungen erforderlich sind, sich auf verschiedene Standards einzustellen, um eine automatisierte Steuerabführung und –erklärung zu ermöglichen.

Die Untersuchungen der potentiellen technischen Verfahren zur Bestimmung des Besteuerungsortes haben gezeigt, dass derzeit kein Verfahren verfügbar ist, um die Bestimmung des Wohnsitzstaates eines Konsumenten als Besteuerungsort mit einer für steuerliche Zwecke hinreichenden Zuverlässigkeit zu ermöglichen.

Zumindest aus technischer Perspektive zeigen elektronische Signaturen das Potential, ein verlässliches Verfahren zur Bestimmung des Wohnsitzstaates der Konsumenten bieten zu können. Dies ist jedoch in der Praxis auch mittelfristig nur dann möglich, wenn die aufgezeigten Steuerungspotentiale durch die Politik genutzt werden und sich elektronische Signaturen mit einem geeigneten Sicherheitsniveau allgemein im elektronischen Handel als „Sicherheitsstandard" etablieren würden. Einen Beitrag dazu kann bereits eine schnelle Einführung von elektronischen Signaturen im öffentlichen Bereich zur Kommunikation zwischen Bürger und Staat - z. B. zur Abgabe einer Steuererklärung – sein, um auf diese Weise die Nutzer mit der Verwendung vertraut zu machen und eine breite Akzeptanz zu schaffen.

---

579 Vgl. GEURTS, Matthias (1999), S. 197ff.

580 Dies war die Annahme des auf dem so genannten Open-Trading-Protocol (OTP) basierenden Transfermodells, das in Deutschland in den Jahren 1998/1999 diskutiert wurde (vgl. FN 318). Grundsätzlich werden sicherlich automatisierte Verfahren die Grundlage für eine Umsatzsteuererhebung im Rahmen des grenzüberschreitenden elektronischen Handels sein. Die dabei eingesetzten Protokolle und Systeme werden jedoch vielfältig sein. Damit eine solche Automatisierung nicht nur eine Integration der Steuererhebung in den Geschäftsablauf im elektronischen Handel ermöglicht, sondern auch die Administration und Kontrolle der Umsatzbesteuerung auf Seiten der Finanzverwaltungen vereinfacht, ist eine verstärkte Koordination zwischen Finanzverwaltungen und Systemherstellern notwendig.

581 Vgl. FETZER, Thomas (2000), S. 248f.

Darüber hinaus muss die Eignung elektronischer Signaturen als Grundlage zur Erhebung der Umsatzsteuer durch Maßnahmen der Steuerpolitik ermöglicht und sichergestellt werden. Es muss daher bewirkt werden, dass die in Signaturverfahren eingesetzten Zertifikate die relevanten Informationen – Wohnsitzstaat und Steuerstatus[582] – enthalten und sich die Händler auf diese Angaben aufgrund einer zuverlässigen Infrastruktur der Zertifizierungsdienste verlassen können. Wie in Kapitel 4 gezeigt, werden allein durch den allgemeinen europäischen Rechtsrahmen für elektronische Signaturen solche Zertifikate nicht realisiert, da die zur Steuererhebung benötigten Daten nicht als verbindlicher Bestandteil eines Zertifikats vorgegeben sind. Die Schaffung dieser Voraussetzung muss, wenn die Verwendung elektronischer Signaturen auch von den Finanzverwaltungen als ein Weg der Zukunft gesehen wird, unverzüglich begonnen werden. Dazu werden Kooperationen der Steuerbehörden insbesondere mit Zertifizierungsinstanzen, Softwareentwicklern und E-Commerce-Unternehmen unumgänglich sein.

Als ein besonderes Hindernis, elektronische Signaturen für Zwecke der Steuererhebung zu verwenden, erweist sich die Notwendigkeit, eine breite Verwendung zu erreichen. Es ist fraglich, ob im internationalen Handel die Möglichkeit, eine höhere Zuverlässigkeit der Geschäftstransaktionen oder sogar Rechtssicherheit zu erreichen, ein ausreichender Anreiz für Händler und Konsumenten darstellt. Erlangen solche Anreize jedoch beim Handel mit digitalen Produkten, z. B. aufgrund der geringen Handelswerte oder der Bedeutungslosisgkeit von Garantieleistungen, keine ausreichend hohe Bedeutung, so bliebe nur die Möglichkeit, die Händler zur Abfrage einer Signatur zu verpflichten. Allerdings wäre die Kontrolle und Durchsetzung einer solchen Verpflichtung kaum realisierbar und wirtschaftspolitisch bedenklich, wenn davon negative Effekte auf den elektronischen Handel ausgehen würden[583]. Gleichzeitig zeigen sich jedoch beim Einsatz elektronischer Signaturen kaum Probleme in Hinsicht auf den Schutz der Privatsphäre der Konsumenten, da in den Zertifikaten lediglich ein Kennzeichen für den Wohnsitzstaat oder den Steuerstatus enthalten sein muss. Weitere persönliche Daten zur Verifikation sind nicht erforderlich, so dass sich aufgrund von Bedenken des Datenschutzes keine Beschränkungen ihrer Brauchbarkeit ergeben dürften.

---

[582] Elektronische Signaturen werden auch als Voraussetzung für eine zuverlässige Angabe des Steuerstatus, z. B. mittels einer Steuernummer, im Rahmen der Selbstveranlagung gesehen.

[583] Grundsätzlich ist eine Verpflichtung der Händler, bei jeder Kauftransaktion eine elektronische Signatur zu fordern, nur vertretbar, wenn vorausgesetzt werden kann, dass jeder potentielle Kunde eine elektronische Signatur „besitzt".

Da die Verwendung elektronischer Signaturen aufgrund der derzeitigen Rahmenbedingungen nicht praktikabel ist, wurden in den vorhergehenden Kapiteln die Verwendung der IP-Adressen und der Informationen aus der Zahlungsabwicklung als Ersatzindikatoren untersucht. Dabei hat sich gezeigt, dass diese nicht geeignet sind, eine umfassende Bestimmung des Besteuerungsortes zu gewährleisten. Im Falle der Verwendung der IP-Adressen haben die Untersuchungen ergeben, dass keine hinreichende Zuverlässigkeit der Bestimmung des Besteuerungsortes erzielt werden kann. Hinzu kommen bedeutende Umgehungsmöglichkeiten, wenn auch zunächst nur für technisch gebildete Anwender. Auf Seiten der Kreditkartenemittenten zeigen sich zwar Ansatzpunkte, die eine Bestimmung des Besteuerungsortes im Wege von Kreditkartenzahlungen ermöglichen könnten, dies bietet jedoch aufgrund der Existenz alternativer Zahlungsverfahren keine Gesamtlösung. Diese Defizite lassen sich auch nicht durch eine Kombination beider Ersatzindikatoren oder mit anderen Ansätzen, wie einer freiwilligen Adressangabe, abbauen. So könnte eine freiwillige Adressangabe, die anhand des Ortes der IP-Adresse überprüft wird, das Potential der Umgehung einer korrekten Ortsbestimmung nicht verringern. Verifikationen, die eine hohe Wahrscheinlichkeit einer „Nichtübereinstimmung" bieten (z. B. wenn der Ort der IP-Adresse mit der Ortsinformation aus dem Zahlungsstrom verglichen wird), sind nicht geeignet, eine schnelle und konfliktfreie Transaktionsabwicklung im E-Commerce zu ermöglichen. Ganz abgesehen davon würden dabei zwei Ersatzindikatoren zur Bestimmung des Verbrauchsortes herangezogen, die keine unmittelbare Verknüpfung mit dem Wohnsitz des Leistungsempfängers haben müssen, so dass eine Übereinstimmung mit der Grundkonzeption einer Verbrauchsortbesteuerung prinzipiell in Frage zu stellen ist.

Weitere, auf der technischen Umgebung des Internet und des elektronischen Handels basierende Verfahren, wie lokationsbasierte Dienste, können u. U. in der Zukunft genutzt werden, jedoch ist der Einsatz solcher Verfahren von vornherein auf einen engen Anwendungsbereich beschränkt und kann daher keine umfassende Lösung bieten. *Somit steht kurz- bis mittelfristig kein technisches Verfahren zur Verfügung, das zumindest das Potential hat, eine zuverlässige Ortsbestimmung und somit eine gleichmäßige Umsatzbesteuerung digitaler Produkte zu ermöglichen.*[584]

[584] Aufgrund der technischen Komplexität und der weitreichenden Bedeutung für den Untersuchungsgegenstand dieser Studie wurde die Analyse der technischen Verfahren zur Bestimmbarkeit des Besteuerungsortes besonders gründlich vorgenommen und durch zahlreiche Expertengespräche fundiert. Übereinstimmend schätzen diese Gesprächspartner die Praktikabilität der betrachteten technischen Verfahren als äußerst gering ein.

Kurzfristig können zur Umsetzung einer Umsatzsteuererhebung nach dem Verbrauchslandprinzip nur nicht technische Verfahren eingesetzt werden, die entweder ein hohes Maß an Unzuverlässigkeit aufweisen (einfache Abfrage einer Kundenadresse) oder die Ermittlung mehrerer zu verifizierender Daten (wie Personalausweisnummer, Wohnsitz und Bankinformationen) erfordern, so dass ein Schutz persönlicher Daten nicht gewährleistet ist. In jedem Fall sind derartige Verfahren weder unter der Vorgabe einer gleichmäßigen Besteuerung am Verbrauchsort noch vor dem Ziel einer Förderung des elektronischen Handels als geeignet zu bewerten.

# Dritter Teil: Gesamtwürdigung und Diskussion von steuerpolitischen Handlungsoptionen

## A. Zusammenfassung der Untersuchungsergebnisse

Im Folgenden werden zunächst kurz die wesentlichen Ergebnisse der Studie zusammengefasst, da diese den Ausgangspunkt der im nächsten Abschnitt zu diskutierenden Handlungsoptionen für die Steuerpolitik darstellen.

- Im Bereich der materiell-rechtlichen Regelungen zur Implementierung eines Verbrauchslandprinzips für die Umsatzbesteuerung digitaler Produkte besteht sowohl auf Ebene der EU als auch insbesondere international weiterhin Präzisierungs- und Anpassungsbedarf, z. B. bezüglich der Konkretisierung des Verbrauchsortes in den jeweiligen Rechtsordnungen oder der Vereinfachung der umsatzsteuerlichen Regelungen. Gerade die Ausschöpfung des bestehenden Vereinfachungspotentials würde – durch Reduzierung der compliance costs – die Wirtschaftlichkeit eines Umsatzsteuersystems und damit vermutlich auch die Realisierung von Steueransprüchen durch ein hohes Maß an freiwilliger Pflichterfüllung verbessern.

- In Bezug auf die organisatorischen und verfahrenstechnischen Voraussetzungen, die eine Durchsetzung der Steueransprüche sicherstellen können, zeigen sich erhebliche Defizite. Auf dem Gebiet der Steuerkontrolle werden zwar Anpassungen an die technischen Rahmenbedingungen vorgenommen, eine Realisierung der internationalen Rechts- und Amtshilfe, die für eine Durchsetzung der Steuerpflicht im grenzüberschreitenden E-Commerce grundlegend ist, kann derzeit jedoch noch nicht als gegeben betrachtet werden. Letztlich ist eine Steuerkontrolle, die eine gleichmäßige Besteuerung verwirklicht, erst dann realisierbar, wenn technische Verfahren zur Bestimmung des Besteuerungsortes sowie der steuerpflichtigen Dienstleister verfügbar sind.

- Zurzeit ist kein technisches Verfahren einsetzbar, das eine zuverlässige Bestimmung des Wohnsitzes des Konsumenten als Besteuerungsort ermöglicht. Als Option für die Zukunft hat sich die Verwendung elektronischer Signaturen erwiesen. Die Voraussetzungen für eine Nutzung im Rahmen der Steuererhebung sind jedoch nicht kurzfristig zu realisieren. In jedem Fall müsste von Seiten der Steuerpolitik ein internationaler Konsens darüber herbeigeführt werden, dass der Aufbau einer internationalen Infrastruktur für elektronische Signaturen als Option für die Erhebung von Umsatzsteuer angesehen wird. Dabei ist ebenfalls ein angemessenes Sicherheitsniveau festzulegen, da dieses in gravierendem Maße die Kosten einer solchen Infrastruktur bestimmen wird. Ohne ein international koordiniertes Vorgehen kann eine entsprechende Infrastruktur und damit auch die angestrebte Funktionalität nicht erreicht werden. Alternative Ansatzpunkte, wie eine freiwillige Adressangabe, sind alleine nicht geeignet, eine zuverlässige Verbrauchsortbesteuerung zu gewährleisten (vgl. im folgenden Abschnitt B, Kapitel 2, Option (1)).

Aus diesen Ergebnissen kann geschlossen werden, dass eine konsequente Umsetzung des Verbrauchslandprinzips und somit eine gleichmäßige Umsatzbesteuerung aufgrund der technischen und organisatorischen Defizite zurzeit nicht sichergestellt werden könnte. Die Neutralität der Besteuerung i. S. einer gleichmäßigen Belastung und einer Vermeidung von Wettbewerbsverzerrungen kann daher nicht erfüllt werden.

Die Untersuchungen in dieser Studie haben weiterhin gezeigt, dass aufgrund der bestehenden Wettbewerbsverzerrungen und der nicht zu realisierenden Steueransprüche ohne Zweifel steuer-politischer Handlungsbedarf besteht. Es bleibt jedoch offen, wieviel Zeit zur Erarbeitung geeigneter Regelungen und Maßnahmen zur Verfügung steht oder benötigt wird. Das tatsächliche Risikopotential, welches den zur Verfügung stehenden Zeitrahmen beeinflusst, wird entscheidend durch die Höhe der Umsätze des elektronischen Handels mit digitalen Produkten bestimmt. Da keine speziellen Umsatzdaten für digitale Produkte vorliegen, konnten bisher noch keine konkreten Zahlen zu den daraus erwarteten Steuerverlusten vorgelegt werden. Auch der Bundesrechnungshof, der in seinen Bemerkungen 2000 explizit auf Kontrollprobleme im Rahmen des elektronischen Geschäftsverkehrs eingeht[585], beziffert die Höhe der Steuerausfälle nicht. Hervorzuheben ist, dass im Zusammenhang mit dem Untersuchungsgegenstand dieser Studie vor allem diejenigen Steuerausfälle relevant sind, die durch grenzüberschreitende Leistungen von digitalen Produkten an Privatpersonen entstehen.[586] Dies ist jedoch – auch wenn genaue Umsatzdaten nicht angegeben werden können – bislang nur ein sehr geringer Teil der gesamten Umsätze des E-Commerce. So nimmt auch die EU-Kommission an, dass die Steuerverluste aus digitalen Leistungen eher ein langfristiges Problem sein werden.[587]

Somit verbleibt als Begründung eines schnellen Handelns das Risikopotential der Wettbewerbsverzerrungen, die für die heute am Markt tätigen Unternehmen

---

585 Vgl. BUNDESRECHNUNGSHOF (2000), S. 204ff.

586 Die gesamten im Zusammenhang mit Online-Leistungen entstandenen Steuerausfälle werden auch durch unzureichende Kontrolle der umsatzsteuerlichen Registrierung von inländischen Unternehmen und durch Ausfälle bei der Einkommensteuer bewirkt, vgl. o.V. (2000), Eichel entgehen 20 Mrd. DM an Steuereinnahmen, HB v. 08.08.2000, S. 10.

587 Vgl. KOMMISSION DER EUROPÄISCHEN GEMEINSCHAFTEN (2000b), S. 3.

bereits bestehen und in frühen Phasen der Marktentwicklung bedeutend sind. Gleichzeitig wurde in den vorangegangenen Untersuchungen gezeigt, dass diese Wettbewerbsverzerrungen nur durch einen internationalen Lösungsansatz zu beseitigen sind. Ein dazu notwendiger internationaler Abstimmungsprozess zur Implementierung eines praktikablen Umsatzsteuersystems für digitale Produkte benötigt jedoch mehr Zeit als unilaterale Lösungen.[588] Um eine wirksame und ökonomisch sinnvolle Lösung zu erzielen, sollten daher keine voreiligen oder gar überstürzten Maßnahmen ergriffen werden.

---

588 Vgl. SELLING, Heinz-Jürgen (1998), S. 158.

## B. Diskussion steuerpolitischer Handlungsoptionen

### 1. Überblick

Die vorangegangene Analyse von technischen Verfahren zur Bestimmung des Besteuerungsortes hat gezeigt, dass es zurzeit nicht möglich ist, ein Verfahren zur Umsetzung des Verbrauchslandprinzips zu implementieren, das nicht gegen wesentliche Grundsätze eines rationalen und an zentralen steuerpolitischen Gerechtigkeitsgrundsätzen orientierten Steuersystems verstößt. In Anbetracht dieser technisch bedingten Unmöglichkeit der politisch und ökonomisch favorisierten First best-Lösung sollen im Folgenden – über den eigentlichen Untersuchungsgegenstand hinaus – alternative Ausgestaltungen (Second best-Lösungen) vorgestellt werden, die eine Abweichung vom Verbrauchslandprinzip mit sich bringen. Das Ziel der Studie kann dabei nicht eine umfassende Beurteilung sein, die auch eine Würdigung der politischen Umsetzungschancen einbeziehen müsste. Vielmehr sollen grundsätzliche Wege für die Steuerpolitik aufgezeigt und damit ein entsprechender Diskussionsprozess sowohl auf der nationalen als auch auf der internationalen Ebene angestoßen werden. Die Handlungsoptionen beziehen sich allein auf steuerpflichtige Umsätze, die mit privaten Haushalten getätigt werden, da – der internationalen Diskussion folgend – angenommen wird, dass für den elektronischen Handel zwischen Unternehmen ein Verfahren der Selbstveranlagung implementiert wird. Unabhängig von der konkreten Ausgestaltung eines solchen Verfahrens der Selbstveranlagung muss als Voraussetzung dafür eine zuverlässige Feststellung des Steuerstatus eines Kunden als Unternehmen im Rahmen des elektronischen Handels ermöglicht werden. Kann dies in absehbarer Zeit nicht realisiert werden, so muss der Business-to-Business-Bereich in die zukünftigen Betrachtungen einbezogen werden.[589]

---

[589] Die aus einer Einbeziehung des B2B-Handels entstehenden zusätzlichen Probleme können im Rahmen dieser Studie nicht berücksichtigt werden. An dieser Stelle sei nur auf die zu erwartenden Schwierigkeiten bei der Durchführung eines Vorsteuerabzugs hingewiesen. Dies unterstreicht die Dringlichkeit, das technische Problem der Identifizierung des Steuerstatus – neben der Bestimmung des Besteuerungsortes – in den Vordergrund zu stellen.

## 2. Möglichkeiten und Grenzen einer Durchsetzung des Verbrauchslandprinzips

### (1) Kurzfristige Implementierung zwecks Umsetzung des EU-Richtlinienvorschlags

Soll – wie von der EU angestrebt[590] – trotz der beschriebenen Restriktionen kurzfristig eine internationale Umsatzbesteuerung digitaler Dienstleistungen nach dem Verbrauchslandprinzip eingeführt werden, so müssten, bis zuverlässige technische Verfahren zur Bestimmung des Besteuerungsortes nutzbar sind, zwangsläufig für eine Übergangsphase die heute verfügbaren Informationen zur Ortsbestimmung genutzt werden[591]. Dazu zeigen sich in der aktuellen Diskussion folgende Ansatzpunkte[592]:

- Es bietet sich die Nutzung einer vom Konsumenten angegebenen Adresse an, wenn der Händler die Abfrage einer freiwilligen Adressangabe als praktikabel erachtet. Dies würde jedoch bedeuten, eine hohe potentielle Unzuverlässigkeit in Kauf zu nehmen, da ein Anreiz für den Konsumenten besteht, den Wohnsitz durch Falschangabe in ein Niedrigsteuerland zu „verlagern". Es stehen momentan weder Echtzeit-Verfahren zur Verifikation einer Adresse durch die Händler noch geeignete Kontroll- oder Sanktionsmöglichkeiten der Steuerbehörden zur Verfügung.
- Die Umsatzsteuer wird, falls die Kreditkartenunternehmen die Information verfügbar machen (können), gemäß der Regelungen des Landes bestimmt, in dem die verwendete Kreditkarte ausgegeben wurde. Dieser Ansatz bietet durch die Begrenzung auf Kreditkartenzahlungen nur einen sehr eingeschränkten Anwendungsbereich.[593] Darüber hinaus würde in einigen Fällen

---

590 So wurde ursprünglich die Umsetzung des Richtlinienvorschlags, der die Einführung eines Registrierungsmodells vorsieht, bereits zum 01.01.2001 angestrebt, ohne dass technische Details spezifiziert wurden. Vgl. KOMMISSION DER EUROPÄISCHEN GEMEINSCHAFTEN (2000b).

591 Vgl. EUROPEAN E-BUSINESS TAX GROUP/EETG (2001), S. 2. Auch die Consumption Tax TAG schlägt in einem *Simplified Interim Approach* vor, dass sich die leistenden Unternehmen bei der Bestimmung des Wohnsitzes und des Steuerstatus der Konsumenten auf die zur Zeit der Transaktion verfügbaren Informationen verlassen können müssen. Darüber hinaus wird zur Vereinfachung der Besteuerung angeregt, dass eine elektronische Registrierung mit umgehender Zuteilung einer Steuernummer ermöglicht wird, dass Rechnungen nur ausgestellt werden, wenn eine Vorsteuerabzugsberechtigung besteht und dass die Steuerbeträge auf elektronischem Wege in einer gängigen oder der lokalen Währung gezahlt werden können, vgl. OECD/CONSUMPTION TAX TAG (2000), S. 37ff.

592 Vgl. OECD/CONSUMPTION TAX TAG (2000), S. 13.

593 Insgesamt werden in der Diskussion der OECD alternative Zahlungsmittel zur Kreditkarte kaum beachtet.

als Besteuerungsort der tatsächliche Wohnsitzstaat des Konsumenten verwendet werden, in anderen jedoch ein anderer Besteuerungsort, der keinen Bezug zum tatsächlichen Verbrauchsort aufweisen muss.

- Die Nationalität des Konsumenten könnte hilfsweise aus der Sprache des digitalen Produkts oder der Website, von der dieses geladen wird, abgeleitet werden. Allein aufgrund der Tatsache, dass die vorherrschende Sprache im Internet englisch ist und auch viele digitale Produkte, wie Musik- oder Filmdateien, nicht in der jeweiligen Landessprache des Konsumenten angeboten werden, ist dieser Ansatz aber nicht als brauchbar anzusehen. Darüber hinaus könnte, selbst wenn digitale Produkte in allen Sprachen angeboten würden, nicht von einer Sprache eindeutig auf ein Verbrauchsland geschlossen werden.[594]

Das Ergebnis einer Ortsbestimmung unter Verwendung der oben genannten Informationen wird in vielen Fällen von dem tatsächlichen Verbrauchsort i. S. d. Wohnsitzes des Konsumenten abweichen, so dass darauf basierend keine allgemeine Verbrauchsteuer verwirklicht werden kann.[595] Dabei bewirken unzureichende Bestimmungsmöglichkeiten nicht nur, dass in einigen Fällen „falsche" Verbrauchsorte verwendet werden, indem z. B. eine Kreditkarte in einem anderen Staat als dem Wohnsitzstaat ausgegeben wurde und die leistenden Unternehmen diesen Ort als tatsächlichen Verbrauchsort ansehen werden, da keine Verifikationsmöglichkeit besteht. Die leistenden Unternehmen müssen auch in den Fällen, in denen kein eindeutiger Verbrauchsort bestimmt werden kann[596], eine (automatisierte) Entscheidung treffen, wie der Verkaufs- und Besteuerungsvorgang weiter durchgeführt werden soll. Dabei ist davon auszugehen, dass die Händler dann jeweils nach ihren nationalen Regelungen verfahren werden, also die Transaktion so abgeschlossen wird, als sei der Konsument ein Inländer. Wettbewerbsverzerrungen wären die Folge.

---

[594] Wäre bspw. Deutsch die Sprache des digitalen Produkts, könnte das Verbrauchsland Deutschland, Österreich oder die Schweiz sein. Die Probleme der Zuordnung von englischsprachigen Produkten oder Websites wären noch gravierender.

[595] Eine Möglichkeit, das Problem der mangelnden Ortsbestimmung zumindest partiell zu lösen, wäre die Einführung einer „Bagatellgrenze" (bezogen auf den Preis), bis zu der digitale Produkte nicht besteuert werden. Vermutlich kann der Wohnsitz eines Konsumenten gerade bei „einfachen" digitalen Produkten schwer ermittelt werden. So scheint es nicht angebracht, z. B. für den Kauf einzelner Musikdateien eine persönliche Adresse anzugeben. Darüber hinaus könnte gerade bei solchen Käufen die Verwendung elektronischen Geldes weitgehende Anonymität realisieren.

[596] Z. B. wenn die Website in englischer Sprache verfasst ist oder das leistende Unternehmen die Abfrage einer Kundenadresse für nicht praktikabel hält.

Eine Einführung des Verbrauchslandprinzips vor der Entwicklung zuverlässiger technischer Verfahren zur praktischen Umsetzung birgt darüber hinaus die Gefahr, dass die Bereitschaft der leistenden Unternehmen, einen Besteuerungsort zu bestimmen bzw. die Verpflichtungen (freiwillig) einzuhalten, eingeschränkt wird. Denn es ergeben sich für Unternehmen, die sich um eine Bestimmung des Wohnsitzstaates bemühen und eine entsprechende Umsatzsteuererhebung durchführen, in der Folge Wettbewerbsnachteile gegenüber Konkurrenten, die solche Bemühungen nicht zeigen. Auf diese Weise könnten zusätzlich auch Wettbewerbsverzerrungen zwischen Händlern aus dem gleichen Herkunftsland entstehen.

Diese Ausführungen verdeutlichen, dass die kurzfristige Einführung des Verbrauchslandprinzips eine gewisse Willkür in die Umsatzsteuererhebung bringen würde, da letztlich unter Verwendung der heute verfügbaren Informationen ex post nicht kontrolliert werden kann, ob eine korrekte Bestimmung des Besteuerungsortes vorgenommen wurde oder möglich gewesen wäre. Selbst wenn angenommen wird, dass zumindest große Anbieter digitaler Produkte – die allerdings oft auch einen Sitz in den Staaten haben, in die sie viele Leistungen erbringen – die Verpflichtungen freiwillig erfüllen, kann auf diese Weise keine gleichmäßige Besteuerung verwirklicht werden. Außerdem werden auch dann Wettbewerbsverzerrungen gerade für kleine und mittlere Unternehmen bestehen bleiben.

Als Ergebnis zeigt sich damit, dass eine kurzfristige Einführung des Verbrauchslandprinzips zwar für die Verbrauchsländer durch freiwillige Erfüllung der Steuerpflicht wahrscheinlich einen (geringen) Teil der Steueransprüche zu realisieren vermag, dafür jedoch in Kauf genommen werden muss, dass insbesondere das Ziel der Neutralität der Besteuerung nicht erreicht wird. Vor dem Hintergrund des Urteils des Bundesverfassungsgerichts zur Zinsbesteuerung ist jedoch anzunehmen, dass die Verfassungsmäßigkeit der Regelungen aufgrund eines Verstoßes gegen den Gleichheitssatz des Art. 3 Abs. 1 GG heute nicht gegeben wäre[597].

(2) Kurzfristige Einführung eines vorübergehenden Nullsatzes für digitale Produkte

Sollen die materiell-rechtlichen Anpassungen der Umsatzsteuerregelungen an die Erfordernisse einer Besteuerung digitaler Produkte gemäß dem Verbrauchslandprinzip trotz aller bestehenden technischen und organisatorischen Defizite

---

[597] Vgl. KESSLER, Wolfgang (1998/1999), S. 347ff.

dennoch kurzfristig eingeführt, aber die unter der vorausgehenden Handlungsoption dargestellten Schwierigkeiten vermieden werden, so könnte zur Umgehung der technischen Probleme der Ortsbestimmung der im Folgenden dargestellte Ansatz verwirklicht werden.

Geeignete materiell-rechtliche Regelungen werden zwar bereits in der kurzen Frist geschaffen, jedoch wird zunächst ein Steuersatz von Null eingeführt. Diese Option würde zwar in der Übergangsphase keine Steueransprüche entstehen lassen, jedoch der praktischen Umsetzung einer Umsatzbesteuerung von digitalen Dienstleistungen Nachdruck verleihen und gleichzeitig bis zur endgültigen Umsetzung Zeit schaffen, in der die notwendige Erfüllung der technischen und organisatorischen Voraussetzungen vorangebracht werden kann. Wird durch diesen Ansatz ein stärkeres Problembewusstsein[598] auf Seiten der Unternehmen geschaffen, indem die Notwendigkeit der Ortsbestimmung in der nahen Zukunft als unumgänglich verdeutlicht wird, könnte dies die Entwicklung technischer Verfahren zur Bestimmung des Besteuerungsortes beschleunigen. Durch eine politische Festsetzung einer absehbaren, aber realistischen Übergangsfrist müsste ein ausreichender Anreiz gesetzt werden, bis zu diesem Zeitpunkt die Voraussetzungen für eine praktische Umsetzung des Verbrauchslandprinzips – sowohl durch die Wirtschaft als auch durch die Politik – zu schaffen.[599]

Für die Steuerpolitik bietet sich die Möglichkeit, in dieser Zeit die vorhandenen Ansatzpunkte einer Beeinflussung der organisatorischen und technischen Rahmenbedingungen aufzugreifen und die zur Gewährleistung einer Kontrolle der Steuererhebung unumgängliche internationale Zusammenarbeit auf administrativer Ebene zu installieren. Der Nullsatz könnte allerdings solange nicht aufgehoben werden, bis geeignete Verfahren der Ortsbestimmung und der Steuerkontrolle zur Verfügung stehen. Daher muss die Wirtschaft intensiv in die weitere steuerpolitische Abstimmung eingebunden werden, um zu verhindern, dass die

---

598 In Gesprächen der Verfasserin mit Vertretern von Unternehmen, die die Entwicklung technischer Verfahren der Ortsbestimmung umsetzen könnten, z. B. Zertifizierungsdiensteanbieter oder Entwickler von so genannter Shop-Software, sowie mit Vertreten von Verbänden wie BDI, BITKOM und dmmv, ist der Eindruck entstanden, dass die Thematik und Problematik einer Umsatzbesteuerung digitaler Produkte nicht in einem breiten Maße wahrgenommen wird.

599 Unterstützt wird ein solcher Kompromiss von der EICTA, vgl. EUROPEAN INFORMATION AND COMMUNICATIONS TECHNOLOGY INDUSTRY ASSOCIATION/EICTA (2000). Auch die BUNDESFACHKOMMISSION „INNOVATION & INFORMATION" des Wirtschaftsrates der CDU e.V. unterstützt einen befristeten Verzicht auf eine Besteuerung des Internethandels, um die Entwicklung des E-Commerce nicht zu gefährden. Dieses Ziel könnte allerdings auch durch eine Umsetzung der Option (3) erreicht werden. Vgl. Jahresbericht 2000, abrufbar unter: http://www.wirtschaftsrat.de/6aktuelles/bericht00/data/037.htm

Aufhebung der Übergangsregelung unnötig verzögert wird.[600] Voraussetzung für eine Umsetzung dieser Option ist, dass sowohl die Entwicklung zuverlässiger technischer Verfahren zur Ortsbestimmung als auch die Verwirklichung einer ausreichenden internationalen Kooperation zur Durchsetzung der Steueransprüche in einem absehbaren Zeitrahmen als politisch erreichbar angesehen werden.

Zu bedenken ist auch, dass sich unter dieser Option die Steuerpolitik ohne weitere internationale Abstimmung[601] in der kurzen Frist bereits auf ein Modell zur Erhebung der Umsatzsteuer festlegen müsste, da die materiell-rechtlichen Regelungen eingeführt werden sollen. Da aber kurzfristig von allen diskutierten Modellen nur ein Registrierungsmodell eingeführt werden könnte, verhindert dies u. U. die Beachtung erst mittelfristig umsetzbarer, aber insgesamt effizienterer Systeme.

(3) Weiterführung des Abstimmungsprozesses zur Verbrauchslandbesteuerung

Ist heute noch nicht absehbar, ob mittelfristig befriedigende Lösungen sowohl für das Problem der Bestimmung des Besteuerungsortes als auch für die internationale Kontrolle und Durchsetzung der Steuererhebung verfügbar sein werden, so sind auch vor einer Einführung materiell-rechtlicher Regelungen die internationalen Abstimmungen, wie sie im Rahmen der Konferenz im Juni 2001 in Montreal durch Teilnahme von Vertretern von mehr als 100 Ländern verdeutlicht wurden[602], fortzuführen. Eine Verschiebung der Einführung eines Umsatzsteuersystems für digitale Produkte und die Weiterführung des internationalen Diskussionsprozesses ermöglichen einerseits eine bessere Abstimmung der Details eines Verfahrens zur Erhebung der Umsatzsteuer sowie der notwendigen materiell-rechtlichen Regelungen und andererseits ein international koordiniertes Vorgehen zur Einführung technischer Bestimmungsverfahren – nach heutigem Stand des Wissens in erster Linie elektronische Signaturen. Konzepte, um eine Steuererhebung mit Hilfe elektronischer Signaturen zu realisieren, wurden auch

---

600 Es ist allerdings zu vermuten, dass auch bei einer klaren Befristung Probleme bei der Einführung eines positiven Steuersatzes entstehen werden. KORF nennt in diesem Zusammenhang das Beispiel der Aufhebung der Nichtbesteuerung des Duty-Free-Handels, vgl. KORF, Ralph (2001), S. 375.

601 Es ist unwahrscheinlich, dass der Abstimmungsprozess innerhalb der OECD kurzfristig zum Abschluss gebracht wird und materiell-rechtliche Regelungen in allen nationalen Umsatzsteuersystemen implementiert werden.

602 Informationen zur Konferenz „Tax Administration in an Electronic World“ können abgerufen werden unter: http://www.ae-tax.ca.

in den USA bereits diskutiert[603], so dass auf diesen Vorarbeiten aufgebaut werden könnte. Diese Option muss jedoch auf der Gewissheit beruhen, dass grundsätzlich die technischen und organisatorischen Voraussetzungen in der Zukunft geschaffen werden können, da ansonsten alternative Ansätze zum Verbrauchslandprinzip in die steuerpolitische Diskussion aufgenommen werden müssten.

Würde die Umsetzung der Handlungsoptionen (1) oder (2) durch die EU zu internationalen Konflikten führen, da unabhängig von einem Ergebnis der laufenden Abstimmung innerhalb der OECD Maßnahmen ergriffen werden[604], so böte diese Option (3) – Weiterführung des Abstimmungsprozesses – die Möglichkeit, durch eine stärkere Beteiligung der EU und der europäischen Unternehmen an dem internationalen Diskussionsprozess einen gemeinsamen internationalen Ansatz zügig voranzubringen.

Sollte im weiteren Verlauf des Abstimmungsprozesses dann ein – eventuell durch andere Modellelemente erweitertes – Registrierungsmodell auch international präferiert werden, so könnte das zu schaffende Registrierungsverfahren von Beginn an auf einer multinationalen Ebene eingerichtet werden.

### 3. Probleme eines Übergangs zum Ursprungslandprinzip

Werden die technischen und organisatorischen Umsetzungsprobleme als schwerwiegend und auch in einer langen Frist als nicht befriedigend lösbar eingeschätzt, weil z. B. die Implementierung einer internationalen Signatur-Infrastruktur als unrealistisch[605] oder das notwendige Maß an internationaler Rechtshilfe als politisch nicht realisierbar angesehen wird, so verbleibt nur, den materiell-rechtlichen Ansatz in Form des Verbrauchslandprinzips in Frage zu stellen. Denn in einer Situation, in der die zur Erhebung der Umsatzsteuer gemäß dem Verbrauchslandprinzip notwendigen Informationen sowohl auf Seiten der Unternehmen als auch durch die Steuerbehörden nicht ausreichen und/oder nur

---

603 Vgl. CHAN, Clayton W. (2000), S. 262ff. Der Autor stellt einen während der Clinton-Administration dargelegten Vorschlag einer Umsatzsteuererhebung unter Verwendung von „smart cards" vor. Dabei bezieht sich der Vorschlag ausdrücklich auch auf internationale Umsätze und wird vom Autor als Alternative zur Diskussion in der EU angesehen.

604 Vgl. WEINER, Joann Martens (2001), S. 277ff.

605 Eine solche Fragestellung sollte möglichst umgehend durch die Steuerbehörden in Zusammenarbeit mit der Wirtschaft untersucht werden.

unter sehr großen Aufwendungen zu ermitteln sind, erweist sich das Ursprungslandprinzip unter dem Aspekt der compliance costs als vorteilhafter.[606]

Verbleibt die Pflicht zur Erhebung der Umsatzsteuer auch in einem Regime mit Ursprungslandprinzip bei den leistenden Unternehmen, so ist diesen der Herkunftsort des Produktes i. S. des Sitzes des leistenden Unternehmens[607] in jedem Fall bekannt. Basierend auf den Bestimmungen des Ursprungslandes würde dann die Umsatzsteuer berechnet und abgeführt. Voraussetzung zur Kontrolle der Steuererhebung ist die vollständige Protokollierung der Geschäftsvorfälle durch das leistende Unternehmen. Daher ist das Potential von Steuervermeidungen durch die leistenden Unternehmen mit dem mancher traditioneller Händler, die eine elektronische Buchführung einsetzen, vergleichbar. Das heißt, auf derartige Risiken müssen die Finanzverwaltungen in der nahen Zukunft in jedem Fall reagieren. Da außerdem die Kontrolle der Erhebung der Umsatzsteuer von den nationalen Steuerbehörden in den Herkunftsländern durchgeführt würde, entfiele die Notwendigkeit der internationalen Rechtshilfe zur Durchsetzung von Steueransprüchen.

Verzerrungen können sich allerdings ergeben, wenn das Ursprungslandprinzip nur für digitale Dienstleistungen eingeführt würde und physische Güter und traditionelle Dienstleistungen weiterhin nach dem Verbrauchslandprinzip besteuert würden. Das Maß der ökonomischen Verzerrungen durch unterschiedliche Umsatzsteuersysteme ist davon abhängig, ob es Substitutionseffekte zwischen digitalen und physischen Produkten gibt, die durch Veränderung der relativen Preise ausgelöst werden. Werden z. B. elektronische und gedruckte Zeitungen oder Bücher durch die Konsumenten nicht als Substitute angesehen, so wird sich auch keine Verzerrung zwischen diesen zeigen.

Problematischer für die politische Umsetzbarkeit scheint insbesondere die Annahme, dass nach der Einführung eines Ursprungslandprinzips ein Steuerwettbewerb einsetzen könnte, der die Steuersätze nach unten bewegt und möglicherweise bewirkt, dass sich die Steuereinnahmen auf einige wenige Staaten konzentrieren. Die Kosten einer Verlagerung des Unternehmenssitzes in Staaten mit niedrigen Steuersätzen sind für Unternehmen des elektronischen Handels relativ

---

606 Vgl. KÖTHENBÜRGER, Marko/RAHMANN, Bernd (1999), S. 80ff.

607 Alternativ könnte auch der Server, von dem das Produkt geladen wird, als Ursprungsort definiert werden. Dieser Ansatz würde allerdings ein größeres Potential an Verlagerungen im Rahmen einer Steuergestaltung bieten, da Server mobiler sind als der Sitz eines Unternehmens. Darüber hinaus wäre der Ort desjenigen Servers, von dem ein digitales Produkt tatsächlich gesendet wird, nur schwer zu bestimmen, vgl. BLEUEL, Jens/STEWEN, Marcus (2000), S. 161.

gering. Grundsätzlich besteht allerdings die Möglichkeit, dass die Einnahmen aus der Umsatzbesteuerung in den Ursprungsländern nicht nur diesen Ländern zustehen, sondern durch ein Clearingsystem umverteilt werden. Politisch festgelegt werden müsste dann ein Kriterium, nach dem das Steueraufkommen an die am internationalen elektronischen Handel beteiligten Staaten verteilt werden soll. Je nach Ausgestaltung könnte ein solches Clearingverfahren eine Steuerverteilung erreichen, die der einer Verbrauchslandbesteuerung nahe kommt. Voraussetzung dafür ist, dass aus den offiziellen nationalen Statistiken der private Verbrauch an digitalen Produkten ermittelt werden kann.[608] Jedoch zeigen die Bemühungen der EU, das EU-Mehrwertsteuersystem zu ändern und ein Ursprungslandprinzip einzuführen, dass die politische Umsetzbarkeit dieser Option, insbesondere die Einigung auf ein ökonomisches Kriterium für ein Clearingverfahren, nur sehr schwer zu erreichen ist.

### 4. Einheitlicher Steuersatz auf digitale Dienstleistungen als praktikabler Ausweg

Ein Ansatz, der sowohl derzeit technisch praktikabel wäre als auch die mit einem internationalen Steuerwettbewerb verbundenen Probleme bei Einführung eines Ursprungslandprinzips – wie im vorangehenden Abschnitt erörtert – vermeiden könnte, ist die Erhebung eines international einheitlichen Steuersatzes auf alle digitalen Dienstleistungen. Durch die Anwendung eines einheitlichen Steuersatzes würde – als derzeit wesentlich zu betrachtender Vorteil – die Notwendigkeit der Bestimmung des Wohnsitzlandes des Konsumenten als Grundlage der Steuerberechnung entfallen. Wie dargestellt, hat ein leistendes Unternehmen in solchen Fällen, in denen es den Besteuerungsort nicht (eindeutig) feststellen kann, nur die Möglichkeit, nach den inländischen Regelungen zu verfahren. Die dabei auftretenden Wettbewerbsverzerrungen würden vermieden, wenn unabhängig vom Wohnsitzstaat des Konsumenten ein einheitlicher Steuersatz verwendet werden könnte.

Auch diese Regelung birgt das Risiko, dass sich je nach Höhe dieses einheitlichen Steuersatzes und der Abweichung zu den nationalen Steuersätzen im traditionellen Handel Verzerrungen in der Umsatzbesteuerung innerhalb eines Landes zeigen. Wie oben bereits dargestellt, ist das Auftreten solcher Verzerrungen

---

608 Vgl. PARSCHE, Rüdiger/STEINHERR, Matthias/WALLER, Sandra (1996), S. 8ff. Die Autoren diskutieren ein Clearing-Verfahren im Rahmen eines Übergangs zum Ursprungslandprinzip in der EU.

jedoch davon abhängig, inwieweit die Produkte von den Konsumenten als Substitute angesehen werden. Darüber hinaus ist zu beachten, dass die Verwendung von Normalsteuersätzen und reduzierten Sätzen ebenfalls zu Ungleichmäßigkeiten führt, die bewußt aufgrund verteilungs- und sonstiger wirtschaftspolitischer Zielsetzungen in Kauf genommen oder sogar bewusst herbeigeführt werden.[609] Im Falle des Handels mit digitalen Produkten könnte eine eventuelle Besserstellung des elektronischen Handels – durch einen niedrigeren Steuersatz – mit der dadurch realisierten Einfachheit und Klarheit der internationalen Umsatzbesteuerung digitaler Produkte gerechtfertigt werden[610].

Technisch verbleiben bei dieser Handlungsoption – wie zuvor beim Ursprungslandprinzip – die grundlegenden Probleme der Kontrolle von elektronischen Buchführungssystemen bzw. von Geschäftsaktivitäten über das Internet. Auch die bereits dargestellten Probleme eines Clearingverfahrens treten hier gleichermaßen auf, da ansonsten bei der Verteilung der Steuereinnahmen die Wirkung eines Ursprungslandprinzips erreicht würde. Die politische Umsetzbarkeit dieser Option ist darüber hinaus als schwierig anzusehen, da die Souveränität der Staaten zur Gestaltung des Steuersatzes aufgegeben werden müsste. Insbesondere wäre es unumgänglich, dass auch solche Staaten, die keine allgemeine Umsatzsteuer erheben, diesen allgemeinen Steuersatz auf digitale Produkte einführen, da ansonsten wieder eine Bestimmung des Wohnsitzstaates der Konsumenten notwendig würde.

Insgesamt sind die Schwierigkeiten einer Umsetzung dieser Option im Wesentlichen politischer und – abgesehen von der Steuerkontrolle im elektronischen Geschäftsverkehr – weniger technischer Natur, so dass eine Lösung im Prinzip erreichbar erscheint. Darüber hinaus könnten die compliance costs dieser Option im Vergleich zu einem Verbrauchslandprinzip geringer sein, da aufwendige technische Verfahren zur Bestimmung des Verbrauchsortes und Registrierungsverfahren nicht implementiert werden müssten. Die Gesamtkosten eines solchen Erhebungsverfahrens werden insbesondere durch die Ausgestaltung des Clearingsystems bestimmt. Der notwendige bürokratische Aufwand wird davon abhängen, in welchem Maße die beteiligten Staaten eine Umverteilung der Steuereinnahmen aus der Umsatzbesteuerung mit digitalen Dienstleistungen tatsächlich durchführen. Je mehr internationale Kontrollmaßnahmen und Sanktionsmecha-

---

[609] Vgl. BOEHME-NEßLER, Volker (2001), S. 206.

[610] Für Länder, die einen sehr niedrigen Steuersatz zur Umsatzbesteuerung physischer Güter verwenden, könnte sich auch eine Diskriminierung des elektronischen Handels einstellen, falls international ein höherer einheitlicher Steuersatz für digitale Produkte festgelegt würde.

nismen eingeführt werden, umso komplexer und kostenintensiver wird das Clearingverfahren.

Zeigt sich in der Zukunft, dass elektronische Signaturen zumindest für Handelstransaktionen mit „hochwertigen“ digitalen Produkten (wie komplexen Softwareprodukten) verwendet werden, so könnte der einheitliche Steuersatz dann auf digitale Produkte bis zu einem bestimmten Transakationswert beschränkt werden. Diese Option bietet somit bereits kurzfristig die Möglichkeit, Steueransprüche zu realisieren, und ist gleichzeitig flexibel genug, um an zukünftige Verbesserungen der technischen Verfahren zur Ortsbestimmung angepasst zu werden.

## C. Fazit

Sofern die technischen Voraussetzungen zur Ermittlung der für eine Umsatzbesteuerung gemäß dem Verbrauchslandprinzip notwendigen Informationen, wie Wohnsitz und Steuerstatus der Käufer bzw. Name und Sitz der steuerpflichtigen Unternehmen, in absehbarer Zeit geschaffen werden können, ist das Verbrauchslandprinzip das angemessene Besteuerungsverfahren. Insbesondere unter dem Aspekt der Wettbewerbsneutralität ist es anderen Ausgestaltungen überlegen. Allerdings sollte darauf geachtet werden, dass die gesamtwirtschaftlichen Kosten der Besteuerung in Grenzen gehalten werden, denn das Verbrauchslandprinzip birgt aufgrund der erforderlichen umfangreichen technischen Voraussetzungen die Gefahr hoher Erfüllungs- und Kontrollkosten.

Das Ursprungslandprinzip wird dann vorteilhaft, wenn die Probleme der Gewinnung der steuerrelevanten Informationen für eine Besteuerung nach dem Verbrauchslandprinzip nicht zufriedenstellend i. S. der Gewährleistung einer gleichmäßigen Besteuerung gelöst werden können. Um die Bestimmung des Wohnsitzes des Konsumenten entbehrlich zu machen, sollten Umsätze mit digitalen Dienstleistungen dann an dem Ort, der Sitz des leistenden Unternehmens ist, besteuert werden. Ein Bruch in der Systematik der grenzüberschreitenden Umsatzbesteuerung ist zugunsten der dadurch ermöglichten Praktikabilität einer Umsatzbesteuerung digitaler Produkte hinzunehmen.

Aus heutiger Perspektive ist eine Abwägung zu treffen zwischen

(a) der Steuervermeidung als Gefahr bei einem Verbrauchslandprinzip – solange nicht ein zuverlässiges technisches Verfahren wie elektronische Signaturen in geeigneter Weise verfügbar ist,

(b) einer ungleichen Besteuerung von digitalen und physischen Produkten bei Einführung des Ursprungslandprinzips und

(c) den politischen Widerständen gegen einen weltweit einheitlichen Steuersatz auf alle digitalen Produkte.

Eine Einführung der materiell-rechtlichen Regelungen des Verbrauchslandprinzips bei vorübergehendem Steuersatz von Null ist zwar praktikabel, allerdings aufgrund der unklaren weiteren technischen Entwicklungen und des noch nicht abgeschlossenen internationalen Abstimmungsprozesses als kurzfristige Lösung nicht ratsam. Zumindest wenn bereits kurzfristig ein Umsatzsteuersystem für digitale Produkte implementiert werden soll, stehen aufgrund der andernfalls auftretenden Verzerrungen und Ungleichmäßigkeiten der Besteuerung nur die beiden letztgenannten Optionen – der Übergang zum Ursprungslandprinzip oder die Einführung eines weltweit einheitlichen Steuersatzes – zur Verfügung. Ein Übergang zum Ursprungslandprinzip würde Wettbewerbsverzerrungen hervorrufen, diese werden jedoch faktisch auch durch eine ungleichmäßige Durchsetzung der Umsatzbesteuerung gemäß dem Verbrauchslandprinzip bewirkt.

Stattdessen böte die Einführung eines (im Prinzip) einheitlichen internationalen Steuersatzes auf digitale Produkte die Möglichkeit, der Gefahr der Wettbewerbsverzerrungen zu begegnen, auch wenn die technischen Voraussetzungen einer Verbrauchsortbesteuerung noch nicht erfüllt sind. Für die Zukunft hätte dieser Ansatz den Vorteil, dass die Besteuerung den weiteren technischen Entwicklungen leicht angepasst werden könnte. Sobald die technischen Voraussetzungen erfüllt sind, ließe sich dann das Verbrauchslandprinzip als das ökonomisch effiziente Prinzip in den internationalen Ansatz implementieren.

Nicht verkannt werden dürfen dabei allerdings die Schwierigkeiten, zu entsprechenden internationalen Abstimmungen und Beschlüssen zu kommen. Generell besteht zu vorschnellen steuerpolitischen Maßnahmen in einzelnen Staaten indessen so lange kein Grund, wie die Umsätze mit digitalen Produkten (noch) niedrig sind und somit auch das Ausmaß der Steuerausfälle begrenzt erscheint.

## Literaturverzeichnis

ALKAS, Hasan (2000), Regulierungspolitische Beurteilung von Flatrates auf dem TK-Markt, in: WIK Newsletter, Nr. 40, S. 9-11.

ALLER, Heinrich (2000), Sicherstellung der Umsatzbesteuerung im E-Commerce, Rede vor dem Niedersächsischen Landtag am 13. September 2000, URL: http://niedersachsen.de/MF2.htm.

ARNDT, Hans-Wolfgang/FETZER, Thomas (2000), Der Richtlinienentwurf der Europäischen Kommission zur Mehrwertbesteuerung des Elektronischen Handels, in: Betriebs-Berater, 55. Jg., S. 2545-2551.

BADACH, Anatol/HOFFMANN, Erwin (2001), Technik der IP-Netze. TCP/IP incl. IPv6, München (u. a.) (Hanser).

BECKER, Lutz (1999), Digitale Signaturen und die Institutionalisierung von Vertrauen, in: Gora, Walter/Mann, Erika (Hrsg.), Handbuch Electronic Commerce, Berlin (u. a.) (Springer), S. 35-49.

BENDLINGER, Stefan (1999), Internet und E-Commerce im internationalen Steuerrecht, in: Steuer und Wirtschaft international, S. 306-311.

BEYKIRCH, Hans-Bernhard (1998), OTP: Open Trade Protocoll – Weltweit handeln, in: iX, H. 3, URL: http://www.heise.de/ix/artikel/1998/03/122/.

BIRKENFELD, Wolfram (2001), Mehrwertsteuer der EU. Die 6. USt-Richtlinie mit Erläuterungen, 4. Aufl., Bielefeld (Erich Schmidt).

BITKOM (2001), Wege in die Informationsgesellschaft. Status quo und Perspektiven Deutschlands in internationalen Vergleich, Berlin/Frankfurt a. M.

BLEUEL, Jens/STEWEN, Marcus (1998), Grundlegende Probleme einer Besteuerung von Internet-Transaktionen, in: Wirtschaftsdienst, 79. Jg., H. 2, S. 104-110.

BLEUEL, Jens/STEWEN, Marcus (2000), Value Added Taxes on Electronic Commerce: Obstacles to the EU Commission´s Approach, in: Intereconomics, Vol. 35, No. 4, S. 155-161.

BMF (2001), Electronic Commerce und Steuern – Online-Leitfaden für kleine und mittlere Unternehmen, URL: http://www.bundesfinanzministerium.de/Aktuell-.484.7326/.htm

BMWI/BMI/BSI (Hrsg.) (2000), Die Zukunft von PKI-Infrastrukturen ist global, URL: http://www.sicherheit-im-internet.de.

BÖHLE, Knud/RIEHM, Ulrich (1998), Blütenträume – Über Zahlungssysteminnovationen und Internet-Handel in Deutschland, Institut für Technikfolgenabschätzung und Sys-temanalyse/ITAS, Wissenschaftliche Berichte FZKA 6161, Karlsruhe.

BOEHME-NEẞLER, Volker (2001a), CyberLaw. Lehrbuch zum Internet-Recht, München (C.H. Beck).

BOEHME-NEẞLER, Volker (2001b), Steueroase Internet? Eine Einführung in steuerrechtliche Probleme im E-Commerce, in: Multimedia und Recht, 4. Jg., H. 4, S. 203-208.

BOSTON CONSULTING GROUP (2000), The Race For Online Riches.

BRAUN, Torsten (1999), IPnG: Neue Internet-Dienste und virtuelle Netze: Protokolle, Programmierung und Internetworking, Heidelberg (dpunkt).

BÜLLINGEN, Franz/STAMM, Peter (2001), Mobiles Internet – Konvergenz von Mobilfunk und Multimedia, Wissenschaftliches Institut für Kommunikationsdienste, Diskussionsbeitrag Nr. 222, Bad Honnef.

BUNDESMINISTERIUM FÜR BILDUNG UND FORSCHUNG/BUNDESMINISTERIUM FÜR WIRTSCHAFT UND TECHNOLOGIE (Hrsg.) (1999), Innovation und Arbeitsplätze in der Informationsgesellschaft des 21. Jahrhunderts, Aktionsprogramm der Bundesregierung.

BUNDESMINISTERIUM FÜR WIRTSCHAFT UND TECHNOLOGIE (2001), AN.ON – BMWI fördert Projekt zur Stärkung von Anonymität im Internet, Innovation Aktuell v. 31.01.2001.

BUNDESRECHNUNGSHOF (2000), Bemerkungen des Bundesrechnungshofes 2000, URL: http://bundesrechnungshof.de.

BUNDESVERBAND DEUTSCHER BANKEN (2000), Daten, Fakten, Argumente – E-commerce als Bankdienstleistung, Berlin.

BURCHERT, Bernd (2001), Einführung eines Zugriffsrechts der Finanzverwaltungen auf DV-gestützte Buchführungssysteme – Teil I, in: Die Information über Steuer und Wirtschaft, 55. Jg., H. 8, S. 230-236.

CARPENTER, Brian (1999), Transparency of the network layer, Draft – March 1999, URL: http://www.hursley.ibm.com/~bc/transp/transp.htm.

CHAN, Clayton W. (2000), Taxation of Gobal E-Commerce on the Internet: The Underlying Issues and Proposed Plans, in: Minnesota Journal of Global Trade, Vol. 9, Issue 1, S. 233-268.

CHOI, Soon-Yong/STAHL, Dale O./WHINSTON, Andrew B. (1997), The Economics of Electronic Commerce, Indianapolis (MTP).

CONGRESS OF THE UNITED STATES OF AMERICA (2000), An Act to facilitate the use of electronic records and signatures in interstate or foreign commerce, URL: http://www.cybersign.com/S761.html.

DEERING, Steve/HINDEN, Bob (1999), URL: http://playground.sun.com/pub/ipng/html/specs/ipv6-address-privacy.html.

DEPARTMENT OF THE TREASURY (1996), Selected Tax Policy Implications of Global Electronic Commerce, Washington.

DEPARTMENT OF THE TREASURY (2000), Treasury News, Statement by Treasury Deputy Secretary Stuart E. Eizenstat, URL: http://www.ustreas.gov/press/releases/ps687.htm.

DEUTSCHE BANK RESEARCH (2000a), E-Commerce: Katalysator für Strukturveränderungen in Deutschland, Sonderbericht v. 14. Februar 2000, Frankfurt a. M.

DEUTSCHE BANK RESEARCH (2000b), Internet Revolution und „New Economy“, Economics v. 18. Mai 2000, Frankfurt a. M.

DEUTSCHE BANK RESEARCH (2000c), Mikroökonomische Aspekte der Internet Economy, Economics v. 9. August 2000, Frankfurt a. M.

DEUTSCHE BANK RESEARCH (2001), Elektronisches Geld - die Zukunft des Zahlungsverkehrs?, Economics, Nr. 12, 22. Februar 2001, Frankfurt a. M.

DEUTSCHE BUNDESBANK (1997), Monatsbericht März 1997, Frankfurt a. M.

DEUTSCHE BUNDESBANK (1999), Monatsbericht Juni 1999, Frankfurt a. M.

DEUTSCHER MULTIMEDIA VERBAND (2001), Presse-Info, Deutschland verpasst den Anschluss beim Mobilen Internet, 7. März 2001, URL: http://dmmv.de/presse/mobileinternet010307.htm.

DITTLER, Hans Peter (1998), IPv6 – das neue Internet-Protokoll, Heidelberg (dpunkt-Verl.).

DITTMAR, Frank/SELLING, Heinz-Jürgen (1998), How to Control Internet Taxations? A Contribution from the Point of View of German Tax Inspectors, in: Intertax, Vol. 26, Issue 3, S. 88-92.

DOERNBERG, Richard L./HINNEKENS, Luc (1999), Electronic Commerce and International Taxation, The Hague (u.a.) (Kluwer Law).

ECKERT, Claudia (2001), IT-Sicherheit: Konzepte – Verfahren – Protokolle, München (Oldenbourg).

EMPIRICA (2000), Stand und Entwicklungsperspektiven des elektronischen Geschäftsverkehrs in Deutschland, Europa und den USA unter besonderer Berücksichtigung der Nutzung in KMU, Kurzfassung für das Bundesministerium für Wirtschaft und Technologie,
URL: http://www.bmwi.de/Homepage/Politikfelder/informationsgesellschaft/Publikationen/Publikationen.jsp#empirica.

ENDRES, Johannes (2001), Surfer on the Road. Die Zukunft des mobilen Internet hat längst begonnen, URL: http://www.heise.de/ct/01/04/116/.

EUROPÄISCHE KOMMISSION (1998), Generaldirektion XXI, Arbeitsgruppe Nr. 1, Harmonisierung der Umsatzsteuer, Arbeitsunterlage, XXI/98/0359, Brüssel.

EUROPÄISCHE KOMMISSION (2001), Die Mehrwertsteuersätze in den Mitgliedstaaten der Europäischen Gemeinschaft, Stand 1. Mai 2001, DOC/2905/2001 – DE, Brüssel.

EUROPÄISCHE ZENTRALBANK (1998), Bericht über Elektronisches Geld, Frankfurt a. M.

EUROPÄISCHE ZENTRALBANK (2000), Monatsbericht November 2000, Frankfurt a. M.

EUROPÄISCHER WIRTSCHAFTS- UND SOZIALAUSSCHUSS (2000), Stellungnahme zur Änderung der Richtlinie 77/388/EWG, in: Amtsblatt der Europäischen Gemeinschaften, C 116/59 v. 20.04.2001, Brüssel.

EUROPÄISCHES PARLAMENT (1998), Ausschuß für Wirtschaft, Währung und Industriepolitik, Bericht über die Mitteilung der Kommission an den Rat, das Europäische Parlament, den Wirtschafts- und Sozialausschuß und den Ausschuß der Regionen über eine europäische Initiative für den elektronischen Geschäftsverkehr, PE 223.962/end v. 4. Mai 1998.

EUROPEAN E-BUSINESS TAX GROUP/EETG (2001), The European e-business Tax Group´s comments on the EU proposal regarding the place of taxation of electronic services and a Single Place of Identification, 31. May 2001.

EUROPEAN INFORMATION AND COMMUNICATIONS TECHNOLOGY INDUSTRY ASSOCIATION/EICTA (2000), EICTA Comments on the Proposal for a Council Directive amending Directive 77/388/EEC, v. 06.10.2000, Brüssel.

FETZER, Thomas (2000), Die Besteuerung des Electronic Commerce im Internet, Frankfurt (u. a.) (Lang).

GEIS, Ivo (2000), Die elektronische Signatur: Eine internationale Architektur der Identifizierung im E-Commerce, in: Multimedia und Recht, 3. Jg., H. 11, S. 667-674.

GEURTS, Matthias (1998), How to Tax Electronic Commerce Transactions?, in: Intertax, Vol. 26, Issue 10, S. 301-303.

GEURTS, Matthias (1999), Verfahren zur Besteuerung von Geschäftsvorfällen im Electronic Commerce, in: Geis, Ivo (Hrsg.), Rechtsaspekte des elektronischen Geschäftsverkehrs, Eschborn (AWV), S. 185-199.

GLOBAL BUSINESS DIALOGUE ON ELECTRONIC COMMERCE/GBDE (2000), Taxation, URL: http://www.gbde.org.

GNEITING, Stefan (2000), Sicherheit im M-Commerce, in: Funkschau, H. 10, S. 24-29.

GRAVESEN, Gavan G./DUMORTIER, Jos/EECKE, Patrick van (1999), Die europäische Signaturrichtlinie - Regulative Funktion und Bedeutung der Rechtswirkung, in: Multimedia und Recht, 2. Jg., H. 10, S. 577-585.

HARDESTY, David (2000a), Europe Proposes New Taxes on Non-EU Sellers, v. 18.06.2000, URL: http://www.ecommrecetax.com/doc/061800.htm.

HARDESTY, David (2000b), Road Rules for the Streamlined Sales Tax, v. 31.12.2000, URL: http://www.ecommrecetax.com/doc/123100.htm.

HARDESTY, David (2001a), Cutting the Cost of Global Tax Compliance, v. 12.08.2001, URL: http://www.ecommrecetax.com/doc/081201.htm.

HARDESTY, David (2001b), Sales Tax Basics, v. 26.08.2001, URL: http://ecommercetax.com/doc/082601a.htm.

HARLEY, Gary (1999), VAT and the Digital Economy: How can VAT Evolve to Meet the Challenge of E-commerce?, in: Tax Planning International e-commerce, H. 10, S. 10-12.

HEDEL, Wolfgang (2001), Die Umsatzbesteuerung von Online-Umsätzen nach dem Richtlinienvorschlag der Europäischen Kommission vom 7. Juni 2000, in: Internationales Steuerrecht, 10. Jg., H. 6, S. 164-169.

HERMANNS, Arnold/SAUTER, Michael (1999), Electronic Commerce – Grundlagen, Potentiale, Marktteilnehmer und Transaktionen, in: Herrmanns, Arnold/Sauter, Michael (Hrsg.), Management-Handbuch Electronic Commerce, München (Vahlen), S. 13-29.

HERRLER, Hans (u.a.) (2000), Betriebliche Steuern, Band 1, Stuttgart (Schäfer-Poeschel).

HOBERT, Guido (2000), Datenschutz und Datensicherheit im Internet, Frankfurt a. M. (u. a.) (Lang).

HORN, Torsten (1999), Internet – Intranet – Extranet. Potentiale im Unternehmen, München (u. a.) (Oldenbourg).

HOTTELET, Ulrich (2001), Bezahlen per Handy, 28.03.2001, http://telepolis.de/deutsch/inhalt/te/7228/1.html.

INFORMATIONSDIENST WISSENSCHAFT, Software zum echten Anonymisieren der Internet-Nutzer, Pressemitteilung v. 01.03.2001, URL: http://idw.tu-clausthal.de.

INFORMATIONSDIENST WISSENSCHAFT, Unbemerkt durchs Internet surfen, Pressemitteilung v. 12.04.2001, URL: http://idw.tu-clausthal.de

INFRATEST BURKE (2001), Monitoring Informationswirtschaft, Auszug aus der Sekundärstudie zum Thema E- und M-Commerce, im Auftrag des Bundesministeriums für Wirtschaft und Technologie, München.

INFRATEST BURKE/INSTITUTE FOR INFORMATION ECONOMICS (2001), Monitoring Informationswirtschaft, 2. Kernbericht 2001, im Auftrag des Bundesministeriums für Wirtschaft und Technologie, München.

KABELAC, Gabriele (1999), Netzgeld als Transaktionsmedium, Volkswirtschaftliche Forschungsgruppe der Deutschen Bundesbank, Diskussionspapier 5/99, Frankfurt a. M.

KÄBISCH, Volker (2001), Steuerliche Aspekte des elektronischen Geschäftsverkehrs, in: Deutsches Steuerrecht, 39. Jg., H. 10, S. 373-381.

KERSCHBAUMER, Berthold (1999), Internet und Intranet - Grundlagen und Dienste, in: Höller, Johann/Pils, Manfred/Zlabinger, Robert (Hrsg.), Internet und Intranet: auf dem Weg zum Electronic Business, 2. Aufl., Berlin (u. a.) (Springer), S. 9-40.

KESSLER, Wolfgang (1998/1999), Grundlagen der Besteuerung digitaler Transaktionen, in: Steuerberater-Jahrbuch, S. 333-349.

KESSLER, Wolfgang/PETER, Markus (2001), OECD klärt Zweifelsfragen zur Server-Betriebsstätte, in: Internationales Steuerrecht, 10. Jg., H. 8, S. 238-242.

KIRCHHOF, Paul (1999/2000), Verfassungsrechtliche Maßstäbe der Steuergesetzgebung, in: Steuerberater-Jahrbuch, S. 17-34.

KIVISAARI, Sami (2000), Comparison between Mobile IPv4 and Mobil IPv6, v. 25.05.2000, URL: http://www.niksula.cs.hut.fi.

KÖHLER, Markus/ARNDT, Hans-Wolfgang (2000), Recht des Internet, 2. Aufl., Heidelberg (C.F. Müller).

KÖHNTOPP, Marit/KÖHNTOPP, Kristian (2000), Datenspuren im Internet, in: Computer und Recht, 16. Jg., H. 4, S. 248-257.

KOMMISSION DER EUROPÄISCHEN GEMEINSCHAFTEN (2000a), Strategie zur Verbesserung der Funktionsweise des MwSt-Systems im Binnenmarkt, KOM(2000)348 endg., Brüssel.

KOMMISSION DER EUROPÄISCHEN GEMEINSCHAFTEN (2000b), Vorschlag für eine Richtlinie des Rates zur Änderung der Richtlinie 77/388/EWG bezüglich der mehrwertsteuerlichen Behandlung bestimmter elektronisch erbrachter Dienstleistungen, KOM(2000) 349 endg., Brüssel.

KORF, Ralph (2001), Besteuerung des elektronischen Handels – Entwicklungen 2000/2001, in: Internationales Steuerrecht, 10. Jg., H. 12, S. 368-375.

KORF, Ralph/SOVINZ, Stefan (1999a), Umsatzbesteuerung des elektronischen Handels (I), in: Computer und Recht, 15. Jg., H. 5, S. 314-320.

KORF, Ralph/SOVINZ, Stefan (1999b), Umsatzbesteuerung des elektronischen Handels (II), in: Computer und Recht, 15. Jg., H. 6, S. 371-381.

KÖTHENBÜRGER, Marko/RAHMANN, Bernd (1999), Taxing Electronic Commerce, in: Gries, Thomas/Suhl Leena (Hrsg.), Economic aspects of digital information technologies, Wiesbaden (Gabler), S. 67-83.

KREIENBAUM, Martin (1998/1999), Steuererhebung und Kontrolle bei digitalen Transaktionen, in: Steuerberater-Jahrbuch, S. 415-440.

KREIENBAUM, Martin (2000), Grundlegende Anmerkungen zu den steuerlichen Aspekten des Electronic Commerce, in: Strunk, Günther (Hrsg.), Steuern und Electronic Commerce: Möglichkeiten und Grenzen der Steuergestaltung, Neuwied (Luchterhand), S. 1-42.

KREMPL, Stefan (2000), Zurück in die Zukunft: Das neue Internet ist das ganz alte, 19.07.2000, URL: http://www.telepolis.de/deutsch/inhalt/te/8398/1.html.

KREMPL, Stefan (2001), eCash und Co: Das waren Kopfgeburten, URL: http://telepolis.de/deutsch/inhalt/te/7477/1.html.

LANGE, Hans-Fiedrich (2001), Umsatzsteuerfragen des E-Commerce, in: Der Betrieb, 54. Jg., H. 16, S. 831-836.

LAURIE, Ben (2000), An Expert´s Apology, 21st Nov. 2000, URL: http://www.apache-ssl.org/apology.html.

LECK, Sandra (2000), Redebeitrag, in: eCommerce aus Verbrauchersicht: Europa vor dem Megaboom?, Jahrestagung 2000 der GfK-Nürnberg e.V., Nürnberg, S. 15-39.

LOEBBECKE, Claudia (1999), Electronic Trading in On-line Delivered Content, URL: http://dlib.computer.org/conferen/hicss/0001/pdf00015009.pdf.

LUXEM, Redmer (1999), Digital Commerce. Electronic Commerce mit digitalen Produkten, Lohmar (u. a.) (Josef Eul).

MAI, Stefan (2000), Prognosen zum E-Commerce – Ungewissheiten über das zukünftige Potenzial des elektronischen Handels, in: Zeitschrift für Wirtschaftspolitik, 49. Jg., H. 3, S. 267-284.

MALERI, Rudolf (1994), Grundlagen der Dienstleistungsproduktion, 3. Aufl., Berlin (u. a.) (Springer).

MAREWSKI, Bernhard (2000), Mikrochipkarte als digitaler Personalausweis, in: Landesnachrichten Nr. 98, Mai 2000, URL: http://www.finland.de/landesnachrichten/dfgln0982.htm.

MAßBAUM, Michael (2000), Umsatzbesteuerung elektronisch erbrachter Dienstleistungen: Richtlinienvorschlag der EU-Kommission, in: Recht der Internationalen Wirtschaft, 46. Jg., H. 10, S. 739-747.

MAYERL, Barbara (2001), Wie die Bilder laufen lernen, in: Net-Business v. 03.08.2001, S. 20.

MITTENDORFER, Hans (1999), Megatrend Internet, in: Höller, Johann/Pils, Manfred/Zlabinger, Robert (Hrsg.), Internet und Intranet: auf dem Weg zum Electronic Business, 2. Aufl., Berlin (u. a.) (Springer), S. 3-7.

MUELLER, Jean (2001), Neuer Richtlinienvorschlag zur Mehrwertbesteuerung des elektronischen Handels, in: IWB Nr. 13 v. 12.07.2000, S. 617-618.

MUHL, Patrick A. (2001), Virtuelles Geld: eine geldnachfrage-, geldangebots- und institutionstheoretische Analyse, Frankfurt a. M. (u. a.) (Lang).

MUSGRAVE, Richard A. (1988), Die öffentlichen Finanzen in Theorie und Praxis, Bd. 2, 4. Aufl., Tübingen (Mohr).

NELSON, Daniel W. (1999), Non-Physical Retail Distribution: Digital Delivery of Music, in: Tax-Planning international e-commerce, H. 5, S. 6-10.

o.V. (2000), Angst frisst den e-commerce: Strategien gegen Datenhysterie, Net-Business v. 16.12.2000, S. 1.

o.V. (2000), Anonymer Surfen, in: c´t 22/2000, S. 107.

o.V. (2000), Austausch von Kundenprofilen für den E-Commerce, URL: http://www.heise.de/newsticker/data/hob-08.12.00-000/.

o.V. (2000), Bolkensteins Steuerpläne finden keine Mehrheit, HB v. 17.10.2000, S. 11.

o.V. (2000), Brüssels Internetvorstoß wird scheitern, HB v. 08.06.2000, S. 2.

o.V. (2000), Die Internet-Steuer bleibt umstritten, FAZ v. 08.08.2000, S. 25.

o.V. (2000), Eichel entgehen 20 Mrd. DM an Steuereinnahmen, HB v. 08.08.2000, S. 10.

o.V. (2000), e-Shops suchen Ausweg aus der Vertrauensfalle, Net-Business v. 16.12.2000, S. 3.

o.V. (2000), EU: Kompromiss im Streit um Internet-Steuer in Sicht, FTD v. 22.11.2000, URL: http://www.ftd.de/tm/in/FTDTA9DKVFC.html.

o.V. (2000), EU lenkt im Konflikt um E-Commerce-Besteuerung ein, HB v. 09.11.2000, S. 9.

o.V, (2000), EU-Pläne zur Internet-Besteuerung werden kritisiert, Handelsblatt.com
v. 04.06.2000, URL: http://www.handelsblatt.com.

o.V. (2000), Finanzminister knabbern am Internet-Kuchen, Süddeutsche Zeitung v. 07.06.2000, S. 2.

o.V. (2000), Fiskus rüstet auf gegen den Steuerbetrug im Netz, HB v. 28.12.2000, S. 3.

o.V. (2000), Gutachter hält EDV-Zugriff der Finanzämter für verfassungswidrig, FAZ
v. 02.05.2000, S. 13.

o.V. (2000), Immer mehr Einweg-Kreditkarten, Die Welt online v. 25.10.2000, URL: http://www.welt.de.

o.V. (2000), Kreditkarten-Betrug im Internet wächst überdurchschnittlich, FAZ v. 06.07.2000, S. 29.

o.V. (2000), Noch ein weiter Weg zum E-Government, URL: http://heise.de/newsticker/data/chr-04.09.00-000/.

o.V. (2000), Steuerfahndung im Internet, RZ-Online v. 28.12.2000, URL: http://rhein-zeitung.de/on/00/12/28/topnews/websteu.html.

o.V. (2000), Yahoo muß Nazi-Auktion für Franzosen sperren, FAZ v. 22.11.2000, S. 32.

o.V. (2000), Zahl der Bluetooth-Geräte wächst auf 1 Milliarde, FAZ v. 27.07.2000, S. 29.

o.V. (2000), Zahlungsmittel für das Internet, HB v. 09.08.2000, S. 20.

o.V. (2001), Die EU-Internetsteuer rückt näher, FAZ v. 05.06.2001, S. 15.

o.V. (2001), Digitale Signatur mit Hindernissen, URL: http://www.heise.de/newsticker/data/jk-17.01.01-010/.

o.V. (2001), Digitale Unterschrift: fast wie eigenhändig, URL. http://www.heise.de/newsticker/data/ur-01.08.01-000/.

o.V. (2001), Digitale Unterschrift in der Sackgasse, URL: http://www.heise.de/newsticker/data/ur-15.08.01-000/.

o.V. (2001), E-Government und Verwaltungsmodernisierung, BerliNews v. 26.05.2001, URL: http://www.berlinews.de/archiv/1978/shtml.

o.V. (2001), IETF will Netzüberwachung erschweren, URL: http://www.heise.de/newsticker/data/jk-28.02.01-008/.

o.V. (2001), Mobilcom demonstriert UMTS-Anwendungen, URL: http://www.heise.de/newsticker/data/ll-10.01.01-001/.

o.V. (2001), Paysafecard macht das Zahlen im Internet sicher und anonym, FAZ v. 07.06.2001, S. 30.

o.V. (2001), wLAN: Es liegt was in der Luft, ECIN v. 25.07.2001, URL: http:www.ecin.de/spotlight/2001/07/25/02535.

OCHEL, David/WEISSMANN, Oliver (2001), PKI soll sichere Kommunikation gewährleisten, in: iX, H. 9, S. 44-50.

OECD (1997), Electronic Commerce: Opportunities and Challenges for Government – „Sacher Report".

OECD (1998), Electronic Commerce: Taxation Framework Conditions, 8 October 1998.

OECD (2001), Consumption tax aspects of electronic commerce, A report from Working Party No. 9 on Consumption Taxes to the Committee on Fiscal Affairs, Draft for public comment.

OECD/CONSUMPTION TAX TAG (2000), Report by the Consumption Tax Technical Advisory Group (TAG).

OECD/PROFESSIONAL DATA ASSESSMENT TAG (2000), Report by the Professional Data Assessment Technical Advisory Group (TAG).

OECD/TECHNOLOGY TAG (2000), Report by the Technology Technical Advisory Group (TAG).

PARSCHE, Rüdiger/STEINHERR, Matthias/WALLER, Sandra (1996), Ursprungslandprinzip und Clearing bei der Mehrwertsteuer – ein makroökonomischer Ansatz, ifo Studien zur Finanzpolitik 61, München (ifo Institut für Wirtschaftsforschung).

PEFFEKOVEN, Rolf (1983), Probleme der internationalen Finanzordnung, in: Handbuch der Finanzwissenschaft, Bd. 4, 3. Aufl., Tübingen (Mohr), S. 219-268.

PEFFEKOVEN, Rolf (1996), Einführung in die Grundbegriffe der Finanzwissenschaft, 3. Aufl., Darmstadt (Wiss. Buchges.).

PICHLER, Rufus (1998), Kreditkartenzahlung im Internet, in: NJW, 51. Jg., H. 44, S. 3234-3239.

POHLMANN, Norbert (1998), Firewall-Systeme. Sicherheit für Internet und Intranet, 2. Aufl., Bonn (MITP).

REGULIERUNGSBEHÖRDE FÜR TELEKOMMUNIKATION UND POST/REG TP (Hrsg.), Digitale Signatur.

REIMER, Helmut (2001), Public Key Infrastrukturen. Von Inseln zum globalen Netzwerk, in: Zeitschrift für Kommunikations- und EDV-Sicherheit, H. 1, S. 23-25.

REIß, Wolfram (1998/1999), Umsatzsteuerliche Problemfelder des Internet, in: Steuerberater-Jahrbuch, S. 391-413.

REIß, Wolfram (2000), Umsatzsteuer und Internet, in: Scheffler, Wolfram/Voigt, Kai-Ingo (Hrsg.), Entwicklungsperspektiven im Electronic Business, Wiesbaden (Gabler), S. 303-327.

ROETTGER, Andreas (2000), Umsatzsteuer und Internet – Richtlinienvorschlag der EU-Kommission zur umsatzsteuerlichen Behandlung bestimmter elektronisch erbrachter Dienstleistungen, in: Kommunikation & Recht, H. 9, S. 442-451.

ROSE, Gerd (2000), Umsatzsteuer, 14. Aufl., Bielefeld (Erich Schmidt).

ROßNAGEL, Alexander (1999), Europäische Signatur-Richtlinie und Optionen ihrer Umsetzung, in: Multimedia und Recht, 2. Jg., H. 5, S. 261-266.

RÖTZER, Florian (2000a), Ein französischer Richter und das Internet, (07.11.2000), URL: http://www.telepolis.de/deutsch/inhalt/te/4203/1.html.

RÖTZER, Florian (2000b), Französisches Recht soll weltweit für Franzosen gelten, (21.11.2000), URL: http://www.telepolis.de/deutsch/inhalt/te/4296/1.html.

RRZN (Hrsg.) (1999), Regionales Rechenzentrum für Niedersachsen, Internet. Eine Einführung in die Nutzung der Internet-Dienste, 7. Aufl., Hannover.

SACHVERSTÄNDIGENRAT ZUR BEGUTACHTUNG DER GESAMTWIRTSCHAFTLICHEN ENTWICKLUNG (1995), Den Aufschwung sichern – Arbeitsplätze schaffen, Jahresgutachten 1994/95, Stuttgart (Metzler-Poeschel).

SAPSFORD, Jathon (2000), American Express Credit Cards to Offer Disposable Numbers for Web Shopping, in: Wall Street Journal (Eastern Edition), v. 08.09.2000, S. B6.

SCHEFFLER, Wolfram (1994), Besteuerung der grenzüberschreitenden Unternehmenstätigkeit, München (Vahlen).

SCHIEB, Jörg (2000), Ab zehn Pfennig, in: Wirtschaftswoche, v. 26.10.2000, Nr. 44, S. 198-199.

SCHINDHELM, Sandra/REIß, Wolfram (2000), Richtlinienvorschlag der EU-Kommission zur Umsatzbesteuerung elektronisch erbrachter Leistungen, in: Computer und Recht, 16. Jg., H. 11, S. 757-763.

SCHMIDT, Holger (2001), Monetarisiere den Nutzer, FAZ v. 25.04.2001, S. 17.

SCHMITT, Christoph (1999), Erfahrungen mit Micro Payments aus der Praxis, in: Thießen, Friedrich (Hrsg.), Bezahlsysteme im Internet, Frankfurt a. M. (Fritz Knapp), S. 222-236.

SCHMITT, Christoph J. (1999), Elektronisches Geld im Internet. Probleme des Bankenaufsichts-, Zentralbank- und Geldwäscherechts, Aachen (Shaker).

SCHMITZ, Stephan (1998), Elektronischer Geschäftsverkehr und seine steuerliche Kontrolle, in: Die steuerliche Betriebsprüfung, 38. Jg., H. 8, S. 197-206.

SCHMITZ, Stephan (2000), Verfahrensrechtliche Probleme und Entwicklungen im Zusammenhang mit dem Elektronischen Geschäfts- und Datenverkehr, in: Strunk, Günther (Hrsg.), Steuern und Electronic Commerce: Möglichkeiten und Grenzen der Steuergestaltung, Neuwied (Luchterhand), S. 305-358.

SCHULZKI-HADDOUTI, Christiane (2000), E-dentität, c't 3/2000, URL: http://www.heise.de/ct/00/03/067/default.shtml.

SCHULZKI-HADDOUTI, Christiane (2001), Bundeswirtschaftsministerium fördert Anonymisierungsdienst, URL: http://www.telepolis.de/deutsch/inhalt/te/4945/1.html.

SCHÜRER, Tilo (1999), Das Sicherheitsproblem: Kredikartenzahlungen mit SSL oder SET?, in: Thießen, Friedrich (Hrsg.), Bezahlsysteme im Internet, Frankfurt a. M. (Fritz Knapp), S. 293-305.

SELLING, Heinz-Jürgen (1998), Möglichkeiten der Steuersicherstellung bei Geschäftsaktivitäten im Internet unter Berücksichtigung internationaler Entwicklungen, in: Fischer, Lutz/Strunk, Günther (Hrsg.) Steuerliche Aspekte des Electronic Commerce, Köln (O. Schmidt), S. 153-169.

SHAPIRO, Carl/VARIAN Hal R. (1999), Online zum Erfolg. Strategie für das Internet-Business, München (Wirtschaftsverlag Langen Müller).

SIETMANN, Richard (2000a), Mobilfunk hilft IPv6, URL: http://www.funkschau-handel.de/heftarchiv/pdf/2000/fs04/f0004034.pdf

SIETMANN, Richard (2000b), Mobilmachung, Internet-Protokoll Version 6, in: iX, H. 4, S. 100.

SIETMANN, Richard (2001), Das Kreuz mit den Karten, URL: http://www.heise.de/ct/01/03/036/default.shtml.

SIKORSKI, Ralf (2000), Umsatzsteuer im Binnenmarkt, 3. Aufl., Herne/Berlin (Verlag Neue Wirtschaftsbriefe).

SPANAKAKIS, Georgios (2000), Gemeinsames Mehrwertsteuersystem (II). Der Kommissionsvorschlag zur Besteuerung des elektronischen Handels, in: DSWR, 29. Jg., H. 10, S. 284-287.

SPATSCHECK, Rainer (2000), Steuern im Internet. Steuerprobleme des E-Commerce, Köln (O. Schmidt).

STELZER, Dirk (2000), Digitale Güter und ihre Bedeutung in der Internet-Ökonomie, URL: http://www.systementwicklung.uni-koeln.de/forschung/veroeffentlichungen/dokumente/diggut.pdf.

STIEL, Hadi (2001), PKI hat zwei Seiten, in: Zeitschrift für Kommunikations- und EDV-Sicherheit, H. 1, S. 56-58.

STIGLITZ, Joseph E. (1989), Finanzwissenschaft, 2. Aufl., München (u. a.) (Oldenbourg).

STROBEL, Stefan (1997), Firewalls für das Netz der Netze. Sicherheit im Internet: Einführung und Praxis, Heidelberg (dpunkt-Verlag).

UNITED NATIONS COMMISSION ON INTERNATIONAL TRADE LAW/Working Group on Electronic Commerce (2001), Electronic Signatures – Draft Guide to Enactment of the UNCITRAL Model Law on Electronic Signatures, A/CN.9/WG.IV/WP.88, URL: http://www.uncitral.org/en-index.htm.

URCHS, Ossi (2000), Von der Kommunikation zur eCommunikation: Neue Trends im Online-Marketing, in: eCommerce aus Verbrauchersicht: Europa vor dem Megaboom?, Jahrestagung 2000 der GfK-Nürnberg e.V., Nürnberg, S. 59-73.

VÉGH, Perla Gyöngyi (2001), Facing the Challenges of Electronic Commerce (Indirect Taxation), in: European Taxation, Vol. 41, May, S. 199-202.

VELLEN, Michael (1998), Umsatzbesteuerung der Transaktionen im elektronischen Handel, in: Kommunikation & Recht, H. 7, S. 273-283.

VELLEN, Michael (1999), Richtlinie im Hinblick auf das für Telekommunikationsdienstleistungen anwendbare Mehrwertsteuersystem, in: Umsatzsteuer-Rundschau, 48. Jg., H. 9, S. 349-357.

VELLEN, Michael (2000), Umsatzsteuerliche Aspekte des Electronic Commerce, A. Internationale Entwicklungen insbesondere auf EU- und OECD-Ebene, in: Strunk, Günther (Hrsg.), Steuern und Electronic Commerce: Möglichkeiten und Grenzen der Steuergestaltung, Neuwied (Luchterhand), S. 205-254.

VERMEULEN, Robert M./VEELEN, Clarinca van (1999), The Netherlands: European VAT in Cross-Border E-Commerce, in: Tax Planning International e-commerce, H. 3, S. 3-5.

VÖLKEL, Dieter/KARG, Helmut (1995), Umsatzsteuer, 6. Aufl., Stuttgart (Schäffer-Poeschel).

WEBER, Claus-Peter (1998), Nachweis- und Dokumentationsfragen aus Unternehmens- und Wirtschaftsprüfersicht, in: Fischer, Lutz/Strunk, Günther (Hrsg.), Steuerliche Aspekte des Electronic Commerce, Köln (O. Schmidt), S. 137-151.

WEINER, Joann Martens (2001), E-Commerce: Recent Developments in E-VAT. United States versus Europe?, in: European Taxation, Vol. 41, July/August, S. 277-283.

WENDLAND, Holger (1997), Die Fiskalvertretung: Darstellung des internationalen Warenverkehrs im Umsatzsteuerrecht, Stuttgart (u. a.) (Boorberg).

WERTHMANN, Christoph (1998), Datenschutz im Internet, in: Holznagel, Bernd (Hrsg.), Datenschutz und Multimedia, Münster (Lit), S. 201-225.

WIDMANN, Werner (2001), Was nun, Herr Bolkenstein?, in: Umsatzsteuer-Rundschau, 50. Jg., H. 1, S. 14-17.

WINTER, Matthias (2000), Tücken der Besteuerung von Dienstleistungen und Werklieferungen im Ausland, in: Umsatzsteuer-Rundschau, 49. Jg., H. 11, S. 460-466.

# Anhang

**Tabelle 8:** Mögliche Erscheinungsformen des elektronischen Handels

| Kategorie | Information | Bestellung | Distribution | Bezahlung |
|---|---|---|---|---|
| **Traditioneller Handel** | P | P | P | P |
| Z. B. Bezahlung über Handy im Laden | P | P | P | D |
| Z. B. Software-„Up-date" | P | P | D | P |
| Lieferung und Zahlung über das Internet | P | P | D | D |
| **Versandhandel mit Bestellung über das Internet** | P | D | P | P |
| Bestellung und Lieferung über das Internet | P | D | D | P |
| Bestellung und Zahlung über das Internet | P | D | P | D |
| Gedruckter Katalog, Abwicklung digital | D | D | D | D |
| Elektronischer Produktkatalog | D | P | P | P |
| Information und Zahlung über das Internet | D | P | P | D |
| Information und Lieferung über das Internet | D | P | D | P |
| Bestellung aus elektronischem Katalog | D | D | P | P |
| Bestellung auf traditionellem Weg | D | P | D | D |
| Electronic Commerce mit physischen Gütern | D | D | P | D |
| Digitaler Handel und Bezahlung per Rechnung | D | D | D | P |
| **Rein digitaler Handel** | D | D | D | D |

P = physische Ausprägung, D = digitale Ausprägung

Quelle: Eigene Darstellung.

**Studien zur Wirtschaftspolitik**

Herausgeber:
Forschungsinstitut für Wirtschaftspolitik an der Universität Mainz e.V.
55099 Mainz

Band 1 bis 34 im Selbstverlag, Band 35 bis 44 im Verlag Minerva Publikation, München, Band 45 bis 63 im Selbstverlag. Die Bände 45 bis 63 sind noch über das Institut zu beziehen.

Band 74 Die Umsatzbesteuerung des elektronischen Handels mit digitalen Produkten von *Anja Altmann* (2002)

Band 73 Wirtschaftsräumliche Dezentralisierungstendenzen und ihre Ursachen. Eine Untersuchung unter besonderer Berücksichtigung der wirtschaftlichen Entwicklung ländlicher Räume in der Bundesrepublik Deutschland von *Ralf Stahl* (2002)

Band 72 Strukturwandel im Einzelhandel: Herausforderung für die Raumordnungspolitik von *Stefan Linz* (2002)

Band 71 Nachhaltige Entwicklung. Grenzen monetärer Operationalisierung und konzeptionelle Folgerungen von *Andreas A. Busch* (2001)

Band 70 Entwicklungs- und Beschäftigungsperspektiven für den mittelständischen Einzelhandel. Analyse rechtlicher Rahmensetzungen und wirtschaftspolitische Schlußfolgerungen von *Margarete Keßler* (2001)

Band 69 Abbau der Langzeitarbeitslosigkeit. Auswertung praktischer Erfahrungen von Einrichtungen außerhalb der öffentlichen Arbeitsvermittlung von *Christine M. Helbig* (2001)

Band 68 Verbesserung der Motivation und Wissensvermittlung zur Selbständigkeit. Möglichkeiten der Förderung von unternehmerischem Interesse und unternehmerischem Handeln bei Jugendlichen von *Vera Döring* (2001)

Band 67 Der Dienstleistungsstandort Rheinland-Pfalz. Bestandsanalyse, Perspektiven und wirtschaftspolitische Handlungsempfehlungen von *Claus Bauer* (2001)

Band 66 Mittlere Kommunen als Dienstleistungsstandorte. Empirische Bestandsanalyse, Entwicklungspotentiale und wirtschaftspolitische Handlungsmöglichkeiten von *Alexander Klein* (2001)

Band 65 Die Liberalisierung vergleichender Werbung in Deutschland. Erste empirische Befunde und wettbewerbspolitische Beurteilung von *Dorothea Varlam* (2000)

Band 64 Risikokapital und Neuer Markt. Die Aktie als Instrument der Risikokapitalbeschaffung für junge Wachstumsunternehmen von *Susanne Knips* (2000)

Band 63 Hindernisse für Teilzeitarbeit und flexible Arbeitsorganisation in der Bundesrepublik Deutschland von *Kerstin Altendorf* (1999)

Band 62 Wandel des Verhaltens von Frauen und Männern in Führungspositionen – Ökonomische Analyse empirischer Daten und eigener Befragungsergebnisse von *Birgit Mohneck* (1998)

Band 61 Die Bedeutung der Lohnnebenkosten für die Entwicklung der Arbeitskosten in Deutschland – Empirische Befunde und wirtschaftspolitische Handlungsempfehlungen von *Oliver Fink* (1998)

Band 60 Mittelstandsentwicklung im Transformationsprozeß der Reformstaaten Polen, Ungarn und Tschechien – Bestandsaufnahme, Finanzierungsprobleme und wirtschaftspolitischer Handlungsbedarf von *Arina Freitag* (1998)

Band 59 Lage und Perspektiven der Textil- und Bekleidungsindustrie von *Roman Riesch* (1998)

Band 58 Transfomation der Wirtschaftsordnung und politisches System – Anspruch und Wirklichkeit der Wirtschaftsreformen in Ungarn 1968 – 1996 von *Martin Hock* (1998)

Band 57 Die Glasindustrie in der Bundesrepublik Deutschland von *Peter Willett* (1998)

Band 56 Die Rolle des Mittelstandes beim Aufbau der Marktwirtschaft in der Tschechischen Republik – Eine empirische Analyse im Vergleich mit entwickelten Industrieländern unter besonderer Berücksichtigung des sektoralen Strukturwandels von *Christian Franckenstein* (1997)

Band 55 Aufbau von Altersversorgungssystemen im Transformationsprozeß der Reformstaaten Polen, Ungarn und Tschechien von *Eberhard Boller* (1997)

Band 54 Indikatoren der Systemtransformation – Kritische Analyse unter besonderer Berücksichtigung der Privatisierung in 26 Staaten von *Gunther Quidde* (1997)

Band 53 Arbeitsmarktpolitik in der Systemtransformation – Kritische Analyse für Polen, die Tschechische Republik und Ungarn von *Eckhard Schulte* (1997)

Band 52 Umweltpolitik im Transformationsprozeß der Reformstaaten Tschechien, Polen und Ungarn von *Bettina Naß* (1996)

Band 51 Die Zukunft der deutschen Textil- und Bekleidungsindustrie – Auswirkungen der Integration des Welttextilabkommens in die allgemeinen GATT-Regeln von *Kay M. Rathke* (1996)

Band 50 Lohnpolitik in der Systemtransformation – Kritische Analyse für Polen, die Tschechische Republik und Ungarn von *Mario Müller* (1996)

Band 49 Innerstädtische Standortprobleme von Einzelhandelsbetrieben – Situationsalalyse und wirtschaftspolitischer Handlungsbedarf von *Gabriele Speth* (1994)

Band 48 Die Schaffung wettbewerblicher Strutkuren im Transformationsprozeß – Eine vergleichende Analyse für die Visegrád-Staaten von *Jörg Henzler* (1994)

Band 47 Duales System, Rücknahmepflicht und Pfandregelung – Eine vergleichende Untersuchung unter besonderer Berücksichtigung des Einzelhandels von *Andrea Philipp* (1993)

Band 46 Gesamtwirtschaftliche Wirkungen staatlicher Ausfuhrgewährleistungen – Das Beispiel der Hermes-Deckungen von *Bernd Halfen* (1991)

Band 45 Das Zonenrandgebiet nach der deutschen Einigung – Wirtschaftliche Entwicklung und regionalpolitische Implikationen von *Michael Offer* (1991)

Band 44 Marktwirtschaftliche Innovationspolitik durch Outputorientierung staatlicher Förderung von *Dieter Kern* (1991)

Band 43 Tarifpolitik in strukturschwachen Branchen – Eine empirische Untersuchung der Druckerei- und der Textilindustrie in der Bundesrepublik Deutschland von *Andrea Beyer* (1991)

Band 42 Quantitative und qualitative Beschäftigungswirkungen neuer Technologien – Eine Analyse für Rheinland-Pfalz von *Florian Cantzler* (1991)

Band 41 Die deutsche Rundfunkordnung nach der Zulassung privater Anbieter – Absehbare Entwicklungen und medienpolitischer Handlungsbedarf von *Lukas Weber* (1990)

Band 40 Realisierungschancen einer Privatisierung öffentlicher Dienstleistungen von *Michaela Metzger* (1990)

Band 39 Die Bankdienste der Deutschen Bundespost in ordnungspolitischer Sicht von *Stefan Beckers* (1990)

Band 38 Der Markt für Übertragungseinrichtungen der Telekommunikation – Struktur, Entwicklung, Perspektiven von *Wolfgang Kopp* (1990)

Band 37 Eigenbeteiligung in der ambulanten Gesundheitsvorsorge – Möglichkeiten gesundheitsökonomischer Ausgestaltung von *Stefan Piffl* (1990)

Band 36 Deregulierung im Verkehr als politische Aufgabe von *Walter Hamm* (1989)

Band 35 Strukturwandel ohne Staatshilfe – Das Beispiel der Holzverarbeitenden Industrie in der Bundesrepublik Deutschland (1976-1985) von *Berthold Morschhäuser* (1988)

Band 34 Mitanbieterschaft der Deutschen Bundespost auf Endgerätemärkten von *Harry Rendel* (1988)

Band 33 Staatliche Eingriffe in den Mietwohnungsmarkt – Erfolgskontrolle und Reformvorschläge von *Waltraud Eucker-Herresthal* (1986)

Band 32 Die Gebührenpolitik der Deutschen Bundespost im Kleingut- und Fernmeldebereich – Analyse und kritische Würdigung ihrer Marktgerechtigkeit von *Jörg Rohde* (1986)

Band 31 Wettbewerb und Strukturwandel bei internationaler Marktverflechtung – Das Beispiel der Papier erzeugenden Industrie der Bundesrepublik Deutschland 1970-1983 von *Bernhard Neef* (1985)

Band 30 Die gruppenspezifische Be- und Entlastung von Klein-, Mittel- und Großunternehmen durch staatliche Abgaben und Transferzahlungen von *Gerhard Kern* (1984)

Band 29 Auswirkungen der 1977 neugefaßten Baunutzungsverordnung auf die Ansiedlung von Handelsbetrieben und die räumliche Struktur des Handels von *Kurt Hoffmann* (1984)

Band 28 Markttransparenz in der Lebensversicherung – Analyse bisheriger Erfahrungen und Empfehlungen für die Weiterentwicklung sektorspezifischer Regelungen aus wettbewerbs- und verbraucherpolitischer Sicht von *Michael Stöffler* (1983)

Band 27 Wettbewerbsregeln für den Luftverkehr in der EG von *Michael Hammes* (1982)

Band 26 Wettbewerbliche Wirkungen publizierter Jahresabschlüsse von *Klaus Höflich* (1981)

Band 25 Staatliche Ausbildungsplatzpolitik – Angebots- und Nachfrageanalyse, Überlegungen zum ordnungspolitischen Rahmen, Vorschläge zum Abbau eines Lehrstellenmangels von *Martin Weiblen* (1981)

Band 24 Währungszuschläge in der Seeschiffahrt und ihre Auswirkungen auf die Exportwirtschaft von *Helmut Reitze* (1981)

Band 23 Prämienanpassungsklauseln in der privaten Versicherungswirtschaft – Eine Analyse ihrer gesamtwirtschaftlichen Wirkungen von *Waltraud Eucker* (1980)

Band 22 Auslandsinvestitionspolitik und Außenhandelspolitik im Konflikt – Eine wirtschaftspolitische Studie auf Branchenebene von *Wolfgang Koch* (1980)

Band 21 Die Wettbewerbsverhältnisse auf dem Markt für Papier und Pappe in der Bundesrepublik Deutschland von *Paul Bernhard Mohr* (1977)

Band 20 Schwierigkeiten internationaler Vergleiche von Preisen und Kosten im Post- und Fernmeldebereich von *Bodo Fuchs* (1976)

Band 19 Branchenbezogene Investitionsplanung als Alternative zur unternehmerischen Kapazitätspolitik von *Ulrich Rosenkranz* (1975)

Band 18 Preis- und wettbewerbspolitische Problematik staatlicher Gebührenordnungen für freie Berufe von *Michael Knümann* (1975)

Band 17 Frankostationspreise der deutschen Zementindustrie in wettbewerbspolitischer Sicht von *Rolf Dieter Kretzer* (1969)

Band 16 Kann man mit "armen" Ländern Handel treiben? von *Hans Haupt* (1969)

Band 15 Subventionswirkungen: Ein Beitrag zur Systematisierung und wirtschaftspolitischen Beurteilung von Hilfen aus dem Staatshaushalt von *Rolf Schorn* (1967)

Band 14 Die deutsche Notenbank als Instrument sowjetzonaler Wirtschaftspolitik von *Hans-Joachim Schroeter* (1967)

Band 13 Spannen und Wettbewerb auf den Absatzwegen landwirtschaftlicher Erzeugnisse von *Horst Dohm* (1967)

Band 12 Der Wettbewerb zwischen der Deutschen Bundesbahn und den Luftfahrtunternehmen im innerdeutschen Eisenbahn- und Flugreiseverkehr von *Gerd Müller* (1967)

Band 11 Sachliche Lohnbestimmung – Das Ordnungsproblem auf dem Arbeitsmarkt von *Hans Georg Kloos* (1966)

Band 10 Staatliche Einkaufsmethoden in den Vereinigten Staaten von Amerika von *Sigurd Dülz* (1958)

Band 9 Vom Teilauftrag zum Vollauftrag von *Erich Welter* (1958)

Band 8 Rheinland-Pfalz: Eine Analyse seiner wirtschaftlichen Struktur von *Werner Bosch* (1957)

Band 7 Öffentliche Beteiligung an wirtschaftlichen Unternehmen. Ein Verzeichnis der Beteiligungen der öffentlichen Hand in der Bundesrepublik (1957)

Band 6 Die amerikanische Post als Auftraggeber von *Margaret Berry* (1956)

Band 5 Eifel – Hunsrück – Oberwesterwald: Analyse der Wirtschaftsstruktur, Möglichkeiten der wirtschaftlichen Intensivierung von *Werner Bosch* (1955)

Band 4 Einige Gedanken zum Thema der Preis-Kosten-Schere im Verkehrswesen von *Werner Fricke* (1954)

Band 3 Die Carl-Zeiss-Stiftung im Lichte der Wettbewerbsordnung von *Helmut Troeger* (1954)

Band 2 Mainz – Wiesbaden und das Mainmündungsgebiet – Eine Betrachtung über die wirtschaftliche Struktur und die Möglichkeiten einer engeren Zusammenarbeit von *Werner Bosch* (1954)

Band 1 Kreditorganisation und industrielle Kapitalversorgung von *Max Bliesener* (1953)

FSC
www.fsc.org
MIX
Papier | Fördert gute Waldnutzung
FSC® C083411

Kolibri 360 GmbH
Ferdinand-Jühlke-Straße 7
99095 Erfurt, Deutschland
produktsicherheit@kolibri360.de

Druck:
CPI Druckdienstleistungen GmbH
im Auftrag der
Kolibri 360 GmbH
Ferdinand-Jühlke-Str. 7
99095 Erfurt